Deutsches Jugendinstitut
Schüler an der Schwelle zur Deutschen Einheit

Deutsches Jugendinstitut

Schüler an der Schwelle zur Deutschen Einheit

Politische und persönliche Orientierungen in Ost und West

Unter Mitarbeit von
Natasa Basic, Christiane Eilders, Martina Gille,
Ursula Hoffmann-Lange, Winfried Krüger,
Wilfried Schubarth, Ulrike Six

Leske + Budrich, Opladen 1992

Die Deutsche Bibliothek — CIP-Einheitsaufnahme

Schüler an der Schwelle zur deutschen Einheit : politische und persönliche Orientierungen in Ost und West / Deutsches Jugendinstitut. Unter Mitarb. von Natasa Basic ... — Opladen : Leske und Budrich 1992
    ISBN 978-3-322-97247-7   ISBN 978-3-322-97246-0 (eBook)
    DOI 10.1007/978-3-322-97246-0

NE: Basic, Natasa; Deutsches Jugendinstitut <München>

INHALTSVERZEICHNIS

1. Einleitung

Ursula Hoffmann-Lange

Die in diesem Buch berichteten Ergebnisse basieren auf einer Schülerbefragung, die im Sommer 1990 vom Deutschen Jugendinstitut (DJI), München, in Zusammenarbeit mit dem Zentralinstitut für Jugendforschung (ZIJ), Leipzig, durchgeführt wurde. Befragt wurden Großstadtschüler der 9. Klasse, also 15- bis 16jährige. In diesem Alter kann einerseits bereits ein gewisser Grad an politischem Bewußtsein vorausgesetzt werden, andererseits besuchen die Jugendlichen dieser Klassenstufe noch fast durchgängig allgemeinbildende Schulen. In der alten Bundesrepublik wurden insgesamt 1 231, in der ehemaligen DDR 1 049 Schüler befragt. Die Fallzahlen für verschiedene Untergruppen finden sich in Tabelle 1. Um die Erhebungskosten für die hier vorgestellte Befragung möglichst niedrig zu halten, gleichwohl aber eine hinreichende Fallzahl und eine breite Streuung gesellschaftlicher Lagen zu gewährleisten, fiel die Wahl auf eine schriftliche Befragung der Schüler im Klassenverband. Die Umfrage wurde kurz vor den Sommerferien im Juni 1990 durchgeführt. Eine detaillierte Beschreibung der Auswahl der Stichprobe und eine Diskussion der Aussagekraft der Ergebnisse findet sich im Anhang.

Die in der Befragung angeschnittenen Themen bezogen sich auf die Lebensziele, Zukunftserwartungen und Demokratievorstellungen der Schüler, ihre Einstellungen zur deutschen Nation und Wiedervereinigung, ihre politischen Informationsquellen sowie schließlich ihre Zufriedenheit mit den politischen Verhältnissen in ihrem Teil Deutschlands.

Der vorliegende Bericht wurde von den Mitgliedern der Projektgruppe verfaßt. Die Namen der Autoren werden jeweils in den einzelnen Kapiteln bzw. Abschnitten genannt. Darüber hinaus ist einer Reihe von Personen Dank zu sagen, ohne deren Mitwirkung das Projekt und dieses Buch nicht zustandegekommen wäre. Hier sind zunächst die Direktoren der beiden an der Untersuchung beteiligten Institutionen, Hans Bertram (DJI) und Walter Friedrich (ZIJ) zu nennen, die das Vorhaben von Anbeginn organisatorisch gefördert haben. Die Finanzierung erfolgte überwiegend aus den institutionellen For-

Tabelle 1:
Fallzahlen für verschiedene Untergruppen

	BRD n	BRD %	DDR n	DDR %
Insgesamt	1231	100.0	1049	100.0
1. Nach Geschlecht				
weiblich	645	52.4	524	50.0
männlich	586	47.6	525	50.0
2. Nach Schultyp				
Hauptschule	301	24.5	---	--
Realschule, POS	420	34.1	1049	100.0
Gymnasium	510	41.4	---	--
3. Nationalität				
Deutsche(r)	969	78.7	1041	99.2
Ausländer(in)	262	21.3	8	0.8
4. Alter				
bis einschl. 15 Jahre	769	62.5	887	84.6
16 Jahre	362	29.4	151	14.4
17 Jahre und älter	100	8.1	11	1.0
5. Religion				
evangelisch	396	32.2	88	8.4
katholisch	474	38.5	35	3.3
andere	158	12.8	23	2.2
keine	200	16.2	902	86.0
keine Angabe	3	0.2	1	0.1
6. Stadt				
Köln	399	32.4	---	--
München	301	24.5	---	--
Berlin-West	531	43.1	---	--
Leipzig	---	--	399	38.0
Magdeburg	---	--	332	31.6
Berlin-Ost	---	--	318	30.3

schungsmitteln beider Institute. Das Bayerische Sozialministerium förderte das Vorhaben darüber hinaus durch Finanzierung einer halben Projektstelle für ein Jahr. Ferner arbeiteten an der Erhebung und den ersten Analysen noch Rudolf Dennhardt (ZIJ), Barbara Dippelhofer-Stiem (DJI) und Günter Lange (ZIJ) mit, die wegen anderweitiger beruflicher Verpflichtungen leider nicht mehr an dieser Publikation mitwirken konnten. Corinna Kleinert und Helga Stieglbauer trugen die Verantwortung für die arbeitsintensive Erstellung der Schaubilder und Tabellen sowie des endgültigen Manuskripts. Und nicht zuletzt wäre dieses Buch ohne die Kooperation der beteiligten Kultusministerien und Schulen sowie die Teilnahmebereitschaft der befragten Schüler nicht zustandegekommen.

1.1   Zum Informationsstand über Jugendliche in beiden Teilen Deutschlands

In der alten Bundesrepublik wurde seit den fünfziger Jahren eine große Anzahl von allgemeinen Bevölkerungsumfragen und Jugendstudien durchgeführt. Das Informationsniveau über die Lebensbedingungen, die gesellschaftlichen und politischen Einstellungen der Bürger ist daher relativ hoch.[1] Zudem stammen die verfügbaren Informationen aus den unterschiedlichsten Quellen. Dies bedeutet, daß viele Ergebnisse mehrfach bestätigt sind und nicht nur auf einzelnen Umfragen basieren.

Demgegenüber sind erheblich weniger Informationen über die Bürger der ehemaligen DDR verfügbar. Aufgrund der restriktiven Wissenschaftspolitik der DDR-Führung ist die Datenlage hier sogar noch erheblich schlechter als für die übrigen Staaten des früheren sozialistischen Blocks (vgl. Lemke, 1991: 16). Für viele Jahre war dort das Zentralinstitut für Jugendforschung (ZIJ) in Leipzig die einzige Einrichtung, die überhaupt (noch) Umfrageforschung

---

[1]   Hier kann lediglich auf einige Jugendstudien verwiesen werden, die während der letzten fünfzehn Jahre in der alten Bundesrepublik durchgeführt wurden: Allerbeck und Hoag, 1985; Jaide und Veen, 1989; Jugendwerk der Deutschen Shell, 1985; Schmidtchen, 1983; SINUS, 1983.

betreiben konnte, und auch dies nur unter großen Einschränkungen, was die Fragestellungen sowie die Publikationsmöglichkeiten betraf (vgl. dazu Friedrich/Griese, 1991). Mit den Studien des ZIJ liegt ein umfangreiches empirisches Material über Lebensziele, Freizeitverhalten, die Interessen und andere Aspekte der Lebensbedingungen Jugendlicher in der DDR vor. Neben Replikationsbefragungen, die zu verschiedenen Zeitpunkten bei verschiedenen Befragungsgruppen durchgeführt wurden, sind darunter auch verschiedene Längsschnittuntersuchungen, die Aussagen über individuelle Entwicklungen im Jugendalter ermöglichen.

Die Umfragen des ZIJ wurden dabei nach allen professionellen Regeln der Meinungsforschung durchgeführt. Im Hinblick speziell auf die politischen Einstellungen von Jugendlichen ist allerdings ihre Vergleichbarkeit mit den in Westdeutschland durchgeführten Jugendstudien beschränkt. Dies ergibt sich einmal aus den unterschiedlichen soziopolitischen Strukturen in beiden Teilen Deutschlands, die vergleichbare Fragen nach politischen Institutionen von vornherein unmöglich machten.

Weiterhin waren die ZIJ-Studien zu politischen Themen hauptsächlich darauf ausgerichtet, Diskrepanzen zwischen den politischen Einstellungen der Jugendlichen einerseits und der offiziellen Ideologie andererseits zu untersuchen. Es dominierten Fragen nach dem Glauben an den Sozialismus, nach der Verbundenheit mit der DDR, der SED und der FDJ, nach dem politischen Interesse und Geschichtsbild der Jugendlichen, ihrem politischen Informationsverhalten sowie schließlich nach ihren Einstellungen zu aktuellen politischen Ereignissen. Demgegenüber nahmen die in der westlichen Forschung dominierenden Fragen nach dem Demokratieverständnis, den wahrgenommenen Defiziten der Politik, der Protestbereitschaft und autoritären Einstellungspotentialen bestenfalls einen untergeordneten Stellenwert ein.

Schließlich ist auch auffällig, daß in den Forschungsberichten des ZIJ weniger nach den Ursachen für die gefundenen politischen Einstellungen der Jugendlichen gefragt wurde, als vielmehr danach, welcher Handlungsbedarf sich aus den Ergebnissen ergab, das heißt, wie man diese durch geeignete jugendpolitische Maßnahmen den politischen Vorgaben anpassen konnte.[2]

---

2   Solche Erwartungen an die Umfrageforschung sind im übrigen auch unter westlichen Bedin-

Schmitt erklärt diese Zielsetzung vor allem damit, daß in einer vom Planungs-denken geprägten Gesellschaft "bei Leistungsdefiziten nicht die Ziele in Frage gestellt, sondern die Mittel perfektioniert werden. Dementsprechend ist auch im Bereich der politischen Erziehung von 'Rückständen', die aufzuholen seien, und nicht von einer fraglichen Rationalität der Zielsetzung die Rede." (1980: 234)

Was die Gültigkeit der Daten über die politischen Einstellungen Jugend-licher in der DDR angeht, sind gewisse Zweifel angebracht. Man kann mit Sicherheit davon ausgehen, daß die bis Mitte der achtziger Jahre in den Um-fragen gefundenen hohen Werte der Identifikation mit der DDR und dem Sozialismus auch den in der DDR lange Zeit existierenden Druck widerspie-geln, politisch erwünschte Antworten zu geben. Der rapide Verfall dieser Werte seit Mitte der achtziger Jahre ist daher u.e. nicht ausschließlich darauf zurückzuführen, daß die jungen Menschen zunehmend unzufriedener mit der politischen Situation waren, sondern teilweise auch darauf, daß Kritik an den politischen Verhältnissen zunehmend toleriert wurde und daher auch ohne Angst vor negativen Konsequenzen geäußert werden konnte.

Erfreulicherweise ist die Datenlage über die Lebensbedingungen und politi-schen Einstellungen der Bürger in Ostdeutschland seit der politischen Wende 1989 erheblich besser geworden. Zahlreiche allgemeine Bevölkerungsumfra-gen wurden inzwischen durchgeführt, viele davon waren identisch mit entspre-chenden Umfragen in Westdeutschland.[3] Zudem gibt es auch einige Unter-suchungen, die sich speziell mit der Zielgruppe der Jugendlichen befassen. Hierzu gehört die hier vorgestellte Schülerbefragung. Fast zeitgleich mit dieser wurde - ebenfalls im Sommer 1990 - eine zweite Schülerbefragung durch-geführt (Behnken u.a., 1991).

---

gungen nicht unvorstellbar. Auch hier ist es durchaus üblich, aus den Ergebnissen von Jugendstudien pädagogische Forderungen abzuleiten.

3   Hierzu gehören vor allem das Sozioökonomische Panel, der Wohlfahrtssurvey und die All-gemeine Bevölkerungsumfrage der Sozialwissenschaften (ALLBUS). Vgl. Habich u.a., 1991; Koch, 1991; Bauer, 1991.

1.2   Soziodemographische Merkmale der befragten Schüler

Die in der Bundesrepublik üblichen Bedingungen für die Durchführung von Umfragen in Schulen sind aus Datenschutzgründen sehr restriktiv, was Fragen nach den persönlichen Lebensumständen der befragten Schüler angeht. Der Fragebogen enthielt daher keine Fragen nach dem Beruf, nach der Einkommenssituation oder gar nach der Parteineigung und dem Wahlverhalten der Eltern. Der Verzicht auf diese Informationen schränkt die Analysemöglichkeiten zwangsläufig ein, zumal erfahrungsgemäß der sozioökonomische Status die politischen Orientierungen nicht unerheblich beeinflußt. Andererseits zeigte sich bei der im Fragebogen enthaltenen Frage nach dem Bildungsniveau der Eltern, daß Jugendliche in diesem Alter hierüber vielfach nicht informiert sind. Immerhin konnte ein Viertel der Befragten hierzu keine Angaben machen.

Dennoch wurden einige wichtige demographische Angaben erfaßt, auf deren Verteilung an dieser Stelle kurz eingegangen werden soll. Neben dem Geschlecht, das erwartungsgemäß in beiden Schülergruppen (fast) gleich verteilt ist, ist hier vor allem die Nationalität zu nennen. Der mit über einem Fünftel relativ hohe Anteil ausländischer Schüler in der alten Bundesrepublik reflektiert die Tatsache, daß in den westdeutschen Großstädten eine multikulturelle Gesellschaft bereits weitgehend Realität geworden ist. Dabei unterschätzt unsere Stichprobe vermutlich noch den tatsächlichen Anteil der ausländischen Schüler in den in die Studie einbezogenen westdeutschen Städten, da beispielsweise in Köln zwei zunächst ausgewählte Hauptschulen mit Ausländeranteilen von über vier Fünfteln aus der Befragung ausgeklammert wurden. In der DDR war der Ausländeranteil mit weniger als einem Prozent dagegen verschwindend gering.

In der Befragung selbst und bei der Datenanalyse wurde nicht zwischen ausländischen und deutschen Schülern unterschieden. Lediglich für die Frage nach dem Nationalstolz wurden die ausländischen Schüler bei der Analyse nicht berücksichtigt. Ferner prüften die Autoren der einzelnen Kapitel bei Fragen, bei denen vermutet wurde, daß das Antwortverhalten von deutschen und ausländischen Schülern sich unterscheiden würde, ob dies tatsächlich der

Fall war. Auf Variablen, bei denen größere Unterschiede auftraten, wird im Text eingegangen.

Während die Schüler einer relativ homogenen Altersgruppe angehörten, und es daher wenig Sinn macht, in der Analyse nach dem Alter zu differenzieren, ergaben sich bei der Religionszugehörigkeit sehr ausgeprägte Unterschiede zwischen den BRD- und den DDR-Schülern. In der DDR gaben 86.0% an, keiner Religionsgemeinschaft anzugehören, in der BRD waren dies hingegen nur 16.2%. Diese Zahlen geben ein realistisches Bild der religiösen Bindungen in den beiden deutschen Staaten wieder. Sie zeigen, daß in der alten Bundesrepublik trotz der Säkularisierung der Gesellschaft nach wie vor das Gros der Menschen einer Religionsgemeinschaft angehört. In der DDR hingegen trug die staatlich forcierte Säkularisierung dazu bei, daß nur ein kleiner Teil der Bürger formale Kirchenmitgliedschaften aufweist. In Kapitel 9 werden die verschiedenen Aspekte der religiösen Bindung und ihr Zusammenhang mit den politischen Orientierungen der befragten Schüler näher behandelt.

Die in Tabelle 2 enthaltenen Verteilungen der (subjektiven) Einstufungen des Familieneinkommens auf einer Oben-Unten-Skala sowie der Antworten zum Bildungsniveau von Vater und Mutter zeigen jeweils hohe Anteile von "Weiß nicht"-Angaben. Da die Einstufung des Familieneinkommens nicht in der erwarteten Weise mit den übrigen Variablen zusammenhing, wurde diese Variable in den hier vorgestellten Analysen nicht berücksichtigt. Die Erhebung der Bildungsabschlüsse war zudem wegen des anderen Bildungssystems der DDR nicht in strikt vergleichbarer Weise möglich. Die Existenz der Polytechnischen Oberschule führte dazu, daß ein Abgang aus der allgemeinbildenden Schule vor Abschluß der 10. Klasse sehr viel seltener war als in der alten Bundesrepublik. Gleichzeitig waren Fachschulabschlüsse, die über die allgemeinbildenden Schulabschlüsse hinausführten, dort sehr viel häufiger. Durch die Zusammenfassung von Fachschul- und Hochschulabschlüssen in der Erhebung ist es leider nicht möglich, die - in der DDR geringeren - Anteile von Eltern mit einem Hochschulabschluß zu rekonstruieren. Von daher wurde darauf verzichtet, das Bildungsniveau der Eltern in den Analysen zu berücksichtigen.

Tabelle 2:

Demographische Merkmale der befragten Schüler

	BRD		DDR	
	n	%	n	%
1. (Subjektive) Einstufung des Familieneinkommens auf der Oben-Unten-Skala[1] (Frage 31)				
niedrig	47	3.8	66	6.3
niedrig bis mittel	300	24.4	306	29.2
mittel bis hoch	438	35.6	367	35.0
hoch	170	13.8	142	13.5
Weiß nicht	276	22.4	168	16.0
2. Bildungsabschluß des Vaters (Frage 39)				
Hauptschule/8. Klasse	122	9.9	100	9.5
Mittl. Reife/10.Klasse	255	20.7	319	30.4
Abitur	196	15.9	97	9.2
Hochschulabschluß[2]	207	16.8	299	28.5
Sonstiges	65	5.3	21	2.0
Weiß nicht	386	31.4	213	20.3
3. Bildungsabschluß der Mutter (Frage 39)				
Hauptschule/8. Klasse	165	13.4	78	7.4
Mittl. Reife/10.Klasse	386	31.4	400	38.1
Abitur	143	11.6	126	12.0
Hochschulabschluß[2]	117	9.5	260	24.8
Sonstiges	59	4.8	27	2.6
Weiß nicht	361	29.3	158	15.1

[1]) Skala von 1 (unten) bis 10 (oben): Unterteilung in dieser Tabelle nach niedrig (1-3), niedrig bis mittel (4, 5), mittel bis hoch (6, 7), hoch (8-10).

[2]) In der DDR auch Fachschulabschluß

14

1.3 Ähnlichkeiten und Unterschiede in den politischen Orientierungen ost- und westdeutscher Schüler

Ein wesentliches Anliegen der hier vorgestellten Analysen ist es, Ähnlichkeiten und Unterschiede zwischen den ost- und westdeutschen Schülern herauszuarbeiten. Soweit möglich, werden wir dabei auch auf andere Forschungsergebnisse verweisen. Unsere Daten zeigen für den zunächst analysierten Bereich der persönlichen Zielvorstellungen teilweise verblüffende Ähnlichkeiten zwischen den beiden Gruppen von Jugendlichen. Verblüffend sind diese vor allem angesichts der doch sehr unterschiedlichen Lebensverhältnisse und Sozialisationsbedingungen in der ehemaligen DDR und der alten Bundesrepublik (vgl. Kapitel 2).

Für die politischen Orientierungen erwarteten wir von vornherein größere Unterschiede, da sich die Ziele und Inhalte der politischen Bildung in der DDR deutlich von denjenigen in der alten Bundesrepublik unterschieden. Ein Vergleich der politischen Überzeugungen der ost- und westdeutschen Schüler kann daher unter anderem auch zeigen, inwieweit diese unterschiedlichen Systeme politischer Bildung ihr Ziel erreichten, die politischen Überzeugungen der jungen Menschen zu prägen. In diesem Fall müßten wir größere Unterschiede vor allem in drei Bereichen erwarten. Einmal wurde in der DDR die Bedeutung des aktiven Einsatzes für den Sozialismus, also politisches Interesse und politisches Engagement, weit stärker betont. Zweitens unterscheiden sich die Ideale der liberalen Demokratie und des Sozialismus. Und drittens wurde das SED-Regime nicht müde, die Errungenschaften des Sozialismus zu preisen und die Nachteile des westdeutschen Kapitalismus herauszustreichen. Dies sollte sich in unterschiedlichen Einschätzungen der politischen Verhältnisse in den beiden Teilen Deutschlands niederschlagen. Die entsprechenden Ergebnisse werden in den Kapiteln 3, 5 und 6 vorgestellt.[4]

In der Untersuchung war mit der Selbsteinstufung der Schüler auf der Links-Rechts-Skala eine zentrale politische Grundorientierung erfaßt worden (vgl. u.a. Inglehart/Klingemann, 1976). Die Einbeziehung dieser Skala in eine Umfrage in der DDR war als Experiment gedacht, da wir uns nicht sicher

---

4 Zur politischen Sozialisation in der DDR vgl. Schmitt (1980) und Lemke (1991).

waren, ob die DDR-Schüler mit der Links-Rechts-Dimension überhaupt etwas würden anfangen können. Erstaunlicherweise hatte jedoch die große Mehrheit von ihnen hiermit keine Probleme. Der Anteil derjenigen, die eine Einstufung nicht vornehmen konnten oder wollten, war mit 28.5% der Schüler in der DDR sogar deutlich geringer als in Westdeutschland, wo 43.6% der Befragten keine Selbsteinstufung vornahmen. Insgesamt weist diese Variable jedoch eine hohe Anzahl von fehlenden Werten auf. Da die Zusammenhänge zwischen der Selbsteinstufung auf der Links-Rechts-Skala und dem Gros der im Fragebogen enthaltenen politischen Einstellungen aber sehr eng waren und durchweg eine hohe Plausibilität hatten, werden diese in vielen Einzelanalysen ausgewiesen.

Läßt man die Befragten, die sich auf dieser Skala nicht einstuften, außer Acht, so ähneln sich die Verteilungen der Schüler in beiden Teilen Deutschlands in verblüffender Weise. Es fällt jedoch auf, daß sich ein deutlich höherer Anteil der DDR-Schüler der Mitte zuordnet.[5] Die resultierende Verteilung ist unimodal, d.h. die Mehrzahl der Befragten befindet sich im Mittelbereich und nur wenige von ihnen an den Extremen. Die Polarisierung entlang der Links-Rechts-Dimension ist also nicht sehr ausgeprägt, was den politisch in der Mitte liegenden Parteien gute Chancen gibt, die zukünftigen jungen Wähler an sich zu binden.[6]

	BRD	DDR
links	16.1	12.1
eher links	29.8	24.8
Mitte	34.4	46.1
eher rechts	12.5	11.5
rechts	7.1	5.5

---

5   Dies dürfte vor allem damit zu tun haben, daß hier die Anzahl der Schüler, die überhaupt keine Einstufung vornahmen, geringer war. Aus anderen Umfragen ist bekannt, daß Befragte ohne feste Meinung dazu neigen, sich in der Mitte der vorgegebenen Skalen einzuordnen, sofern sie nicht gleich auf die Kategorie(n) "Kann ich nicht beurteilen" ausweichen, so daß beide Kategorien zumindest teilweise deckungsgleich sind. Umgekehrt heißt dies, daß die Mittelkategorien häufig nicht eine bewußte mittlere Position, sondern Meinungslosigkeit kennzeichnen.

6   Die Werte der zehnstufigen Skala wurden dabei wie folgt zusammengefaßt: links: 1, 2; eher links: 3, 4; Mitte: 5, 6; eher rechts: 7, 8; rechts: 9, 10.

Ob die Ähnlichkeiten in der Verteilung der ost- und westdeutschen Schüler auf der Links-Rechts-Skala das kurzfristige Resultat eines erst nach der Wende einsetzenden Anpassungsprozesses der ostdeutschen Jugendlichen an die westlichen politischen Muster sind oder eine schon vorher bestehende, durch den Konsum von Westmedien und die Orientierung an die Bundesrepublik geförderte Angleichung bedeuten, läßt sich natürlich nicht sagen. Es dürfte auf jeden Fall interessant sein zu sehen, ob sie von Dauer sein wird.

2. Lebensziele und Politikvorstellungen von Jugendlichen in Ost und West
Martina Gille

Zu den Lebensorientierungen von Jugendlichen gehören deren Wünsche, Interessen, Lebensziele, Lebenserwartungen und -ängste, aber auch ihre grundlegenden Orientierungen auf die Politik. Als antizipatorische Handlungsorientierungen verstanden, vermitteln zunächst die Lebensziele ein Bild darüber, worauf Jugendliche in ihren Zukunftsplänen besonderen Wert legen. Die von uns untersuchten Lebensziele beziehen sich zum einen auf diejenigen Lebensbereiche, die für die Jugendlichen unmittelbare persönliche Bedeutung haben, wie der private und familiäre Bereich, die Schule und der zukünftige Beruf. Zum anderen wurden die Schüler jedoch auch nach den von ihnen vertretenen allgemein-gesellschaftlichen Werthaltungen gefragt. Diese erlauben es, den Stellenwert zu bestimmen, den Verhaltensmuster wie Selbstentfaltung, Anpassungsbereitschaft, Pflichtbewußtsein, Altruismus und politisches Engagement für die Jugendlichen haben.

2.1 Wertorientierungen

Die Wertorientierungen der Schüler wurden über ihre Bewertung von zwölf Lebenszielen erfaßt. Anhand einer fünfstufigen Skala konnten die Schüler jeweils angeben, wie stark sie das betreffende Ziel anstrebten: sehr stark, stark, mittel, wenig oder überhaupt nicht. Zur Bestimmung der dimensionalen Struktur führten wir eine explorative Faktorenanalyse[7] unter Einbeziehung aller zwölf Lebensziele durch. Diese ergab drei Faktoren, die insgesamt 28% der gemeinsamen Varianz erklären.

---

7   Durchgeführt wurde eine Hauptachsenanalyse mit Kommunalitäteniteration, da wir davon ausgingen, daß die gemeinsamen Faktoren nicht vollständig die Varianz der eingehenden Wertevariablen erklären (siehe Backhaus u.a., 1990: 87). Zudem setzen wir mit der Entscheidung für eine schiefwinklige Rotation der Faktoren keine Unabhängigkeit der ermittelten Dimensionen voraus (Überla, 1971: 172). Tatsächlich zeigt sich, daß die gewonnenen Wertedimensionen nicht vollständig voneinander unabhängig sind. Die drei ermittelten Faktoren korrelieren miteinander mit r=+.2 bzw. r=-.2.

Die beiden Lebensziele "möglichst viel genießen und ein angenehmes Leben führen" und "eine Arbeit, die möglichst viel Freizeit läßt" bilden zusammen mit dem materialistischen Ziel "ein hohes Einkommen" den bedeutendsten Faktor. 85% der befragten Schüler streben ein angenehmes Leben an,[8] 59% eine Arbeit, die ihnen genug Freizeit läßt, und 80% ein hohes Einkommen (vgl. Schaubild 1 und Tabelle A1 im Anhang). Wir wollen diesen Faktor als "Hedonismus"faktor bezeichnen, wobei uns bewußt ist, daß dieser Faktor auch eine materialistische Orientierung umfaßt. In der von Inglehart (1971) ausgelösten Wertewandelsdiskussion wurden dagegen häufig die individualistischen Werte der Selbstentfaltung und des Hedonismus einem eher traditionellen Wertebereich gegenübergestellt, zu dem Pflichtbewußtsein, materielle Sicherheitsbedürfnisse und Werte der Selbstkontrolle gehören (vgl. auch Klages/Herbert, 1983). Erfaßt man jedoch wie in unserer Studie Wertorientierungen mittels unabhängiger Einstufungen und nicht über Rangordnungen (vgl. auch Herbert, 1988), so zeigt sich, daß hedonistische und materialistische Werte einander nicht ausschließen, sondern miteinander verknüpft sind.[9]

Freizeit und ein angenehmes Leben wird von der Mehrheit der Jugendlichen jedoch nicht etwa mit Aussteigertum oder Nichtstun gleichgesetzt, sondern mit dem Streben nach einem interessanten Beruf, der gleichzeitig auch gut bezahlt werden soll. Der Zusammenhang[10] zwischen den Lebens-

---

8 Dabei wurden die Antwortkategorien "sehr stark" und "stark" zusammengefaßt.

9 Herbert (1988: 144f.) gewinnt seine Ergebnisse zu Wertmustern aus einer repräsentativen Mehrthemenumfrage von 1987 (deutsche Bevölkerung ab 14 Jahren) und zwei anschließenden Panelwellen. Die Items der Hedonismusdimension lauteten: "Die guten Dinge des Lebens in vollen Zügen genießen" und "Sich und seine eigenen Bedürfnisse besser gegen den anderen durchsetzen". Die Items der Materialismusdimension waren: "Einen hohen Lebensstandard haben" und "Macht und Einfluß haben". Herbert erfaßt alle Wertorientierungen über unabhängige Einstufungen.

10 Als Maß für den Zusammenhang zwischen zwei Merkmalen wurden Produkt-Moment-Korrelationen (Pearsons r) berechnet. Dieser Korrelationskoeffizient hat einen Wertebereich von +1 bis -1. Ein hoher positiver Wert bedeutet, daß beide Merkmale eng und positiv zusammenhängen, d.h. je höher der Wert des einen Merkmals ist, umso höher ist auch der Wert des anderen. Ein Wert von Null bedeutet, daß beide Merkmale unabhängig voneinander variieren. Ein negativer Wert hingegen zeigt an, daß beide Merkmale gegenläufig sind, d.h. mit zunehmender Ausprägung des einen Merkmals nimmt tendenziell die Ausprägung des anderen ab.

Lebensziele (Frage 4)

Darstellung der Prozentwerte für die Antwortkategorien "sehr starkes" und "starkes" Anstreben.

Schüler in der BRD:

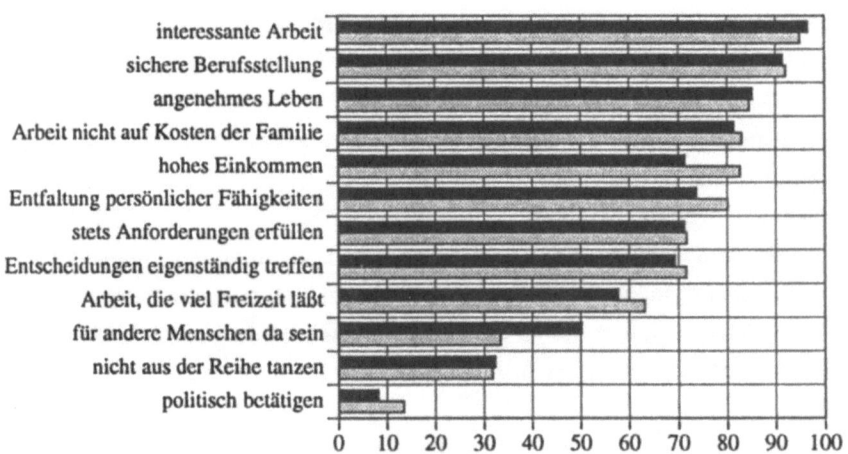

Schüler in der DDR:

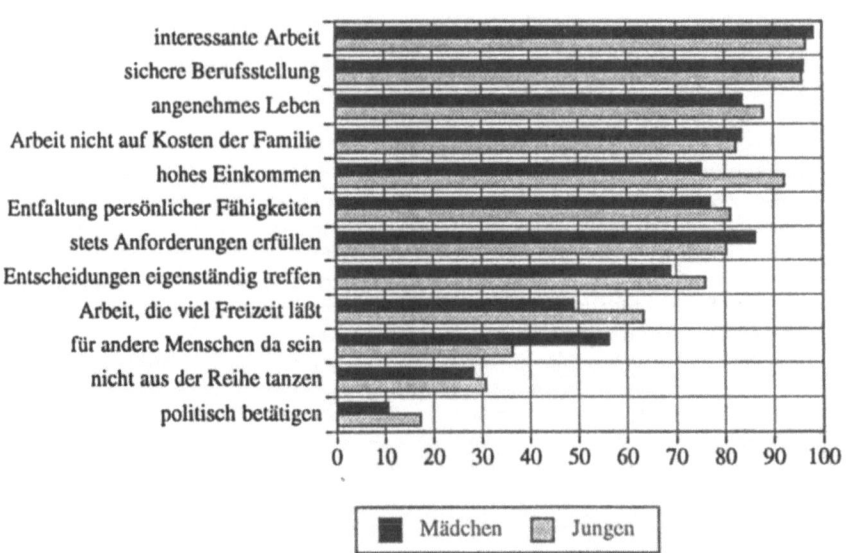

20

zielen "ein hohes Einkommen" bzw. "ein angenehmes Leben" und "eine interessante Arbeit" ist zwar mit r=.2 nicht sehr eng, aber diese beiden Lebensziele stehen eindeutig in einem positiven und keinesfalls in einem negativen Zusammenhang. Hedonismus und Leistungsorientierung schließen einander also nicht aus. In der These vom Verfall des bürgerlichen Leistungsethos (Noelle-Neumann/Strümpel, 1984) wird demgegenüber fälschlicherweise davon ausgegangen, daß mit dem Bedeutungsgewinn von Werten der Selbstentfaltung und des Hedonismus ein Rückgang der Leistungsbereitschaft verbunden ist. In einer Überblicksdarstellung über deutsche Werte- und Jugendstudien der 70er und 80er Jahre wiesen Borrmann-Müller und Gille bereits 1989 nach, daß Jugendliche zwar verstärkt Lebensgenuß und Freizeit als Lebensziele nennen, aber zugleich eine hohe Leistungsbereitschaft und Arbeitsmotivation zeigen.

Im Hinblick auf die hedonistischen Lebensziele zeigen sich keine wesentlichen Unterschiede zwischen den Schülern in Ost- und Westdeutschland, wohl aber zwischen Mädchen und Jungen (vgl. Tabelle A2 im Anhang). Jungen legen im Vergleich zu Mädchen mehr Wert auf einen guten Verdienst. Besonders deutlich zeigt sich dies bei den ostdeutschen Jungen. Die stärkere materialistische Ausrichtung der Jungen wird auch durch die zweite deutsch-deutsche Schülerbefragung von 1990 bestätigt. Finanzielle Selbständigkeit scheint demnach für Jungen ein zentraler biographischer Fixpunkt zu sein (vgl. Behnken u.a., 1991: 47).

Ein zweiter wichtiger Faktor ist der "Selbstentfaltungs"faktor. Auf diesem laden die drei Lebensziele "eine Arbeit, bei der man Entscheidungen möglichst eigenständig treffen kann", "eine interessante Arbeit, die mir etwas bedeutet" und "Entfaltung persönlicher Fähigkeiten". Aus früheren westdeutschen Jugenduntersuchungen ist bekannt, daß Selbstentfaltungswerte eine hohe Bedeutsamkeit für Jugendliche haben (vgl. Bonfadelli u.a., 1986; SINUS, 1983 und 1985). Die Ergebnisse unserer Studie zeigen ebenso wie die der zweiten deutsch-deutschen Schülerbefragung, daß Werte der Selbstverwirklichung auch bei ostdeutschen Schülern einen hohen Stellenwert haben. Die Entfaltung persönlicher Fähigkeiten wird dabei eng mit inhaltlichen Ansprüchen an die Arbeit verknüpft.[11] Da der Beruf bei Jungen und Mädchen glei-

---

11 Die Korrelation zwischen den Lebenszielen "Entfaltung persönlicher Fähigkeiten" und "eine

chermaßen bedeutsam für ihre Lebensplanung ist, werden Selbstentfaltungsbe-
dürfnisse auch stark auf den Berufsbereich bezogen.

Bemerkenswerterweise finden wir in der Wertstruktur von ost- und westdeutschen Mädchen bezüglich des Arbeitsaspektes keine Unterschiede. 97%
der westdeutschen und 98% der ostdeutschen Mädchen finden eine interessante Arbeit erstrebenswert. Die gleich starke Berufsorientierung von Mädchen
aus Ost und West ist überraschend vor dem Hintergrund sehr unterschiedlicher
gesellschaftlicher Realitäten. In der DDR waren 1989 78.1% der Frauen im
arbeitsfähigen Alter erwerbstätig, in der BRD hingegen lediglich 50.5% (Pettinger, 1991: 32). Auch in ideologischer Hinsicht wurde die Berufstätigkeit der
Frau in beiden deutschen Staaten ganz unterschiedlich bewertet. Während in
der DDR die Erwerbstätigkeit von Frauen und Männern als unabdingbare
Voraussetzung zur Herausbildung einer sozialistischen Persönlichkeit galt, gibt
es in der Bundesrepublik hierzu kein verbindliches Modell. Unterschiedliche
Vorstellungen zur Berufstätigkeit der Frau existieren hier mehr oder minder
gleichrangig nebeneinander: das Modell der Hausfrauen-Ehe, das Drei-Phasen-
Modell[12] ebenso wie die ununterbrochene Berufstätigkeit von Frauen mit
Kindern.

Der dritte Faktor läßt sich als "Konventionalismus"faktor bezeichnen. Auf
ihm laden die Ziele der Anpassung, Pflicht und Sicherheit. Das Ziel "möglichst nicht aus der Reihe zu tanzen" streben relativ wenige Schüler an. Lediglich 31% finden dies wichtig. Hinsichtlich des Konventionalismusfaktors
zeigen sich erstmals deutliche Unterschiede zwischen Ost und West. Die
DDR-Schüler legen stärkeren Wert auf Pflichtbewußtsein und Sicherheit.
Angesichts der Umbruchssituation ist ihr stärkeres Bedürfnis nach einem

---

interessante Arbeit, die mir etwas bedeutet" beträgt r=.3.

12 Mit Hausfrauen-Ehe ist ein Ausscheiden der Frau aus dem Berufsleben bei Eheschließung
    gemeint. Das Drei-Phasen-Modell geht zunächst von einer Berufstätigkeit der Frau aus, die
    jedoch endet, wenn die Frau in die Familienphase mit Kindern eintritt. Die Frau nimmt erst
    dann wieder eine Erwerbstätigkeit auf, wenn die Kinder das Haus verlassen.
    Eine repräsentative Umfrage des Deutschen Jugendinstituts von fast 8.000 Befragten, die in
    Partnerschafts- bzw. Ehebeziehungen lebten (vgl. Krombholz, 1991: 208f.), ergab, daß die
    "Hausfrauenehe" nur in 11% der Partnerschaften/Ehen ohne Kinder gelebt wurde, während
    in mehr als 50% dieser Partnerschaften/Ehen beide Partner voll erwerbstätig waren. Hingegen
    war bei den Partnerschaften/Ehen mit Kindern unter 14 Jahren in der Mehrzahl der Fälle ein
    Partner (zumeist die Frau) nicht erwerbstätig.

sicheren Arbeitsplatz nicht verwunderlich. Das höhere Sicherheitsbedürfnis steht bei den DDR-Schülern aber nicht so stark in Zusammenhang mit den Werten der Pflicht und Anpassung, wie dies bei den sicherheitsorientierten BRD-Schülern der Fall ist.[13] Im Osten trägt die Auflösung tradierter gesellschaftlicher Strukturen mehr zu dem starken Bedürfnis der DDR-Schüler nach einem sicheren Arbeitsplatz bei; im Westen ist ein solches Sicherheitsbedürfnis demgegenüber eher Bestandteil eines konservativen Einstellungssyndroms.[14]

Die ostdeutschen Schüler zeigen im Vergleich zu den westdeutschen eine stärkere soziale Orientierung. Sie streben etwas häufiger an, "für andere Menschen dazusein, auch wenn ich selbst auf vieles verzichten muß". 46% der DDR-Schüler (BRD: 42%) nennen dieses altruistische Lebensziel. Wenn man bedenkt, daß das Engagement für den Mitmenschen und die Gesellschaft ein zentraler Bestandteil des sozialistischen Erziehungsmodells war, so überrascht dennoch, daß die Bereitschaft der Schüler im Osten, sich uneigennützig für andere Gesellschaftsmitglieder einzusetzen, nur geringfügig höher ist als die der westdeutschen Schüler.

Etwas größere Unterschiede zwischen Ost und West ergaben sich hinsichtlich der Aussage, "das Ansehen eines Menschen sollte vorwiegend davon abhängen, welchen Beitrag er für die Gesellschaft leistet".[15] Die ostdeutschen Schüler machen die soziale Anerkennung eines Menschen stärker von seinem Engagement für die Allgemeinheit abhängig. Aber die gefundenen Unterschiede sind doch eher geringfügig angesichts der großen ideologischen Unterschiede zwischen den beiden deutschen Gesellschaftssystemen.

---

13 Die Korrelation zwischen Pflicht und Sicherheit beträgt im Westen r=.33 und im Osten r=.25. Die Korrelation zwischen Anpassung und Sicherheit beträgt im Westen r=.23, im Osten nur r=.11. Die Korrelation zwischen Pflicht und Anpassung beträgt im Westen r=.33 und im Osten r=.16.

14 Der Konventionalismusfaktor korreliert mit dem Index rechtsextremer Orientierungen (vgl. Kapitel 8) in der BRD schwach positiv (r=.2); in der DDR zeigt sich kein signifikanter Zusammenhang.

15 Die Korrelation dieses Statements mit dem Land beträgt Cramer's V=.2. Der Koeffizient Cramer's V ist ein Maß für den Zusammenhang mindestens nominalskalierter Variablen (die Variable Geschlecht ist nominal skaliert). Dieser Koeffizient hat einen Wertebereich von 0 bis +1. Cramer's V ist Null, wenn kein statistischer Zusammenhang zwischen den gemessenen Merkmalen besteht. Er nimmt den Wert 1 bei totaler statistischer Abhängigkeit an.

Altruistische Lebensziele werden in Ost wie in West stärker von denjenigen Schülern angestrebt, die religiöser sind, d.h. hohe Werte auf dem Religiositätsindex haben (vgl. Kapitel 9). Religiosität,[16] die in der sozialistischen Ideologie ausgesprochen verpönt war, begünstigt also auch im Osten eine altruistische Lebenshaltung.

Auch Brämer und Heublein (1990: 5f.) konnten in ihrer Vergleichsuntersuchung ost- und westdeutscher Studenten eine stärkere soziale Orientierung im Osten nachweisen. Sie halten diese Differenz jedoch weniger für einen Effekt der sozialistischen Ideologie und des Postulates der kollektiven Solidarität, sondern für die Konsequenz einer verstärkten Hinwendung zum privaten Lebensbereich als Gegenbewegung zu der "allseitigen Besetzung der Öffentlichkeit durch den zentralistischen Staat" (1990: 6). Sie betrachten die stärkere altruistische Haltung der Ostdeutschen gegenüber Familie und Freundeskreis sowohl in psychologischer als auch ökonomischer Hinsicht als ein Korrektiv gegenüber dem totalitären Staat.

Alles in allem spielt der Altruismus jedoch keine große Rolle für die befragten Schüler. Wenn man die Häufigkeit der Nennungen über alle Lebensziele hinweg betrachtet, so steht er an drittletzter Stelle. Altruistische Ziele sind dabei für Mädchen deutlich wichtiger. Dagegen wird politisches Engagement von Jungen etwas stärker angestrebt, wobei die Politik insgesamt in der Wertehierarchie jedoch erst an letzter Stelle kommt. Das sozialistische Erziehungssystem konnte offenbar für den sozialen und politischen Lebensbereich keine Auflösung der traditionellen Geschlechterrollen bewirken (vgl. Abschnitt 2.3).

Betrachten wir die Wertorientierungen von Schülern noch einmal im Überblick, so läßt sich feststellen, daß die in früheren Studien für westdeutsche Jugendliche nachgewiesene Verknüpfung von Selbstentfaltung und Hedonismus mit materialistischen Wertorientierungen auch bei ostdeutschen Schülern zu finden ist.[17] Interessant sind diese Ergebnisse vor dem Hintergrund der

---

16 Die Religiosität ist in der BRD bedeutend höher. Der Korrelationskoeffizient zwischen Religiositätsindex und Land beträgt r=-.4.

17 In der "Jugend und Medien"-Studie von Bonfadelli u.a. (1986) und der SINUS-Studie (1983, 1985) wurde ebenfalls ein solches Nebeneinander von Selbstentfaltung und Hedonismus, Materialismus und Sicherheit festgestellt.

24

Wertewandelsdiskussion, die durch einen Aufsatz von Inglehart (1971) ausgelöst wurde. Zur Erklärung des Wertewandels in den postmodernen Gesellschaften greift Inglehart auf zwei Hypothesen zurück. Die "Mangel"hypothese besagt, daß es eine Hierarchie menschlicher Bedürfnisse gibt, und daß "postmaterialistische" Bedürfnisse nach Liebe, menschlichen Bindungen, sozialer Wertschätzung und Selbstverwirklichung erst entstehen, wenn die grundlegenden materiellen Bedürfnisse befriedigt sind.[18] Die "Sozialisations"hypothese wiederum geht davon aus, daß Personen, die unter Bedingungen gesellschaftlichen und individuellen Wohlstands aufwachsen, vermehrt postmaterialistische Wertorientierungen entwickeln. Angesichts des erreichten Wohlstandsniveaus in den westlichen Industriegesellschaften ergibt sich in diesen Gesellschaften daher ein Trend zum Postmaterialismus. Dieser Trend erfaßt die unter vorteilhaften ökonomischen Bedingungen aufgewachsenen jüngeren Generationen stärker als die älteren Generationen, da die Lebensbedingungen in der Jugendphase die Wertorientierungen stärker prägen als spätere Lebenserfahrungen. Dies bedingt also einen intergenerationellen Wertewandel.

Legt man die Inglehartsche Theorie zugrunde, so müßten in unserer Untersuchung die DDR-Schüler gegenüber den BRD-Schülern eine stärkere materialistische Orientierung und vice versa eine schwächere postmaterialistische Orientierung aufweisen, wuchsen sie doch unter insgesamt ungünstigeren ökonomischen Verhältnissen auf. Zwar war in der DDR die soziale Sicherheit weitaus größer als in der BRD, aber Versorgungsengpässe und geringere Konsummöglichkeiten trugen zu einem insgesamt schlechteren materiellen Versorgungsniveau im Osten bei.

Zur Überprüfung der Inglehartschen Thesen nahmen wir in den Fragebogen der Schülerstudie die Kurzversion des Postmaterialismus-Index von Inglehart auf. Dieser basiert auf einer Rangordnung von insgesamt vier Zielen. Die beiden materialistischen Ziele sind "Aufrechterhaltung von Ruhe und Ordnung in diesem Lande" und "ein hoher Grad von wirtschaftlichem Wachstum". Die beiden postmaterialistischen Ziele sind "mehr Einfluß der Bürger auf die Entscheidungen der Regierung" und "Schutz des Rechts auf freie Meinungs-

---

18 Inglehart bezieht sich in seiner Mangelhypothese auf die Bedürfnistheorie von Maslow (1954).

äußerung".[19] Als "Postmaterialisten" bzw. "Materialisten" werden diejenigen Befragten klassifiziert, die entweder beide postmaterialistischen oder beide materialistischen Ziele auf die ersten beiden Ränge setzten.

Vergleichen wir die BRD-Schüler und die DDR-Schüler hinsichtlich ihres Anteils an Materialisten und Postmaterialisten, so zeigt sich, daß der Anteil der Materialisten in der DDR tatsächlich etwas höher ist, nämlich 16% gegenüber 8% in der BRD (vgl. Tabelle 3).

Tabelle 3:
Postmaterialistische Orientierungen
(Frage 8, Spaltenprozente)

		BRD	DDR
		%	%
Materialistisch	weiblich	6.0	14.9
	männlich	9.4	16.8
Gemischt materialistisch (1.Rang mat., 2. postmat.)	weiblich	38.2	26.1
	männlich	32.7	30.9
Gemischt postmaterialistisch (1.Rang postmat., 2. mat.)	weiblich	25.0	30.4
	männlich	29.3	29.3
Postmaterialistisch	weiblich	30.8	28.6
	männlich	28.6	23.0

Umgekehrt gibt es etwas mehr Postmaterialisten in der BRD (30% im Vergleich zu 26% in der DDR). Das stärkere Bedürfnis der ostdeutschen Schüler nach Sicherheit und wirtschaftlichem Wohlstand drückt sich in einem höheren Anteil von "Materialisten" aus. Diese stärkere materialistische Haltung der ost-

---

19 Wir ersetzten das materialistische Item "Kampf gegen die steigenden Preise" der klassischen Inglehart-Kurzversion durch das Item der Langversion "ein hoher Grad von wirtschaftlichem Wachstum". Wir nahmen an, daß die Schüler der DDR das Inflations-Item nicht verstehen würden, da sie unter wirtschaftlichen Verhältnissen aufgewachsen sind, in denen Inflation praktisch unbekannt war.

deutschen Jugendlichen geht aber nicht einher mit einer Geringschätzung der postmaterialistischen Position. Ganz im Gegenteil. Die im totalitären Staatssozialismus der DDR lange unterdrückten demokratischen Freiheitsrechte werden nun entschieden von den DDR-Schülern eingefordert.[20] Berücksichtigt man lediglich das wichtigste Ziel (vgl. Tabelle A7 im Anhang), so zeigt sich, daß bei den Schülern in der BRD an erster Stelle das Ziel "Aufrechterhaltung von Ruhe und Ordnung" kommt (40.0%), während die DDR-Schüler am häufigsten die Forderung "mehr Einfluß der Bürger auf die Entscheidungen der Regierung" (38.8%) wählen.

Die Wertorientierungen der Schüler in Ost und West lassen im Hinblick auf beide untersuchten Fragen (Inglehart-Index wie auch Lebensziele) eher Gemeinsamkeiten als Unterschiede erkennen. Dies wird auch bestätigt durch die Ergebnisse der zweiten deutsch-deutschen Schülerstudie, deren Autoren ebenfalls zu dem Schluß kommen, daß die Jugendlichen aus Ost und West im "Wertehimmel" bereits "vereint" sind (Behnken u.a., 1991: 96).

Als Erklärung für die große Übereinstimmung in den persönlichen Wertorientierungen kommen entweder ein langfristiger stiller Wertewandel in beiden deutschen Staaten oder ein kurzfristiger Anpassungsprozeß der DDR-Jugendlichen an die im Westen vorherrschenden Orientierungen in Betracht (siehe Behnken u.a., 1991: 96f.). Für die erste Erklärung sprechen nach Ansicht vieler Autoren (z.B. Hille, 1990; K.U. Mayer, 1991; Schmidt, 1991) jene demographischen Entwicklungen, die, wie im Westen, einen Wandel in den Werten des familiären Zusammenlebens indizieren: Zunahme von Scheidungen und nichtehelichen Lebensgemeinschaften, Rückgang der Geburtenrate und Anstieg des Alters der Mütter bei der Geburt des ersten Kindes.

Die Angleichung der Lebensformen in Ost- und Westdeutschland macht das Vorhandensein ähnlicher Werte und Einstellungen plausibel. Ob nun aber neue Orientierungsmuster ursächlich sind für veränderte Lebensformen, wovon ja im allgemeinen in der Wertewandelsdebatte ausgegangen wird, oder ob nicht vielmehr umgekehrt die Veränderung der Lebensformen einen Wertewandel nach sich ziehen, eine These, wie sie beispielsweise Bertram (1991:

---

20 Dies ergibt sich schon daraus, daß die beiden postmaterialistischen Ziele von Inglehart gleichzeitig wesentliche Ziele der Bürgerrechtsbewegung der DDR darstellten.

445f.) vertritt, kann hier nicht entschieden werden. Jedenfalls sprechen für einen langfristigen Wertewandel in der DDR auch die Forschungsergebnisse des Zentralinstituts für Jugendforschung (ZIJ), die einen Bedeutungszuwachs von Werten der Selbstverwirklichung und des Hedonismus seit Mitte der 70er Jahre empirisch belegen (Friedrich, 1990: 34f.).

Die Frage, inwieweit es sich in der DDR um einen Anpassungsprozeß an die im Westen vorherrschenden Wertemuster gehandelt hat, können wir aufgrund der bisher vorliegenden empirischen Studien nicht beantworten. Sicherlich haben die Westmedien eine große Rolle dabei gespielt, die DDR-Bürger mit der westlichen Lebenskultur vertrauter zu machen. Daneben haben die durch Gorbatschow ausgelösten Reformen in den ehemaligen Ostblockstaaten dort jedoch auch eigenständige Wandlungsprozesse ausgelöst, indem sie zu einer Auflockerung autoritärer Strukturen und einem Mehr an politischen Freiheitsrechten des Individuums führten.

Die Wertorientierungen von Schülern beeinflussen auch deren politische Orientierungen (vgl. hierzu auch Behnken u.a., 1991: 107f.). Hedonistisch orientierte Jugendliche zeichnen sich insgesamt durch ein eher konservatives Meinungsbild aus. Sie stimmen rechten Orientierungen[21] bereitwilliger zu als jene Jugendlichen, die hedonistische Werte geringschätzen. Dieser Zusammenhang gilt stärker für die Jungen als für die Mädchen. Für die Jungen in der DDR zeigt sich auch ein positiver Zusammenhang mit materialistischen Orientierungen. Die hedonistisch orientierten Jungen in der DDR wählen häufiger die materialistischen Items von Inglehart. Wenn man die mit dem Inglehart-Index erfaßte materialistische Orientierung eher als Ausdruck einer konservativen und die postmaterialistische Orientierung als Ausdruck einer auf Partizipation ausgerichteten Grundhaltung versteht (vgl. Bertram, 1991: 432), so zeigt sich erneut eine Verknüpfung von Hedonismus und Konservatismus.

Ein gegenläufiges Bild zeichnet sich für jene Schüler ab, die stark an Selbstentfaltungswerten orientiert sind. Sie stehen rechten Orientierungen eher ablehnend gegenüber, sind gleichzeitig politisch interessierter und informieren sich stärker über Politik. Die Mädchen, die auf dem Selbstentfaltungsfaktor hohe Werte haben, lehnen die traditionelle Geschlechtsrollenteilung noch

---

21 Zum Index rechtsextremer Orientierungen vgl. Kapitel 8.

deutlicher ab als jene Mädchen, die weniger an Selbstentfaltung orientiert sind.

Wie später noch gezeigt wird (Kapitel 8), sind die Jungen in der DDR anfälliger für rechtsextreme politische Einstellungen als ihre westdeutschen Kameraden. Dies gilt jedoch weniger für diejenigen, die sich politisch betätigen und anderen Menschen helfen wollen.

2.2 Zukunftserwartungen und Befürchtungen von Jugendlichen aus Ost und West

Die Zukunftserwartungen der Jugendlichen geben noch deutlicher als die Lebensziele Aufschluß über ihre Gestimmtheit im Hinblick auf die persönliche und die gesellschaftliche Zukunft. Die Schüler wurden nach ihrer Zuversicht für die nächsten fünf Jahre gefragt. Der Hinweis auf die nächsten fünf Jahre sollte den Blick der Schüler auf die unmittelbare Zukunft lenken, in die für sie persönlich noch der Abschluß der Schule und der Beginn von Ausbildung, Studium und Beruf fallen. Neben den persönlichen Zuversichten hinsichtlich Freundschaften, Partnerschaften sowie dem schulischen und beruflichen Vorwärtskommen wurde auch nach den Zukunftserwartungen hinsichtlich gesellschaftlicher Entwicklungen gefragt, u.a. nach der Entwicklung beider deutscher Teilstaaten, den Chancen für die Erhaltung des Friedens in Europa und die Bewältigung der Umweltprobleme. Auch hier wurden die Schüler gebeten, ihre Einstufungen anhand einer fünfstufigen Skala vorzunehmen, die die Antwortkategorien "sehr zuversichtlich", "zuversichtlich", "teils/teils", "düster" und "sehr düster" enthielt.

Unterschiede zwischen den ost- und westdeutschen Jugendlichen im Hinblick auf ihre Zukunftserwartungen zeigen sich vor allem hinsichtlich gesellschaftspolitischer Themen (vgl. Schaubild 2 und Tabellen A3 und A4 im Anhang). Im persönlichen Bereich besteht dagegen weitgehende Übereinstimmung. Hier äußern sich die meisten Schüler sehr zuversichtlich. Dies gilt vor allem für die persönlichen Freundschaften, die von über 88 Prozent der befragten Schüler aus beiden deutschen Staaten zuversichtlich beurteilt werden.[22] Fast ebenso positive Erwartungen bestehen im Hinblick auf künftige Partnerschaften. Auch ihr eigenes schulisches und berufliches Vorwärtskommen beurteilt fast die Hälfte der Schüler (49%) insgesamt recht optimistisch. In diesem Punkt zeigen sich jedoch deutliche Unterschiede sowohl nach Land als auch nach Geschlecht. Die DDR-Schüler sind weniger optimistisch als die Schüler aus der BRD, die Mädchen weniger als die Jungen. Am skeptischsten bezüglich dieses Zukunftsaspekts sind also die Mädchen aus der DDR, die angesichts des dramatischen Umbruchs in der DDR-Wirtschaft offensichtlich mehr um ihr schulisches und berufliches Vorwärtskommen bangen. Nur 34% der DDR-Mädchen sind zuversichtlich, im Vergleich zu 60% der BRD-Jungen.

Schaubild 2: **Zuversichten** (Frage 2)

Darstellung der Prozentwerte für die Antwortkategorien "sehr zuversichtlich" und "zuversichtlich".

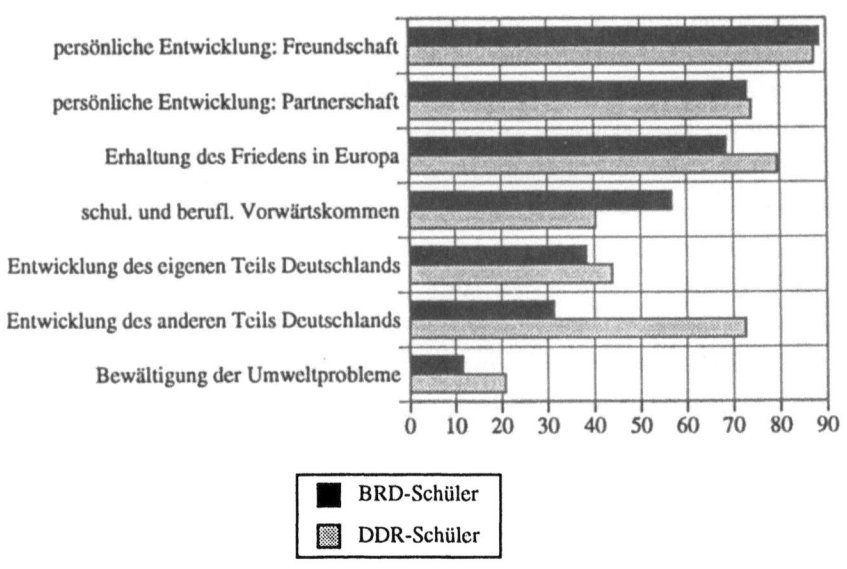

---

22 Die Prozentzahlen geben die Zuversichten der Schüler für die beiden Antwortkategorien "sehr zuversichtlich" und "zuversichtlich" wieder.

Weniger Optimismus als in ihren persönlichen Belangen zeigen die Schüler in Bezug auf gesellschaftliche Problemfelder. Eine Ausnahme bildet hier lediglich die Erhaltung des Friedens in Europa, die 74% der Schüler optimistisch betrachten. Die Entwicklung des eigenen Landes wird in der BRD und der DDR von jeweils 41% der Schüler zuversichtlich gesehen. Deutliche Unterschiede zwischen den Schülern aus Ost und West zeigen sich jedoch hinsichtlich der Einschätzung des jeweils anderen deutschen Staates. Hier sehen die DDR-Schüler die Entwicklung der BRD wesentlich zuversichtlicher (73%) als umgekehrt die BRD-Schüler die Entwicklung der DDR (31%). Allerdings antworteten 13%[23] der Jugendlichen auf diese Frage mit "weiß nicht", hatten hierzu also offensichtlich (noch) keine Meinung.

Am schwärzesten sehen die Schüler die Zukunft im Hinblick auf die Bewältigung der Umweltprobleme. 65% der BRD-Schüler und 55% der DDR-Schüler sind hier pessimistisch. Dies zeigt sich auch in dem hohen Prozentsatz der Befragten, die angaben, in ihrem eigenen und dem anderen Teil Deutschlands werde nicht genug für den Umweltschutz getan (vgl. Kapitel 6).

Unsere Ergebnisse zur Lebenszuversicht entsprechen denen der anderen deutsch-deutschen Schülerstudie. Auch in jener Studie sahen die ost- und westdeutschen Schüler ihre persönliche Zukunft gleichermaßen optimistisch, während die ostdeutschen Schüler die gesellschaftliche Zukunft deutlich pessimistischer beurteilten. 42% der DDR-Schüler und 35% der BRD-Schüler bewerteten "das Weitergehen des Lebens in der eigenen Gesellschaft" als eher düster (Behnken u.a., 1991: 9f.).

Der größere Skeptizismus der ostdeutschen Jugendlichen bezieht sich nach unseren Ergebnissen vor allem auf die von ihnen deutlich negativer eingeschätzte Entwicklung des eigenen Teils Deutschlands. Im Hinblick auf die Entwicklung in der alten Bundesrepublik sind die DDR-Schüler dagegen durchweg optimistischer. Angesichts der bevorstehenden Vereinigung Deutschlands, die von den DDR-Jugendlichen mit großer Mehrheit befürwortet wurde, und angesichts des größeren Optimismus der ostdeutschen Schüler im Hinblick auf die Entwicklung in Westdeutschland scheint es uns aber nicht

---

23 Diese 13% sind in den zuvor genannten Prozentuierungen dieser Variablen nicht enthalten.

gerechtfertigt, von einem durchweg größeren Zukunftspessimismus der ostdeutschen Jugendlichen zu sprechen.

Schüler, die hinsichtlich ihrer persönlichen Entwicklung zuversichtlich sind, sind auch eher mit ihrem Leben zufrieden. Zudem beurteilen Schüler, die die Entwicklung des eigenen Teils Deutschlands zuversichtlich sehen, überproportional häufig auch die Entwicklung des anderen deutschen Staates positiv und stehen einer Vereinigung beider deutscher Staaten optimistischer gegenüber. Im Osten erwarten solche Schüler zugleich eher positive Auswirkungen von der Vereinigung Deutschlands. Wir finden hier also eine Verknüpfung persönlicher Orientierungen mit der Einstellung zur Vereinigung. In der Schülerstudie von Behnken u.a. begründeten die Jugendlichen ihre Skepsis gegenüber der bevorstehenden Wiedervereinigung in ähnlicher Weise mit ihren persönlichen Sorgen um Arbeitsplatz und Wohnraum (1991: 87f.).

In beiden Schülerbefragungen zeigen sich im Hinblick auf das Vertrauen in die Zukunft Unterschiede zwischen den Geschlechtern. Mädchen sind deutlich weniger zuversichtlich als Jungen (vgl. Behnken u.a., 1991: 82). Eine mögliche Erklärung für die geringere Zuversicht der Mädchen könnte sein, daß Mädchen aufgrund der gängigen Rollenzuschreibungen, die, wie wir später noch sehen werden, nach wie vor ihre Gültigkeit haben (vgl. Abschnitt 2.4), eher Befürchtungen und Ängste zu äußern bereit sind. Diese Geschlechtstypik finden wir auch im Fragenkomplex "Beunruhigungen". Die Mädchen geben deutlich häufiger an, über eine breite Palette gesellschaftspolitischer Problemfelder beunruhigt zu sein.

Aus vielen Untersuchungen wissen wir, daß Jugendliche nicht gleichgültig sind gegenüber gesellschaftlichen Problemlagen, sondern sich darüber durchaus Gedanken machen.[24] Wir wollten daher gerade für einen Ost-West-Ver-

---

24 In der SINUS-Studie von 1983 halten beispielsweise 24.9% der 15-17jährigen "die Arbeitslosigkeit unter jungen Leuten für ein großes Problem, weil es sie auch selbst betrifft". 70.5% der entsprechenden Altersgruppe sehen "die Arbeitslosigkeit unter jungen Leuten als ein großes Problem an, obwohl es sie selbst nicht betrifft" (vgl. Materialienband 1 zur SINUS-Studie, Band 200/1, Tabelle 054). "Daß es immer schwieriger wird, eine preiswerte Wohnung zu finden", sagen 20.6% der 15-17jährigen, die dies betrifft, und 51% der entsprechenden Altersgruppe, obwohl es sie nicht betrifft (ebd., Tabelle 061).
In der Shell-Jugendstudie '85 (Jugendwerk der Deutschen Shell, 1985) sehen die 15-17jährigen Arbeitslosigkeit zu 76.3% als sehr großes Problem und 15.6% als großes Problem an

gleich wissen, inwieweit sich die Schüler über soziale Problemfelder wie Arbeitslosigkeit und Wohnungsnot, gesundheitspolitische Problemfelder wie Aids und Drogenmißbrauch, sowie über gewalttätige und ausländerfeindliche Tendenzen (Ausländerfeindlichkeit, Rechtsextremismus, Gewalt/Aggressivität, Ellenbogengesellschaft) beunruhigt fühlen.[25] Diese drei Problemfelder spielten in der DDR vor dem Umbruch keine Rolle, zumindest wurden sie nicht öffentlich thematisiert.

Das Ausmaß der Beunruhigung ist bei den Schülern insgesamt sehr hoch. Am stärksten sind sie besorgt über Wohnungsnot und Arbeitslosigkeit. Zwischen 70% und 80% der Schüler äußern hier sehr starke oder starke Befürchtungen (vgl. Schaubild 3 und Tabellen A5 und A6 im Anhang). Die Beunruhigung über Arbeitslosigkeit ist dabei im Osten deutlich höher als im Westen. Während in der DDR 81% hierüber sehr stark oder stark beunruhigt sind, sind es in der BRD nur 69%. Von der Umstrukturierung der ostdeutschen Wirtschaft erwarten die ostdeutschen Schüler offensichtlich Engpässe auf dem Arbeitsmarkt, von denen sie auch selbst betroffen sein werden. Die Wohnungsnot wird demgegenüber von ihnen mit 71% nicht in so großem Ausmaße als Problem gesehen. Hierüber machen sich dagegen die westdeutschen Schüler große Sorgen (82%).

Die größere Besorgnis der BRD-Schüler über Ausländerfeindlichkeit (64% gegenüber 52% in der DDR) relativiert sich, wenn man berücksichtigt, daß in der BRD-Stichprobe 21% der befragten Schüler Ausländer sind, während der Ausländeranteil in der DDR-Stichprobe unter einem Prozent liegt. Die ausländischen Schüler in der BRD sind deutlich mehr über Ausländerfeindlichkeit

---

(eigene Berechnungen). Drogen und Alkohol werden von 47.6% der 15-17jährigen als sehr großes Problem und von 29.4% als großes Problem gesehen (eigene Berechnungen).

25 Die genaue Fragestellung lautete: "Wenn Du an die nähere Zukunft in unserem Teil Deutschlands denkst, beunruhigen Dich persönlich die folgenden Dinge?" Die Schüler konnten wiederum auf einer fünfstufigen Skala ihre Beunruhigung mit Hilfe der Antwortkategorien von "sehr stark" bis "überhaupt nicht" ausdrücken. Die acht erfragten Problembereiche sind: Arbeitslosigkeit, Ausländerfeindlichkeit, Wohnungsnot, Aids, Drogenmißbrauch, Rechtsextremismus, Ellenbogengesellschaft, Aggressivität und Gewalt.
Eine Faktorenanalyse dieser acht Variablen bestätigt, daß die von uns inhaltlich vorgenommene Aufteilung der Befürchtungen in drei Problembereiche richtig ist. Die Sorgen angesichts sozialer und gesundheitspolitischer Probleme sowie rechtsextremistischer Tendenzen liegen jeweils auf einer eigenen Dimension.

beunruhigt als deutsche Schüler. 82% von ihnen bekunden starke Beunruhigung. Bei den einheimischen Schülern sind es nur 59%.

<u>Schaubild 3</u>: **Beunruhigungen** (Frage 14)

Darstellung der Prozentwerte für die Antwortkategorien "sehr starke" und "starke" Beunruhigung.

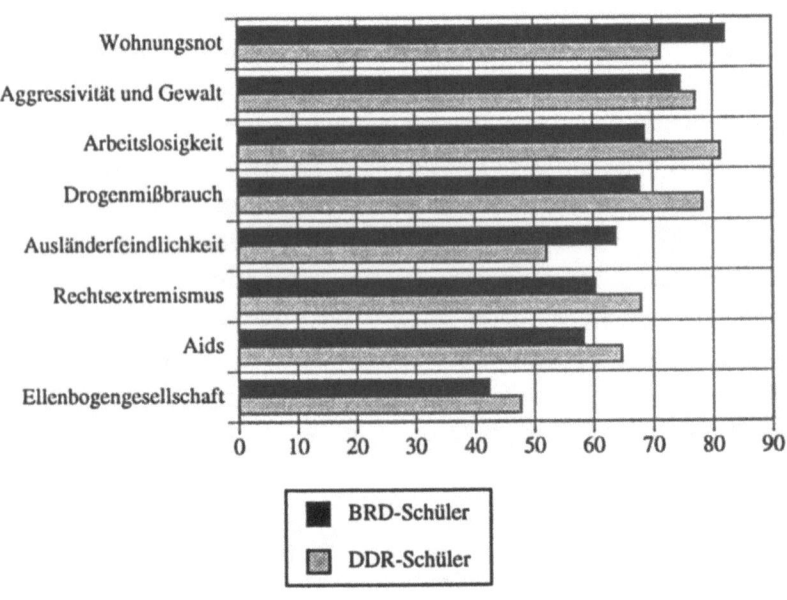

Insgesamt ist auffällig, daß die DDR-Schüler auch über Probleme beunruhigt sind, die es vorher in der DDR kaum gab, z.B. Arbeitslosigkeit und Wohnungsnot, oder die, wie der Drogenmißbrauch, nicht öffentlich thematisiert werden durften. Die ostdeutschen Jugendlichen haben sich also auch in ihrer Wahrnehmung gesellschaftlicher Probleme sehr schnell den westdeutschen angeglichen.

Die Beunruhigung über die hier erfragten Problembereiche darf nicht nur im psychologischen Sinne als Ängstlichkeit verstanden werden, sondern sie hängt auch mit der politischen Weltsicht zusammen. Eher links Orientierte sind über Aggressivität und Gewalt stärker beunruhigt.[26] Gleichzeitig sprechen sich diejenigen ostdeutschen Jugendlichen, die sich am stärksten über die sozialen Probleme Sorgen machen, eher gegen die Vereinigung Deutschlands aus und sind skeptischer hinsichtlich der Entwicklung ihres eigenen deutschen Teilstaates.

2.3 Interessengebiete

Während sich bei den Lebenszielen kaum Unterschiede zwischen Mädchen und Jungen finden, zeichnen sich auf der Ebene der Interessengebiete große Unterschiede zwischen den Geschlechtern ab. Das Interessenspektrum der Schüler wurde im Hinblick auf die folgenden acht Interessengebiete erfaßt: Sport, Kunst und Literatur, Naturwissenschaft und Technik, Politik, Natur und Umwelt, Geschichte, Religion sowie Wirtschaft.[27] Dies stellt natürlich nur einen Ausschnitt aus der Vielzahl möglicher Interessen Jugendlicher dar. Der Sport wurde berücksichtigt, weil er in dieser Altersgruppe eine sehr große Rolle spielt.[28] Umgekehrt wurde die Politik ausgewählt, da sie einerseits eine eher untergeordnete Rolle im Interessenspektrum Jugendlicher spielt, gleichzeitig aber für unser Untersuchungsinteresse zentral war. Schließlich wurden auch Interessengebiete berücksichtigt, bei denen geschlechtsspezifische Unterschiede erwartet werden konnten. Hierzu gehören Naturwissenschaft/Technik und Kunst/Literatur.[29]

---

26 Die Korrelation zwischen dem Summenindex der vier Variablen zur Messung der Beunruhigung hinsichtlich Gewalt und Aggressivität und der Links-Rechts-Skala beträgt r=.4; die Korrelation des Summenindexes mit der Einstellung zur Wiedervereinigung beträgt r=-.3 und mit dem Index "rechtsextreme Orientierungen" r=-.4.

27 Die Schüler konnten die Stärke ihres Interesses mit Hilfe einer fünfstufigen Skala (von "sehr stark" bis "überhaupt nicht") angeben.

28 So nennen 50% der 15-17jährigen "Sport treiben und Fitness" als etwas, das sie in ihrer Freizeit am liebsten machen (Jugendwerk der Deutschen Shell, 1985, Band 5: 199).

29 In der Shell-Jugenduntersuchung '85 (Jugendwerk der Deutschen Shell, 1985) wurden die Jugendlichen danach gefragt, welches ihre Lieblingsfächer in der Schule gewesen sind. Auch dort ergaben sich die typischen geschlechtsspezifischen Unterschiede. Bei den 15-17jährigen und bei Berücksichtigung der ersten fünf Nennungen auf diese Frage ergab sich folgendes (eigene Berechnungen): Das Unterrichtsfach Sport wird am häufigsten genannt, von den Jungen häufiger mit 80% gegenüber den Mädchen mit 62%. Mathematik wird von 41% der

Das größte Interesse haben die Jugendlichen an Natur/Umwelt und Sport (vgl. Schaubild 4 und Tabellen A8 und A9 im Anhang), ein relativ geringes dagegen an Religion und Politik. Auch auf der Werteebene zeigte sich die geringe Bedeutung von Politik bereits in den Lebensorientierungen (besonders deutlich bei den Mädchen). Sich politisch betätigen wollen nur wenige Jugendliche; 9% der Mädchen und 15% der Jungen nennen dies als ein erstrebenswertes Lebensziel. Analog zum größeren Altruismus der Mädchen finden wir bei diesen ein etwas stärkeres Interesse an Religion.

Eine Ordnung der Interessengebiete von Mädchen und Jungen nach der Häufigkeit der Nennungen für die Antwortkategorien "sehr stark" und "stark" spiegelt die traditionellen Geschlechtsstereotypen wider:

Rangordnung der Interessengebiete von Mädchen und Jungen

	Mädchen	**Jungen**
1. Rang	Natur und Umwelt	Sport
2. Rang	Sport	Natur und Umwelt
3. Rang	Kunst und Literatur	Naturwissenschaft und Technik
4. Rang	Geschichte	Wirtschaft
5. Rang	Wirtschaft	Geschichte
6. Rang	Religion	Politik
7. Rang	Naturwissenschaft und Technik	Kunst und Literatur
8. Rang	Politik	Religion

Die Mädchen haben deutlich weniger Interesse an Naturwissenschaft und Technik[30], die Jungen deutlich weniger an Kunst und Literatur.[31] Sport,

---

Jungen und nur 33% der Mädchen gewählt. Bei Physik treten die geschlechtsspezifischen Unterschiede noch deutlicher hervor: 33% der Jungen und nur 12% der Mädchen nennen Physik als Lieblingsfach. Religion hat insgesamt eine niedrige Bedeutung: 17% der Jungen und 25% der Mädchen geben das Schulfach Religion an.

30 Der Korrelationskoeffizient Cramer's V beträgt .4.
31 Der Korrelationskoeffizient Cramer's V beträgt .3.

<u>Schaubild 4</u>: **Interessengebiete** (Frage 24)

Darstellung der Prozentwerte für die Antwortkategorien "sehr starkes" und "starkes" Interesse.

Schüler in der BRD:

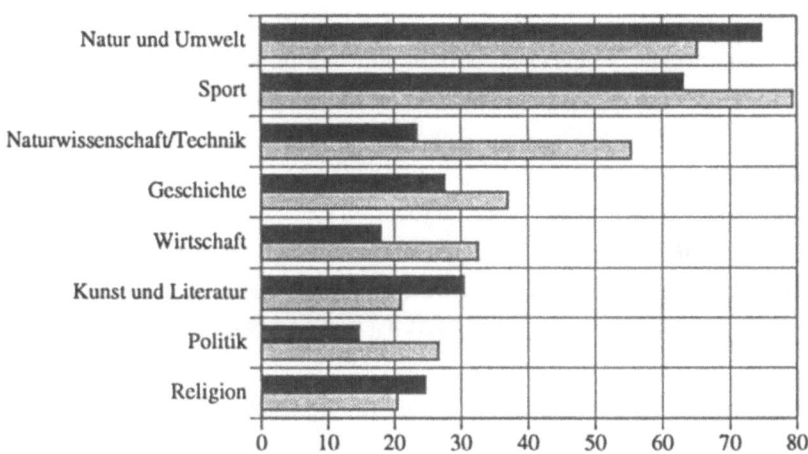

Schüler in der DDR:

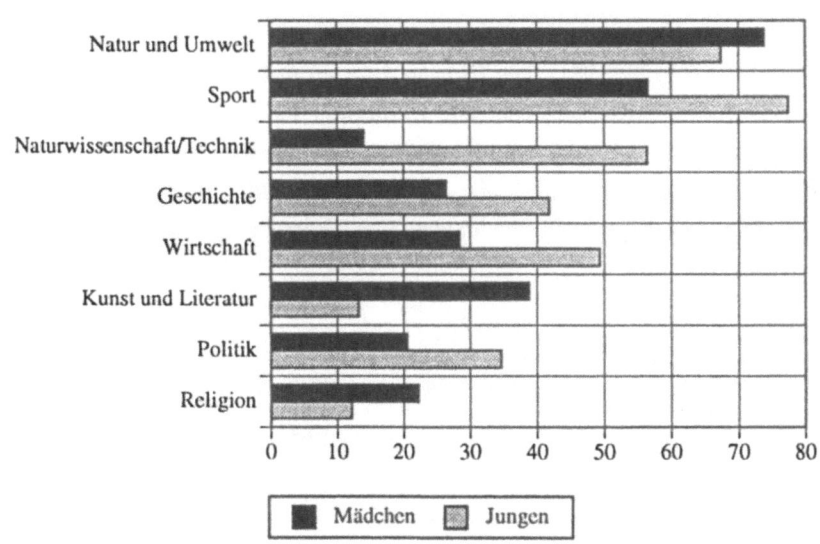

37

Wirtschaft und Politik werden häufiger von Jungen, Religion wird häufiger von Mädchen genannt.[32]

Den ausgeprägten Geschlechtsunterschieden stehen nur geringe Unterschiede zwischen ost- und westdeutschen Schülern gegenüber. Ausnahmen bilden hier lediglich das Interesse an Religion, das bei den BRD-Schülern stärker ist, und das Interesse an Wirtschaft, das von den ostdeutschen Schülern häufiger genannt wird.[33] Wenn wir die BRD- und die DDR-Schüler hinsichtlich ihrer Interessenstruktur vergleichen, so fällt auf, daß in der DDR diejenigen geschlechtsspezifischen Unterschiede, die in Richtung eines traditionellen Rollenmodells weisen, größer sind. Naturwissenschaft und Technik wird von den DDR-Mädchen im Vergleich zu den BRD-Mädchen noch weniger genannt,[34] Kunst und Literatur jedoch noch häufiger.[35]

Das politische Interesse der Jugendlichen schlägt sich auch auf der Ebene der politischen Verhaltensbereitschaften nieder, wie später noch zu zeigen sein wird (vgl. Abschnitt 3.1). Zudem sind die politisch Interessierten - und hier v.a. die Mädchen - auch gegenüber einer Mitsprache der Frau in der Politik deutlich positiver eingestellt. Sie lehnen das Statement "Politik sollte Männersache sein" stärker ab.[36]

Nicht nur die Männerdominanz hält die Frauen jedoch von der Politik fern, sondern auch die traditionellen Inhalte von Politik werden von Frauen für weniger wichtig gehalten. Im traditionellen Verständnis von Politik hat der private Lebensbereich nur marginal und - wenn überhaupt - als Sozialpolitik Bedeutung (Jacobi, 1991). Die Kirchen dagegen und die sozialen und alternativen Bewegungen sind eher ein Territorium für Frauen. Frauen weisen daher ein stärkeres Engagement im alternativen Politikbereich auf. Dies zeigt sich auch in unserer Schülerstudie. Die befragten Mädchen bringen den zum alternativen Politikbereich gehörenden Menschenrechtsgruppen und Atom-

---

32 Der Korrelationskoeffizient Cramer's V beträgt jeweils .2.
33 Der Korrelationskoeffizient Cramer's V beträgt hier jeweils .2.
34 Der Korrelationskoeffizient Cramer's V beträgt für die BRD .4 und für die DDR .5.
35 Der Korrelationskoeffizient Cramer's V beträgt für die BRD .2 und für die DDR .4.
36 Wir haben das Interesse an Politik und das Lebensziel "politische Betätigung" zu einer Summenvariable zusammengefaßt und mit dem Item "Politik ist Männersache" korreliert. Für die Mädchen erhalten wir eine Korrelation von $r=-.2$, für die Jungen von $r=-.1$.

kraftgegnern mehr Unterstützung und Sympathie entgegen als die Jungen (ähnlich auch Behnken u.a., 1991: 155).

Wenn man Interessen als steuernde Impulse bei der Ausbildungs- und Berufswahl betrachtet, kommt einer geschlechtsspezifischen Ausrichtung der Interessenstruktur hohe Bedeutung zu. Wir finden in der DDR ebenso wie in der BRD zwar eine Angleichung der Qualifikationsstrukturen zwischen den Geschlechtern, was die allgemeine Schulbildung angeht. In beiden Teilen Deutschlands gibt es aber auch heute noch eine eindeutige geschlechtsspezifische Ausrichtung der beruflichen Bildung und Hochschulbildung (vgl. Bertram/Gille, 1990: 62f.; Winkler, 1990a: 46; 1990b: 70). In Ost wie West wählen Frauen an der Hochschule v.a. pädagogische bzw. geistes- und sozialwissenschaftliche Fächer, kaum jedoch Ingenieurswissenschaften. In einer Studie des Zentralinstituts für Berufsbildung (Berlin) von 1989 stellten die Autoren für die DDR einen überproportionalen Frauenanteil im Sozialwesen (91.8%), im Gesundheitswesen (83%), im Bildungswesen (77%), im Handel (72%), sowie im Post- und Fernmeldewesen (68.9%) fest (vgl. Nickel, 1990: 40). Trotz der stärkeren Gewichtung des polytechnischen Unterrichts in der Schulausbildung in der DDR hat also auch dort keine Angleichung der Interessen und der Berufswahl von Mädchen und Jungen stattgefunden.

In der DDR vollzog sich daher nur eine "asymmetrische Gleichberechtigung der Frau" (Lemke, 1991: 248). Frauen wurden zwar voll in das Berufsleben integriert, jedoch blieb die traditionelle Männerrolle unangetastet (Nikkel, 1990; Lemke, 1991; Krause, 1991). Diese Schlechterstellung der Frauen in der DDR war dabei als öffentliches Thema lange Zeit tabuisiert. Ihre Existenz wurde in der politischen Diskussion schlichtweg geleugnet, da postuliert wurde, daß mit der Etablierung einer sozialistischen Gesellschaft in der DDR die Gleichstellung von Frauen und Männern verwirklicht sei.

2.4   Die Rolle der Frau in der Gesellschaft

In den Lebensorientierungen und insbesondere in der Interessenstruktur der befragten Schüler zeichnen sich in BRD und DDR Muster traditioneller Geschlechtsrollen ab. Die Mädchen sind mit dieser Situation weitaus unzufriedener und nehmen entschiedener Stellung zu den Fragen, die sich auf die Rolle der Frau in Politik, Beruf und Familie beziehen. Sie lehnen die überkommenen Rollenzuschreibungen stärker ab als die Jungen. Jungen weisen diese zwar in der Mehrheit ebenfalls zurück, votieren aber insgesamt traditioneller und entscheiden sich in ihren Antworten häufiger für die Mittelposition der Beurteilungsskala (vgl. Tabelle 4).

Die deutlichsten Meinungsdifferenzen erhalten wir hinsichtlich der Aussage "Hausarbeit ist eigentlich Frauensache". Die Mädchen lehnen diese zu 74% ab, die Jungen zu 39% (Jungen in der BRD: 43%; Jungen in der DDR: 34%). Daß in Zeiten hoher Arbeitslosigkeit verheiratete Frauen auf ihre Berufstätigkeit verzichten sollen, meinen 17% der west- und 13% der ostdeutschen Jungen. Die Mädchen stimmen hier noch weniger zu: 6% im Westen und 4% im Osten. Daß Politik Männersache sein sollte, bejahen 31% der Jungen, jedoch nur 7% der Mädchen.

Tabelle 4: Rolle der Frau (Frage 7, Zeilenprozente)

		BRD			DDR		
		stimme voll zu/ stimme eher zu	teils/ teils	lehne eher ab/ lehne voll ab	stimme voll zu/st- imme eher zu	teils/ teils	lehne eher ab/ lehne voll ab
	Ge-schlecht	%			%		
Politik sollte Männer-sache sein.	weiblich	6.4	16.1	77.5	4.6	20.6	74.8
	männlich	19.2	30.8	50.0	21.4	31.9	46.8
In Zeiten hoher Arbeitslosigkeit sollte man von verheirateten Frauen verlangen, auf ihre Berufstätigkeit zu verzichten.	weiblich	6.4	15.2	78.4	4.2	14.1	81.7
	männlich	16.9	24.1	59.0	13.4	19.1	67.5
Hausarbeit ist eigent-lich Frauensache.	weiblich	7.1	16.6	76.3	6.1	22.9	70.9
	männlich	28.5	29.0	42.5	33.0	32.6	34.4

Die Jungen vertreten insgesamt ein geschlosseneres Meinungsbild hinsichtlich der Rolle der Frau in der Gesellschaft. Wenn Jungen hinsichtlich der Frauenrolle konservativ optieren, so tun sie dies für alle drei Aussagen.[37] Die Mädchen sind in ihrem Meinungsbild heterogener. Lediglich die Aussagen, daß der Haushalt Frauensache und Politik Männersache sei, liegen bei ihnen auf einer Dimension. Bei der Beurteilung eines möglichen Verzichts auf Berufstätigkeit ziehen sie jedoch offensichtlich zusätzliche Beurteilungsmaßstäbe heran.

Ein konservatives Meinungsbild hinsichtlich der Frauenrolle korreliert bei den Schülern deutlich mit autoritären politischen Vorstellungen. Jungen, die die traditionelle Geschlechtsrollenteilung bewahren wollen, stimmen rechten Aussagen stärker zu. Für Mädchen gilt dieser Zusammenhang zwar auch, jedoch deutlich schwächer.[38]

Zusammenfassend können wir zu den Rollenbildern von Frau und Mann in Ost- und Westdeutschland feststellen, daß trotz großer Unterschiede in den Bildungssystemen von BRD und DDR, der offiziellen Betonung der Gleichberechtigung in der DDR und der nahezu lückenlosen Integration der Frauen in das Berufsleben die Geschlechtszugehörigkeit die entscheidende Determinante ist für Einstellungen zu Fragen der Rollenteilung zwischen Mann und Frau. In der DDR deuten die von uns erfaßten Fragenbereiche darauf hin, daß diese Tendenzen sogar noch ausgeprägter sind.

---

37 Die Korrelation bei den Mädchen zwischen den Items "Politik sollte Männersache sein" und "Hausarbeit ist eigentlich Frauensache" beträgt r=.4 und zwischen den Items "Politik sollte Männersache sein" und "In Zeiten hoher Arbeitslosigkeit sollten verheiratete Frauen auf ihre Berufstätigkeit verzichten" bzw. den Items "Verzicht auf Berufstätigkeit" und "Hausarbeit ist Frauensache" jeweils r=.2. Bei den Jungen sind die entsprechenden Werte r=.5 und r=.3.

38 Die Korrelation des Index "rechtsextreme Orientierungen" mit den Items "Politik sollte Männersache sein" bzw. "Hausarbeit ist eigentlich Frauensache" beträgt bei den Jungen r=.4 und bei den Mädchen r=.3. Die Korrelation des Indexes mit dem Item "In Zeiten hoher Arbeitslosigkeit sollten verheiratete Frauen auf ihre Berufstätigkeit verzichten" beträgt bei den Jungen r=.3 und bei den Mädchen r=.2.

3. Politisches Interesse und politische Informationsquellen

3.1 Politisches Interesse
Ursula Hoffmann-Lange

Umfrageergebnisse zum politischen Interesse, aber auch die Ergebnisse für die Wahlbeteiligung verschiedener Alterskohorten haben gezeigt, daß das Niveau des politischen Interesses und der politischen Partizipation Jugendlicher unter dem der Erwachsenenbevölkerung liegen. Bei der Wahlbeteiligung betrug beispielsweise die Differenz zwischen den Erstwählern und der Gesamtwählerschaft bei der Bundestagswahl 1990 ganze 11.6%, nämlich 64.7% im Vergleich zu 76.3%.[39] Dabei liegt die Wahlbeteiligung der Erstwähler stets noch über der der nächsten Altersgruppe der 21- bis 25jährigen, die mit 61.8% insgesamt 14.5% unter dem Durchschnitt lag (vgl. H.L. Mayer, 1991). Diese geringere Einbindung jüngerer Menschen ist nicht auf die Bundesrepublik beschränkt, sondern läßt sich in allen westlichen Demokratien beobachten. Sie ist darauf zurückzuführen, daß die Entwicklung stabiler politischer Orientierungen Ergebnis eines längeren Sozialisationsprozesses ist, dessen Abschluß erst mit der Einbindung in das Berufsleben und der Übernahme der vollen Erwachsenenrolle erreicht wird.

Die Bedeutung, die der Lebensbereich Politik für die Befragten hat, ist ein wichtiger Bestandteil ihres Verständnisses von der Rolle der Bürger in Demokratien. Während in parlamentarischen Demokratien akzeptiert wird, daß die meisten Bürger sich politisch eher passiv verhalten und ihre politische Beteiligung auf die Teilnahme an Wahlen beschränken, haben die sozialistischen Staaten stets die Verantwortung jedes einzelnen für die Gesellschaft betont und versucht, ihre Bürger möglichst lückenlos für politische Arbeit zu mobili-

---

39 Diese Wahlbeteiligungsraten stammen aus der sog. Repräsentativen Wahlstatistik, die lediglich in einem Teil der Stimmbezirke erhoben wird. Die Zahlen dieser Stichprobenerhebung weichen daher zwangsläufig vom Gesamtwahlergebnis ab. Da in der Repräsentativen Wahlstatistik die Briefwähler nicht berücksichtigt werden, liegt die hier ermittelte Wahlbeteiligung zudem systematisch unter der tatsächlichen Wahlbeteiligung, die bei der Bundestagswahl 1990 insgesamt 77.8% betrug.

sieren. Für den Fall, daß die politische Bildung in der DDR effektiv war, müßten wir daher bei den ostdeutschen Schülern ein weit stärkeres Interesse an politischen Fragen sowie eine stärkere politische Beteiligung erwarten.

Unsere Studie enthielt verschiedene Indikatoren für das politische Interesse. Zunächst liegt die Politik unter den acht vorgegebenen Interessengebieten (vgl. Kapitel 2) vor der Religion an vorletzter Stelle. In der BRD gaben 20.3% der Schüler, in der DDR 27.6% ein (sehr) starkes Interesse an. Bei den Lebenszielen erreichte das Ziel, "mich politisch zu betätigen" unter 12 Zielen ebenfalls den letzten Rang. In der BRD strebten dies 10.7%, in der DDR 13.9% an. Zwar konnten sich gleichzeitig 23.1% der Schüler in der BRD und sogar 37.7% in der DDR vorstellen, Mitglied einer politischen Partei zu werden, der tatsächliche Organisationsgrad in politischen Jugendorganisationen lag jedoch mit 3.0% in der BRD und 4.4% in der DDR eher in dem üblichen Rahmen westlicher Demokratien.

Während diese Umfragedaten ein größeres Interesse der Jugendlichen im Osten signalisieren, lag die tatsächliche Wahlbeteiligung der Angehörigen jüngerer Alterskohorten in den neuen Bundesländern bei der Bundestagswahl 1990 mit 56.6% bei den 18 bis 20jährigen und 54.5% bei den 21 bis 24jährigen extrem niedrig und noch deutlich unter der der entsprechenden westdeutschen Kohorten (67.0% und 63.6%). Dies mag allerdings ein atypisches Ergebnis sein, das durch die spezifische gesellschaftlich-politische Situation kurz nach der Vereinigung Deutschlands bedingt war.

Neben deutlichen Unterschieden zwischen den ost- und westdeutschen Schülern zeigen sich in unserer Umfrage auch die aus anderen Erhebungen bekannten Unterschiede nach Geschlecht und Bildungsgrad. In Kapitel 2 wurden bereits die beträchtlichen geschlechtsspezifischen Unterschiede in der Interessenstruktur der Schüler dargestellt. Dabei zeigte sich, daß die Mädchen ein deutlich geringeres Interesse an politischen und wirtschaftlichen Fragen äußerten als die Jungen. In der BRD liegt es mit 14.6% um 12 Prozent niedriger als das der Jungen, in der DDR beträgt die Prozentsatzdifferenz sogar über 14 Prozent (vgl. Tabelle A9 im Anhang).

Die Unterschiede zwischen den Geschlechtern haben sich im Verlauf der letzten Jahrzehnte deutlich eingeebnet, wie Vergleichszahlen aus früheren westdeutschen Untersuchungen belegen (vgl. Jugendwerk der Deutschen Shell,

1985, Band 3: 380). Dieser Trend wird auch durch die repräsentative Wahlstatistik für die Bundestagswahl 1990 bestätigt. Während der Unterschied zwischen der Wahlbeteiligung der Männer und Frauen in der jüngsten Altersgruppe nur knapp über drei Prozent beträgt, liegt er in der ältesten Gruppe (70 Jahre und mehr) bei zehn Prozent. Dies gilt für Ost- und Westdeutschland gleichermaßen. Allerdings zeigen Umfrageergebnisse gleichzeitig, daß sich die Geschlechterdifferenz im politischen Interesse inzwischen auf einem nach wie vor relativ hohen Niveau stabilisiert hat.

Der Einfluß des Bildungsniveaus auf das politische Interesse ist fast ebenso groß wie der des Geschlechts. In unserer Schülerbefragung lag der Anteil der Befragten mit einem starken politischen Interesse bei den Gymnasiasten in der alten Bundesrepublik mit 24.3% deutlich über dem bei den Hauptschülern (15.0%). ZIJ-Studien zeigen, daß entsprechende Unterschiede zwischen Befragten mit unterschiedlichem Bildungsniveau auch in der DDR existierten. Auch dort lag das politische Interesse der Studenten weit über dem der POS-Schüler (vgl. Schmitt, 1980: 171). Während sich bei der von Schmitt zitierten DDR-Studie jedoch ein Interaktionseffekt zwischen Bildungsniveau und Geschlecht ergab, der dazu führte, daß die Unterschiede zwischen den Geschlechtern in der höchsten Bildungsgruppe geringer waren als in den niedrigeren Bildungsgruppen, existiert in der (alten) Bundesrepublik kein solcher Effekt zwischen Geschlecht und Bildungsniveau.[40] Die Daten der Allgemeinen Bevölkerungsumfrage der Sozialwissenschaften (ALLBUS) für die achtziger Jahre zeigen ebenfalls, daß die Auswirkungen von Bildung und Geschlecht unabhängig voneinander sind. In allen Bildungsgruppen sind die Geschlechtsunterschiede im politischen Interesse etwa gleich groß.

Kaase (1989: 610) hat darauf hingewiesen, daß angesichts des Zusammenhangs zwischen Bildungsgrad und politischem Interesse und des steigenden Bildungsniveaus der jüngeren Generation das politische Interesse jüngerer Menschen während der letzten Jahrzehnte eigentlich überproportional gestiegen sein müßte. Dies ist jedoch faktisch nicht der Fall, wie u.a. die Ergebnisse

---

40 Bei den weiblichen Hauptschülern unserer Studie lag das Interesse mit 10.2% lediglich knapp 10% unter dem der männlichen Hauptschüler (20.0%). Demgegenüber gaben 18.3% der Gymnasiastinnen, aber 31.2% der Gymnasiasten an, sich (sehr) stark für Politik zu interessieren, was einer Differenz von fast 13 Prozent entspricht.

von Allerbeck und Hoag zeigen (1985: 134). Berücksichtigt man das gestiegene Bildungsniveau in der alten Bundesrepublik, so war der Anstieg des politischen Interesses bei den Jüngeren unterproportional. Zudem stagnieren in allen westlichen industriellen Demokratien die Anteilswerte seit Mitte der siebziger Jahre (vgl. Dalton, 1988: 23), was dafür spricht, daß offensichtlich eine zumindest vorläufige Obergrenze der politischen Mobilisierung erreicht worden ist. Dies schließt allerdings nicht aus, daß aktuelle politische Ereignisse einen zusätzlichen Mobilisierungseffekt ausüben, der das politische Interesse über das in politisch stabilen Zeiten übliche Normalmaß hinaus stimuliert (vgl. Abschnitt 3.2).

Das in unserer Studie gefundene höhere politische Interesse bei den DDR-Schülern kann zum einen darauf hindeuten, daß die stärkere Betonung des politischen Engagements im DDR-Unterricht tatsächlich die erwünschten Auswirkungen hatte. Es kann jedoch ebenso gut eine Reaktion auf die massiven politischen Veränderungen in der DDR sein, deren Auswirkungen auch das persönliche Leben der Jugendlichen in vielfacher Weise tangierten. Dies reichte von den völlig veränderten beruflichen Ausgangsbedingungen bis hin zu den plötzlich vorhandenen Reisemöglichkeiten ins Ausland.

Dabei sprechen die Zahlen über die tatsächlichen Mitgliedschaften in politischen Organisationen bzw. Parteien eher für eine geringe Effektivität einer staatlich verordneten politischen Mobilisierung. Sie zeigen nämlich eine rapide Angleichung der DDR-Jugend an die in westlichen Gesellschaften üblichen geringen Mitgliederzahlen (vgl. hierzu auch Behnken u.a., 1991: 149ff.). Als die Mitgliedschaft in der FDJ ihre Bedeutung für das individuelle Fortkommen verlor, setzte eine massenhafte Absetzung aus diesem Jugendverband ein, dem noch 1989 drei Viertel aller Jugendlichen angehört hatten (Lemke, 1991: 134). So berichtete der SPIEGEL im November 1990 (Nr. 48), die Zahl der FDJ-Mitglieder sei im Verlauf der vergangenen zwölf Monate von 2,3 Millionen auf 22 000 gesunken.

3.2 Medien- und politisches Informationsverhalten
Ulrike Six

3.2.1 Fragestellungen und Hypothesen

Im Kontext der unmittelbaren Auswirkungen der veränderten Lebensbedingungen vor der deutschen Einigung auf die politischen Einstellungen und Zukunftserwartungen Jugendlicher stellt sich auch die Frage nach der Rolle der Medien, der Mediennutzung und dem politischen Kommunikations- und Informationsverhalten Jugendlicher in dieser Zeit. Untersucht werden sollte, durch welche Informationsquellen sich Jugendliche über das politische Tagesgeschehen und über die aktuelle Situation im jeweils anderen Teil Deutschlands informierten, welche Rolle dabei persönliche Erfahrung, interpersonale Kommunikation und Massenkommunikation spielten, wie gut sich die Jugendlichen informiert fühlten und wieweit diese Kommunikationsinhalte in den privaten Alltag, etwa im Sinne der 'Agenda-Setting-Hypothese',[41] hineinspielten. Gleichzeitig sollte ermittelt werden, welche Zusammenhänge zwischen politi-

---

41 Die 'Agenda-Setting-Hypothese' (McCombs/Shaw, 1972) geht davon aus, daß Massenmedien die Einschätzung der Bedeutsamkeit von Alltagsthemen - besonders im politischen Bereich - steuern. Medien und ihre Themenselektion beeinflussen demnach auch Themen und Inhalte interpersonaler Kommunikation, sie wirken sich darauf aus, welche Themen, Probleme und politischen Einstellungen als gesellschaftlich relevant erachtet werden und worüber Rezipienten nachdenken und kommunizieren (zur Kritik und Modifikation vgl. Weiß, 1989).
Damit teilt diese Forschungsrichtung einerseits ein Element der 'Kultivierungstheorie' (Gerbner/Gross, 1976), die ebenfalls davon ausgeht, daß Medieneinflüsse eben nicht - wie mit dem klassischen 'Effekte-Modell' nahegelegt - darin bestehen, durch einzelne Medieninhalte punktuelle Effekte auf einzelne Meinungen und Einstellungen von Individuen zu bewirken. Sie unterscheidet sich andererseits jedoch von der 'Kultivierungstheorie' und von der auf ihr basierenden 'Scary-World-Hypothese', wonach die ständig wiederholte Konfrontation mit 'Systemen von Medienbotschaften' zu uniformierten Grundauffassungen in einer Gesellschaft über die soziale Realität führt und starke Mediennutzung (vor allem hoher Fernsehkonsum) durch den hohen Anteil an Gewalt- und Bedrohungsinhalten eine angsterfüllte und pessimistische Weltsicht und ein überhöhtes Bedrohungserleben 'kultiviert'.
In bezug auf Einstellungen zu Politik und gesellschaftliche Institutionen und auf politisches Interesse und Engagement ist die letztere Hypothese in enger Assoziation zu sehen mit der Hypothese zur 'Videomalaise' (Robinson, 1976; zur Kritik und Differenzierung vgl. Holtz-Bacha, 1989). Hiernach bewirkt speziell das Fernsehen durch seine auf Negativereignisse konzentrierte Politikdarstellung bei Rezipienten, die vorwiegend dieses Medium als Informationsquelle über Politik nutzen, ein geringes Vertrauen in Politik(er) und politische Institutionen und führt zu politischer Entfremdung und 'Abstinenz'.

46

schem Interesse und politischem Kommunikations- und Informationsverhalten bestehen; schließlich sollten Zusammenhänge zwischen Informationsverhalten, Einstellungen und Zukunftserwartungen der Jugendlichen analysiert werden.

Im Rahmen der deutsch-deutschen Schülerstudie wurde deshalb zum einen gefragt, woher die Jugendlichen Informationen über das politische Tagesgeschehen beziehen. Hierzu hatten die Befragten auf einer fünfstufigen Skala (von 1=täglich bis 5=nie) anzugeben, wie oft sie die vorgegebenen Informationsquellen (Fernsehen, Radio, Tageszeitungen, Zeitschriften/Wochenzeitungen, persönliche Gespräche und Schulunterricht) nutzten.

Zum anderen wurde mit einer weiteren Frage erfaßt, durch welche Informationsquellen die Jugendlichen von den politischen Ereignissen in der DDR bzw. in Deutschland seit November 1989 und über die aktuelle Situation im jeweils anderen Teil Deutschlands erfuhren. Dabei hatten sie auf einer dreistufigen Skala (1=oft, 2=manchmal, 3=nie) anzugeben, wie oft sie die vorgegebenen Informationsquellen seit November 1989 hierfür genutzt hatten. Neben den auch in der ersten Frage einbezogenen Medien (Fernsehen, Radio, Tageszeitungen, Zeitschriften/Wochenzeitungen sowie zusätzlich auch Bücher) waren hier auch Gespräche mit Personen aus dem eigenen und dem anderen Teil Deutschlands sowie eigene Reisen in den jeweils anderen Teil Deutschlands als mögliche Informationsquellen vorgegeben.

Um darüber hinaus ermitteln zu können, welche Bedeutung Diskussionen über Politik hatten bzw. inwieweit der damals aktuelle politische und gesellschaftliche Umbruch in das alltägliche Kommunikationsverhalten der Jugendlichen hineinspielte, wurde auch danach gefragt, wie oft (1=täglich bis 5=nie) die Befragten mit ihren Eltern, mit anderen Erwachsenen, mit Gleichaltrigen und mit Vertretern von Jugendgruppen/Verbänden in den letzten vier Wochen über politische Fragen diskutiert hatten. Und schließlich wurden die Schüler gefragt, wie gut sie sich über die Lebensbedingungen von Jugendlichen im jeweils anderen Teil Deutschlands informiert fühlten (Antwortskala von 1=sehr gut bis 5=sehr schlecht).

Um Zusammenhänge dieser Variablen zum politischen Kommunikations- und Informationsverhalten mit dem politischen Interesse der Jugendlichen aufzudecken, wurden die Ergebnisse zum Interesse an Politik (vgl. Abschnitt 3.1) hier einbezogen. Für weitere Analysen in Verbindung mit dem politischen

Kommunikations- und Informationsverhalten wurden darüber hinaus eine Reihe weiterer Variablen unserer Befragung, vor allem Daten zu Zukunftserwartungen (vgl. Kapitel 2), zur Verwirklichung demokratischer Werte im jeweils eigenen und anderen Land (vgl. Kapitel 6) sowie zur Affinität gegenüber gesellschaftlichen Gruppen hier einbezogen.

Mit diesem Fragenkomplex wird eine Zusammenschau verschiedener Themen impliziert, die in der Literatur zumeist nur isoliert voneinander betrachtet werden und in höchst unterschiedlichem Ausmaß und mit unterschiedlich befriedigenden Ergebnissen bereits zum Untersuchungsgegenstand verschiedener Forschungsdisziplinen gemacht wurden:

- Erhebliche Defizite weist die westliche Literatur auf zu der im Kontext unserer Studie interessierenden Frage nach den Informationsquellen, durch die Jugendliche über die aktuelle Politik im allgemeinen bzw. speziell über den jeweils anderen Teil Deutschlands erfahren.[42] Während hierzu kaum westdeutsche Studien vorliegen, gehörte diese Frage - insbesondere seit der früher befürchteten und später tatsächlich angestiegenen Nutzung von 'Westmedien' - ebenso wie das Interesse Jugendlicher an Politik in der ehemaligen DDR zu den wichtigen Themen in den ZIJ-Jugendstudien.[43]
- Zur Rolle von Medien bei politischen Ereignissen und gesellschaftlichen Umbrüchen liegen zwar auch von westlicher Seite einige Thesen und Studien vor allem unter politologischen und historischen Perspektiven vor;[44] doch findet man bei den an dieser Frage vereinzelt arbeitenden Sozialwis-

---

42 So bezieht selbst die zweite gesamtdeutsche Schülerstudie (Behnken u.a., 1991) dieses Thema nicht mit ein, wiewohl - neben politischen und sozialen Orientierungen, Wertvorstellungen sowie Erfahrungen und Erwartungen Jugendlicher in verschiedenen Lebensbereichen - der Freizeit-, Medien- und Kultursektor in dieser Untersuchung einen großen Raum einnimmt. Eine der wenigen neueren Untersuchungen hierzu ist eine 'Fallstudie' von Patzelt (1988) an 460 Jugendlichen zwischen "(meist) 14 und 17 Jahren" in einem niederbayrischen Landkreis, die u.a. die auch andernorts gefundene Dominanz von Massenmedien gegenüber interpersonalen Informationsquellen dokumentiert. Hier werden allerdings (neben anderen methodischen Problemen) bei den Jugendlichen keine direkten quantitativen Angaben zur Nutzung der Informationsquellen erfragt, vielmehr berichtet Patzelt in diesem Zusammenhang nur über Daten zur Häufigkeitseinschätzung durch die Jugendlichen auf einer Skala von "(sehr) häufig" bis "(eher) selten/nie".

43 Dies zeigt ein Überblick über zahlreiche Forschungsberichte des ehemaligen Zentralinstituts für Jugendforschung (ZIJ) Leipzig.

44 Vgl. z.B. Wilke (1989) sowie die dort angegebene Literatur.

senschaften ebensowenig eindeutige Aufschlüsse und einheitliche Befunde wie zu der allgemeineren Frage nach Auswirkungen der Medien auf soziale und politische Strukturen und Prozesse.[45] Dabei ist ein Grund für solche Defizite sicher darin zu sehen, daß dieses komplexe Thema empirisch nur schwer angehbar ist und Ursache-Wirkungs-Zusammenhänge kaum eindeutig auszumachen sind. Es wird jedoch gerade in bezug auf die deutsche Einigung von einigen Autoren u.E. zurecht angenommen, daß die Medien, und unter ihnen insbesondere das Fernsehen, in dieser speziellen Situation durchaus eine wesentliche Rolle gespielt haben,[46] wenn auch ein empirischer Nachweis kaum möglich sein dürfte.

- Anders als zu den vorgenannten Themen liegen zahlreiche, gleichzeitig jedoch wenig eindeutige Forschungsergebnisse vor über Zusammenhänge zwischen der Konfrontation mit politischen Inhalten in Medien einerseits und den auf Politik bezogenen Meinungen, Einstellungen und Verhaltensweisen der Rezipienten sowie ihren Zukunftserwartungen andererseits.[47] Dabei steht als unumstrittenes allgemeineres Ergebnis fest, daß Heranwachsende durch Mediennutzung permanent wenigstens nebenbei mit Politik-Informationen konfrontiert werden und damit zumindest 'inzidentell' in ihrer politischen Sozialisation sowie ihren jeweils aktuell auf Politik bezogenen Kenntnissen, Einstellungen und Erwartungen beeinflußt werden. Andererseits kann unter den konkreteren Ergebnissen in diesem Kontext heute vor allem als gesichert gelten, daß zumindest das Fernsehen weniger dazu angetan ist, Heranwachsenden im einzelnen sachbezogene Informatio-

---

45 Vgl. hierzu z.B. Oberreuter (1987); Kaase (1989); Schulz (1989); Wilke (1989); aus der DDR-Medienforschung vgl. z.B. Wiedemann/Stiehler u.a. (1984).

46 So kommt Ludes (1991: 212) auf der Grundlage von Experteninterviews mit Journalisten des DDR-Fernsehens im Frühjahr 1990 und mit Journalisten von ARD und ZDF im Frühjahr und Herbst 1990 sowie unter Einbeziehung von "zivilisationstheoretischen und mediensoziologischen Aspekten" sogar zu dem Schluß: "Nur mit Hilfe des Westfernsehens hat sich die Entwicklung in der DDR beschleunigt, wodurch die SED-Führung derart in Handlungs- und Legitimationszwang geriet, daß die Oppositionsbewegung nach und nach die Initiative an sich reißen konnte... Die aktuelle Fernsehberichterstattung hat die Revolution nicht gemacht, aber einer revolutionären Situation schneller zum Durchbruch verholfen...".

47 Zur Rolle der Massenmedien im Prozeß der politischen Sozialisation siehe z.B. Bonfadelli (1981); vgl. außerdem verschiedene Beiträge in Nimmo/Sanders (1981) sowie in Kaase/Schulz (1989).

49

nen zu vermitteln und bei ihnen langfristig verfügbar zu erhalten, als vielmehr dazu, bei ihnen Emotionen auszulösen und sie auch langfristig in ihren Emotionen zu beeinflussen.[48]

- Demgegenüber liegt zur Mediennutzung Jugendlicher eine Fülle an durchaus einheitlichen Daten vor, die einerseits darauf hinweisen, daß Mediennutzung einen Hauptteil der Freizeitbetätigungen Jugendlicher ausmacht, wobei Radio und Fernsehen im allgemeinen die von Jugendlichen am stärksten genutzten Medien darstellen. Sie zeigen andererseits, daß Heranwachsende die Medien weniger unter dem Gesichtspunkt politischer Informationen als vielmehr stärker zur Unterhaltung und Stimulation, zur Bewältigung und Kompensation des Alltags, für Interaktionen mit Gleichaltrigen etc. nutzen.[49]

- Ebenso liegen zahlreiche und in ihren Aussagen übereinstimmende Daten über die Interessengebiete und speziell über das politische Interesse Jugendlicher vor, die wiederholt ein geringes Interesse Jugendlicher an politischen Fragen und Vorgängen belegen.[50] Gleichzeitig weisen solche Studien teilweise auf Korrelationen hin zwischen dem Interesse an Politik einerseits, der Nutzung von Medien als Quellen für politische Information andererseits und schließlich soziodemographischen Einflüssen und Bildungsfaktoren in ihrer Bedeutung sowohl für politisches Interesse als auch für politisches Informationsverhalten.[51]

- Schließlich sind in Zusammenhang mit den vorgenannten Ergebnissen seit langem und immer wieder quasi in Wellen sowohl der starke Medienkonsum Jugendlicher als auch gleichzeitig ihr geringes politisches Interesse und mangelndes politisches Informations- und Partizipationsverhalten Anlaß für unüberhörbare Klagen und für Maßnahmen in Bereichen von Politik, politischer Bildung und (Medien-) Pädagogik.

---

48 Vgl. z.B. Sturm (1991).
49 Vgl. dazu z.B. Bonfadelli (1981 und 1990); für Ergebnisse aus der ehemaligen DDR vgl. Wiedemann/Stiehler u.a. (1984).
50 Zu Ergebnissen aus der ehemaligen DDR vgl. z.B. Wiedemann/Stiehler u.a. (1984), Friedrich (1987).
51 Vgl. z.B. Bonfadelli (1981), Patzelt (1988), Pfetsch/Kutteroff (1988).

Diese hier nur kurz skizzierte Ausgangslage wäre vielleicht nicht gerade dazu angetan gewesen, die genannten Bereiche und Dimensionen in eine aktuelle Schülerstudie zu Auswirkungen der veränderten Lebensbedingungen während der Wendezeit auf die politischen Einstellungen und Zukunftserwartungen Jugendlicher einzubeziehen, wenn man nicht hätte davon ausgehen müssen, daß die Zeit vor der deutschen Einigung im Hinblick auf diesen Themenkomplex eine ganz spezielle Situation darstellte. Bekanntlich waren in jenen Tagen die Medien in Ost- und Westdeutschland voller Informationen über die politischen und gesellschaftlichen Umwälzungen, und kaum jemand konnte einer Konfrontation mit entsprechender interpersonaler und/oder Massenkommunikation entgehen. Gleichzeitig waren die Medien in dieser Umbruchszeit nicht nur höchst wichtige Quellen für Informationen und Interpretationen, sondern hatten auch weitgehend eine Exklusivrolle als Informationsquelle über Situation und Vorgänge vor allem im jeweils anderen Teil Deutschlands. Darüber hinaus ist anzunehmen, daß die Medien - speziell das Fernsehen - mit ihren in jenen Tagen ebenso 'spannungsreichen' wie stark 'emotional aufgeladenen' Informationen über die Ereignisse im Osten Deutschlands besonders anziehend und emotionalisierend und damit besonders wirkungsträchtig waren. Und schließlich ist in diesem Untersuchungszusammenhang von Bedeutung, daß gerade Heranwachsende und jüngere Erwachsene einen aktiven Teil der Bewegung in Richtung politischer und gesellschaftlicher Veränderungen in der damaligen DDR ausmachten. Insofern ergaben sich für diese besondere Situation auch spezielle Fragen und Annahmen zu den o.g. Themenbereichen:

Bezogen auf das Interesse Jugendlicher an Politik konnte man davon ausgehen, daß es in der damaligen Situation vorübergehend stärker als sonst üblich ausgeprägt war; Vergleiche mit vorliegenden Daten aus anderen Untersuchungen können darüber Aufschluß geben. Ebenso war anzunehmen, daß Jugendliche angesichts der damaligen Situation, und durch die spezielle Qualität der aktuellen politischen Informationen in den Medien angezogen, stärker als üblicherweise die Medien, speziell das Fernsehen, auch als Quellen für politische Informationen nutzten. Insofern stellte sich in bezug auf politisches Interesse und politisches Informationsverhalten hier die Frage: Wenn Jugendliche im allgemeinen Radio und Fernsehen - anders als etwa Zeitungen - unter allen verfügbaren Medien zwar am häufigsten, meist jedoch für andere als auf

Politik bezogene Funktionen nutzen, und wenn außerdem politische Interessen üblicherweise nicht gerade an der Spitze der Interessenhierarchie Jugendlicher liegen: Trifft beides auch zu unter den Bedingungen des politischen Umbruchs in der DDR? Korrelieren auch unter solchen Bedingungen politisches Interesse und Informationsverhalten? Und korrelieren beide auch dann mit dem Bildungsstatus der Individuen? Und schließlich: Welches relative Gewicht als Informationsquelle haben in einer solch außergewöhnlichen Situation die Medien im Vergleich zu Familie, Schule und Gleichaltrigen, und welches Gewicht hat die eigene direkte Erfahrung?

Berücksichtigen wir neben der vollständig anderen politischen Sozialisation auch die gänzlich andere 'Medienbiographie' von DDR-Jugendlichen im Vergleich zu derjenigen im Westen, sowie die Tatsache, daß die Jugendlichen in der DDR weitaus stärker von den dortigen Umwälzungen betroffen und teilweise auch involviert waren, so ergibt sich auch in diesem Kontext die Frage nach Unterschieden und Gemeinsamkeiten zwischen ost- und westdeutschen Jugendlichen. Dabei war, vor allem aufgrund der aktuellen Situation in der DDR und der stärkeren Betroffenheit der DDR-Jugendlichen, bei ihnen ein stärkeres politisches Interesse sowie ein stärkeres politisches Informations- und Kommunikationsverhalten zu erwarten.

Und schließlich konnte in Zusammenhang mit den Daten zur Mediennutzung eine Typologisierung von starken versus schwachen Mediennutzern und damit indirekt ein Beitrag zu einigen umstrittenen Hypothesen aus der Medienforschung geleistet werden.

3.2.2 Ergebnisse

Zunächst läßt sich feststellen, daß - wie aus Untersuchungen zur allgemeinen Mediennutzung bekannt - auch bei der Frage nach Informationsquellen für das politische Tagesgeschehen die Medien Fernsehen und Radio von den Schülern am meisten genutzt werden (vgl. Schaubild 5). Ein solches Ergebnis verwundert sicher nicht angesichts der generell starken Nutzung dieser Medien durch Jugendliche und des gerade zur damaligen Zeit erheblichen Anteils tagespolitischer Inhalte in diesen Medien. An dritter Stelle werden von den Schülern

: Informationsquellen über Politik (Frage 25)

Darstellung der Prozentwerte für die Antwortkategorien "täglich" und "mehrmals die Woche".

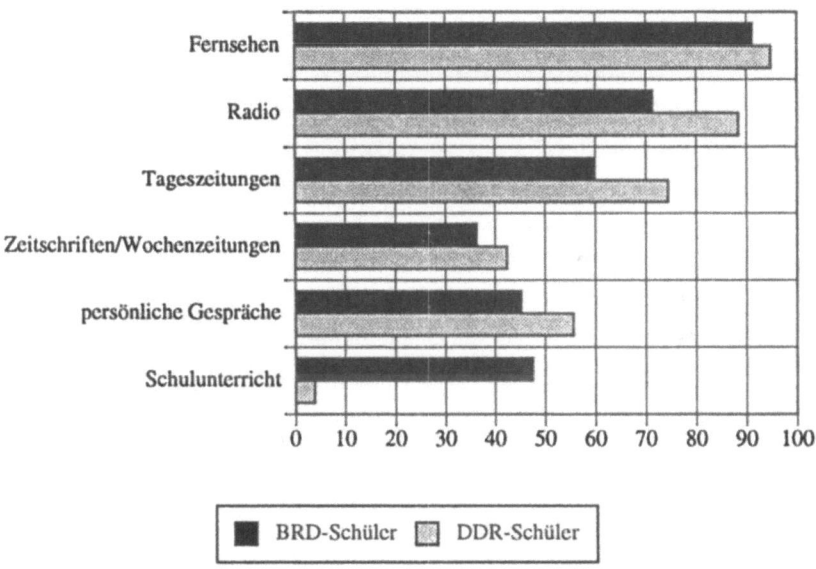

in beiden Teilen Deutschlands Tageszeitungen genannt. Bei BRD-Schülern folgen in der Rangfolge der für Informationen über politisches Tagesgeschehen genutzten Quellen: Schule, persönliche Gespräche, Zeitschriften/Wochenzeitungen. Bei DDR-Schülern nehmen dagegen - wohl wegen der aktuell stärkeren Betroffenheit - persönliche Gespräche bereits den vierten Platz unter den Informationsquellen ein, während - nach Zeitschriften/Wochenzeitschriften - die Schule erst auf dem letzten Rang kommt (vgl. Tabelle A10 im Anhang). Dies ist vermutlich nicht zuletzt durch die Erfahrungen mit Problemen um Kommunikation über Politik in der Schule bedingt. Bezüglich der Dominanz von Massenmedien gegenüber interpersonalen Informationsquellen entspricht dieser Befund den wenigen auch unter anderen gesellschaftlichen und/oder historischen Bedingungen festgestellten Ergebnissen.[52]

Vergleicht man unsere Daten zur Mediennutzung für aktuelle politische Informationen mit den aus anderen Untersuchungen vorliegenden Daten zur allgemeinen Mediennutzung Jugendlicher, so fallen deutliche Ähnlichkeiten auf.[53] Diese besonders bei den DDR-Jugendlichen ausgeprägte Ähnlichkeit läßt sich einerseits dadurch erklären, daß unsere Frage von den Schülern nicht nur auf aktuelle politische Informationen bezogen wurde. Sie läßt sich andererseits aber auch durch den damals außergewöhnlich hohen Anteil an aktuellen politischen Informationen in Medieninhalten und deren besondere Anziehungskraft erklären, die eine nahezu gleich hohe allgemeine und spezielle Mediennutzung bewirkt haben mag.

Neben der insgesamt vergleichsweise starken Mediennutzung für politische Informationen zeigt sich in unseren Daten im übrigen, daß mit Ausnahme der Schule alle Informationsquellen von DDR-Schülern erwartungsgemäß stärker genutzt werden als von BRD-Schülern. Diesem letzten Ergebnis entspricht auch, daß das bei beiden Schülergruppen insgesamt schwache Interesse für Politik bei DDR-Schülern etwas stärker ausgeprägt ist als bei BRD-Schülern: Fast 28% der DDR- im Vergleich zu 20% der BRD-Schüler gaben an, sich sehr stark oder stark für Politik zu interessieren, und weitere 36% (32% in der BRD) wiesen hier zumindest noch ein mittelmäßiges Interesse auf (vgl. anson-

---

52 Vgl. dazu z.B. die bei Bonfadelli (1981) aufgeführten Ergebnisse aus dem internationalen Bereich sowie für Daten aus der ehemaligen DDR z.B. Wiedemann/Stiehler u.a. (1984). Stiehler (1990) führt folgende Zeitreihe von Prozentwerten bei DDR-Schülern für die "Mediennutzung zur Information über das politische Geschehen" an: 1988 nutzten 45% hierfür mindestens mehrmals wöchentlich das DDR-Fernsehen und 80% ARD/ZDF; die entsprechenden Werte für 1989 lagen bei 81% und 85%, für 1990 bei 58% und 80%. Den BRD-Rundfunk nutzten 1988 mindestens mehrfach wöchentlich für politische Informationen: 74%; 1989: 84%; 1990: 72%; den DDR-Rundfunk nutzten 35% im Jahr 1988, 55% 1989 und 29% 1990. 1988 nutzten außerdem mindestens mehrmals wöchentlich 67% der Schüler DDR-Zeitungen für politische Informationen, 1989 waren es 82%; 1990 nutzten 67% der Schüler mindestens mehrmals wöchentlich hierfür "alte" DDR-Zeitungen, 15% "neue" DDR-Zeitungen und 51% BRD-Zeitungen.

53 Solche Ähnlichkeiten bestehen etwa mit Daten aus der Jugend-Medien-Studie '86 (vgl. Bonfadelli, 1990) zu täglichen Medien-Reichweiten im Sinne von allgemeiner Mediennutzung (d.h. ohne Einschränkung auf politische Informationen); ebenso mit den bei Stiehler (1990) berichteten Zeitreihen zur Mediennutzung von DDR-Schülern in den Jahren 1988 bis 1990.

sten hierzu Abschnitt 3.1). Generell läßt sich jedoch hinsichtlich des Politik-
interesses der befragten Jugendlichen feststellen, daß es selbst in der damaligen Situation nicht viel stärker ausgeprägt war als normalerweise.[54] Dies läßt
vermuten, daß das allgemeine politische Interesse weniger von aktuellen
Ereignissen beeinflußt wird, sondern vielmehr ein überdauerndes Interesse
darstellt.

Anders als erwartet - jedoch in Übereinstimmung mit Befunden aus Studien, die politisches Interesse und allgemeine Mediennutzung Jugendlicher
berücksichtigen[55] - erweisen sich die Zusammenhänge zwischen Politikinter-

---

54 Für die alte Bundesrepublik liegen hierzu keine exakten Vergleichszahlen vor. Unter den in
    der Studie von Allerbeck/Hoag (1983) befragten 16-18jährigen Jugendlichen gaben 36% an,
    "sehr" oder "ziemlich" an Politik interessiert zu sein. Die Antwortvorgabe "ziemlich" ist aller-
    dings weicher als die von uns gewählte Vorgabe "starkes Interesse". Die ALLBUS-Studien
    wiederum enthielten zwar dieselben Antwortkategorien wie unsere Studie, umfaßten jedoch
    nur Personen ab 18 Jahren. In der jüngsten Altersgruppe der 18-20jährigen lag dabei der
    Anteil derjenigen, die ein (sehr) starkes politisches Interesse bekundeten, in den achtziger
    Jahren bei rund einem Viertel der Befragten, also geringfügig höher als in unserer Studie.
    Angesichts der Abhängigkeit des politischen Interesses vom Alter deutet dies darauf hin, daß
    das politische Interesse der von uns befragten Schüler durch die aktuellen politischen Er-
    eignisse nicht stimuliert wurde.
    Aus der ehemaligen DDR (Müller, 1988) wird 1988 für Schüler achter Klassen ein Pro-
    zentsatz von 20% mit großem und 60% mit mittlerem Interesse an Politik berichtet. Während
    ähnliche Werte schon für Ende der 70er Jahre festgestellt worden seien, zeige die stark
    zugenommene "Bevorzugung von Westmedien für Zwecke der politischen Information... von
    64% auf 82%", daß sich die politischen Interessen allerdings in jener Zeit geändert haben
    "zuungunsten sozialistischer Informationsquellen" (1988: 3). Stiehler (1985) berichtet über
    politische Interessen "bei jungen Werktätigen und Studenten" (leider ohne Altersangaben),
    daß 1985 insgesamt 47% stark und 12% sehr stark am politischen Geschehen in der DDR
    interessiert waren. Die entsprechenden Prozentwerte für das Interesse am politischen Weltge-
    schehen sind: 67% und 32%; für das Interesse an den außenpolitischen Aktivitäten der DDR:
    53% und 18%. Dabei stellt der Autor fest, daß das allgemeine politische Interesse unter
    Jugendlichen seit 1982 um 10-15% zurückgegangen sei. Für 1990 gibt Stiehler (1990) fol-
    gende Daten zum Politikinteresse bei 13-18jährigen DDR-Schülern wieder: Auf einer fünf-
    stufigen Skala entschieden sich für den höchsten Wert 48% beim Interesse am politischen
    Geschehen in der DDR, 24% bezüglich der BRD und 18% beim Interesse an der Weltpolitik.
55 So zeigen Wiedemann u.a. (1989) für Jugendliche in der ehemaligen DDR, daß das Interesse,
    sich über Politik zu informieren, 1989 auf dem 18. Rangplatz unter den Freizeitinteressen bei
    Lehrlingen lag, dagegen das Lesen von Zeitungen/Zeitschriften auf Rang 5 und Fernsehen
    auf Rangplatz 7. Eine Untersuchung von Lindner (1990) ergab, daß Ende der achtziger Jahre
    bei Schülern der 7.-10. Klasse unter den Freizeitbetätigungen, denen sie "sehr gern" nachgin-
    gen, die Nutzung von Quellen für politische Informationen den 16. Rangplatz einnahm, das
    Fernsehen den 5. Rangplatz und das Musikhören den 1. Rangplatz.

esse und Nutzung der Quellen für politisches Tagesgeschehen als gering.[56] Dabei zeigt sich als ein durchaus plausibles Ergebnis, daß das Politikinteresse noch relativ am stärksten mit der Nutzung von Tageszeitungen und persönlichen Gesprächen für Informationen über das politische Tagesgeschehen verbunden ist.[57] Ein solcher Befund entspricht der Tatsache, daß - wie auch aus eigenen inhaltsanalytischen Auswertungen von Schüleraufsätzen hervorgeht - Jugendliche das Fernsehen mehr für andere Zwecke als für Informationen über Politik nutzen und politische Informationen im Radio vorwiegend als kurze Unterbrechung ihres präferierten Programms wahrnehmen, während sie Tageszeitungen und persönliche Gespräche etwa in der Familie eher als eine Möglichkeit nutzen, sich über Politik zu informieren bzw. auszutauschen.

Bei den Informationsquellen für das politische Tagesgeschehen ist nicht ohne weiteres davon auszugehen, daß die entsprechende Frage tatsächlich nur auf politische Informationen bezogen wurde; dies kann hingegen bei der Frage nach den Informationsquellen über die politischen Ereignisse in der DDR bzw. in Deutschland seit November 1989 und über den jeweils anderen Teil Deutschlands durchaus angenommen werden. Daher ist ein Vergleich zwischen den Antworten auf diese beiden Fragen aufschlußreich. Dabei zeigt sich: Die Korrelationen zwischen der Nutzung der vier vorgegebenen Medien

---

56 Dieser geringe Zusammenhang läßt sich durch verschiedene Annahmen erklären: Entweder ist er ein weiteres Indiz dafür, daß unsere entsprechende Frage zur Nutzung der Informationsquellen generell auf die Nutzung dieser Quellen, nicht aber begrenzt auf politische Informationen interpretiert wurde. Oder er ist ein weiteres Indiz dafür, daß allgemeine politische Interessen eher überdauernd sind, während die Nutzung von Quellen für Informationen über die aktuellen politischen Prozesse in der damaligen Zeit erheblich von der damals aktuellen Situation und der besonderen Anziehungskraft der Medieninhalte während der Wendezeit beeinflußt wurden.
Angemerkt sei hier, daß der Zusammenhang zwischen Politikinteresse einerseits und einem über die vier Medienitems gemeinsam gebildeten Index der Mediennutzungshäufigkeit lediglich einen Wert von $r=.20$ erreicht; ungefähr den gleichen Wert ($r=.21$) erreicht die entsprechende Korrelation bei Verwendung eines analogen Indexes über die Mediennutzung zur Information über die aktuellen politischen Vorgänge in Deutschland.
57 Bei Berechnung der Korrelationen für beide Schülergruppen gemeinsam ergeben sich Zusammenhänge von $r=.26$ zwischen Politikinteresse und Nutzung von Tageszeitungen für politische Informationen, für den entsprechenden Zusammenhang mit der Nutzung von persönlichen Gesprächen ergibt sich eine Korrelation von $r=.25$. Wenn auch beide Zusammenhänge auf dem 0.1%-Niveau signifikant sind und höher ausfallen als für die Nutzung der übrigen Informationsquellen, so sind bekanntlich solche Stärken von Zusammenhängen doch als eher gering zu betrachten.

als Informationsquellen über die allgemeine Tagespolitik einerseits und über die aktuellen Ereignisse in Deutschland andererseits sind zwar nicht gering,[58] die stärksten Zusammenhänge liegen aber keineswegs bei der an erster Stelle stehenden Fernsehnutzung vor,[59] sondern besonders signifikant nur bei der Nutzung von Radio und Tageszeitungen.[60] Beide Medien stehen auch bezüglich der Informationen über den anderen Teil Deutschlands wieder bei beiden Befragtengruppen auf dem zweiten und dritten Rang der verwendeten Informationsquellen. In Übereinstimmung mit der bereits geäußerten Annahme läßt sich ableiten, daß die Jugendlichen bei dem von ihnen präferierten Medium Radio - durch seine Meldungen zwischen den bevorzugten Musikprogrammen - durchaus Informationen sowohl über die Tagespolitik als auch über aktuelle politische Umwälzungen in Deutschland mitbekommen, während sie Tageszeitungen gezielt als ein Medium gerade für politische Informationen nutzen. Erwähnenswert ist bei diesen Indizes weiterhin das Gewicht ihrer einzelnen Elemente: Bei der Gesamthäufigkeit der Mediennutzung für Informationen über das politische Tagesgeschehen spielen Tageszeitung und Zeitschriften/Wochenzeitungen die größte Rolle (sie korrelieren mit dem Index mit $r=.65$ und $r=.64$, berechnet über alle Schüler hinweg); das gleiche trifft zu bei der Mediennutzung für Informationen über die politischen Ereignisse in Deutschland seit November '89 (hier liegen die entsprechenden Korrelationen bei $r=.70$ und $r=.61$).

Die Wahrscheinlichkeit, daß persönliche Gespräche sowohl als Informationsquelle über Politik im allgemeinen genutzt werden als auch - in Form von Gesprächen mit Personen aus dem jeweils eigenen Teil Deutschlands - speziell für Informationen über die aktuellen Ereignisse in Deutschland und

---

58 Dies zeigt sich sowohl bei Korrelationen zwischen einzelnen Medienitems der entsprechenden Fragen als auch bei einer Korrelation zwischen den für beide Fragen jeweils getrennt gebildeten Indizes der Mediennutzungs-Häufigkeit (letztere weisen einen Zusammenhang von $r=.52$ auf). Dabei wurden beide Indizes folgendermaßen gebildet: Die individuellen Mittelwerte über die Medienitems wurden anhand der Quartilswerte der Verteilung dieser beiden Mittelwertreihen in jeweils drei Stufen der Mediennutzungshäufigkeit unterteilt.
59 Es ergibt sich ein Koeffizient für den Zusammenhang zwischen beiden Variablen von $r=.41$, berechnet für die Jugendlichen beider Länder gemeinsam.
60 Bei der Radionutzung beträgt der Koeffizient $r=.67$, bei der Nutzung von Tageszeitungen $r=.62$.

über den jeweils anderen Teil Deutschlands, ist relativ gering.[61] 32% der DDR-Schüler und sogar 58% der BRD-Schüler gaben an, Gespräche mit Personen aus dem jeweils anderen Teil Deutschlands "nie" zur Information über die aktuellen Ereignisse in Deutschland zu nutzen (vgl. Tabelle A11 im Anhang).

Der Zusammenhang zwischen dem Interesse für politische Themen einerseits und der Mediennutzung für Informationen über die aktuellen Ereignisse in Deutschland andererseits erweist sich als durchaus signifikant: Unterscheidet man Schüler, die die Medien für diesen Zweck häufig nutzen, von solchen, die sie kaum bzw. nie hierfür nutzen, so zeigt sich für die BRD-Schüler: 30% der "starken" Mediennutzer, aber nur 12% der "schwachen" Mediennutzer äußern ein (sehr) starkes Interesse für Politik; umgekehrt interessieren sich 65% der "schwachen" und nur 37% der "starken" Mediennutzer wenig oder gar nicht für Politik; die entsprechenden Zahlen für DDR-Schüler zeigen das gleiche Bild.

Ähnliche Zusammenhänge findet man bei einem Vergleich dieser beiden Extremgruppen im Hinblick auf ihr Interesse an der Geschichte der deutschen Teilung sowie an der Geschichte der beiden Teile Deutschlands: 55% der "starken" Mediennutzer in der DDR äußern ein starkes oder sehr starkes Interesse an der Geschichte der deutschen Teilung, 29% ein solches Interesse an der BRD-Geschichte und 18% an der DDR-Geschichte; dagegen interessieren sich unter den "schwachen" Mediennutzern in der DDR nur 38% für die Geschichte der deutschen Teilung, 14% für die BRD-Geschichte und 7% für die DDR-Geschichte; auch hier zeigt sich bei BRD-Schülern ein ähnliches Bild.

Bezogen auf soziodemographische Differenzen ergibt sich ein ähnliches Bild bei beiden Fragen zum Informationsverhalten: Während sich beim Informationsverhalten über die aktuellen Ereignisse in Deutschland ähnliche Geschlechtsunterschiede wie bei der Nutzung von Informationsquellen für die allgemeine Tagespolitik zeigen,[62] werden bei den BRD-Schülern systemati-

---

61 Das Maß für den Zusammenhang zwischen den beiden persönliche Gespräche betreffenden Variablen beträgt r=.36.
62 In beiden Ländern nutzen für beide Arten politischer Informationen Jungen stärker als Mädchen Fernsehen und Tageszeitungen, Mädchen dagegen stärker als Jungen das Radio. Abge-

sche Unterschiede zwischen den Schularten deutlicher: Mit zunehmendem Bildungsniveau werden Fernsehen, Radio und Tageszeitungen stärker genutzt.[63] Das gleiche gilt tendenziell auch für Gespräche mit Personen aus dem eigenen Teil Deutschlands.

Auch bei Informationen über die aktuellen politischen Ereignisse in Deutschland seit dem Herbst '89 nutzen die Jugendlichen der DDR alle Informationsquellen stärker als ihre Vergleichsgruppe im Westen - und dies gilt trotz aller Barrieren besonders für Reisen in die BRD und für Gespräche mit Personen von dort (vgl. Schaubild 7).

Wenn nun Jugendliche in beiden Teilen Deutschlands die verschiedenen Informationsquellen doch immerhin im Durchschnitt "stark" nutzen, um sich über das politische Tagesgeschehen zu informieren[64] oder über die aktuelle Situation in Deutschland,[65] so könnte man annehmen, daß sich die Jugendlichen auch relativ gut informiert fühlen (vgl. dazu Tabelle A12 im Anhang). Tatsächlich aber geben nur 19% der BRD-Schüler (im Vergleich zu allerdings 40% der DDR-Schüler) an, sich sehr gut oder gut informiert zu fühlen;[66] und immerhin 40% der BRD- und 17% der DDR-Schüler fühlen sich wenig oder sehr schlecht über die Lebensbedingungen Jugendlicher im anderen Teil Deutschlands informiert.[67] Dabei zeigen sich keine Geschlechtsunterschiede,

---

sehen vom Lesen der Tageszeitung sind die Geschlechtsunterschiede aber weniger aussagekräftig als die Unterschiede zwischen DDR-Schülern und BRD-Schülern sowie zwischen den Schultypen in der Bundesrepublik.

63 Das Fernsehen "oft" als Informationsquelle hierfür zu nutzen, geben 81% der Gymnasiasten, 78% der Real- und 71% der Hauptschüler an; die entsprechenden Werte für das Radio liegen bei 47%, 46% und 34%; die Unterschiede zwischen den entsprechenden nach Schultypen differenzierten Mittelwerten sind signifikant. Bei der Nutzung von Tageszeitungen zeigen sich ähnliche Unterschiede. Diese sind allerdings nicht signifikant (47%, 48%, 40%). Das gleiche gilt für Gespräche mit Personen aus dem jeweils eigenen Land: diese "oft" oder wenigstens "manchmal" als Informationsquelle hierfür zu nutzen, geben 79% der Gymnasiasten, 73% der Real- und 68% der Hauptschüler an.

64 Der über alle Items hinweg berechnete Gesamtmittelwert der Angaben darüber, wie oft die Befragten die vorgegebenen Quellen zur Information über Politik nutzen, liegt bei 2.5 für BRD- und bei 2.2 für DDR-Schüler auf einer fünfstufigen Skala von 1=täglich bis 5=nie.

65 Die entsprechenden Werte für die Nutzung von Informationen über die aktuellen politischen Ereignisse in Deutschland betragen 2.1 bzw. 1.8 auf der Skala von 1=oft bis 3=nie.

66 Auf der Skala von 1=sehr gut bis 5=sehr schlecht liegen die Mittelwerte bei 3.3 und 2.7.

67 Berücksichtigt man, daß mit der Frage nach dem subjektiven Informiertheitsgrad weder die allgemeine Politik noch die allgemeine Situation im jeweils anderen Teil Deutschlands angesprochen wurde, sondern speziell die Lebensbedingungen Jugendlicher im anderen Teil

Schaubild 6: **Diskussionspartner über Politik in den letzten vier Wochen (Frage 26)**

"täglich"   Darstellung der Prozentwerte für die Antwortkategorien

und "mehrmals die Woche".

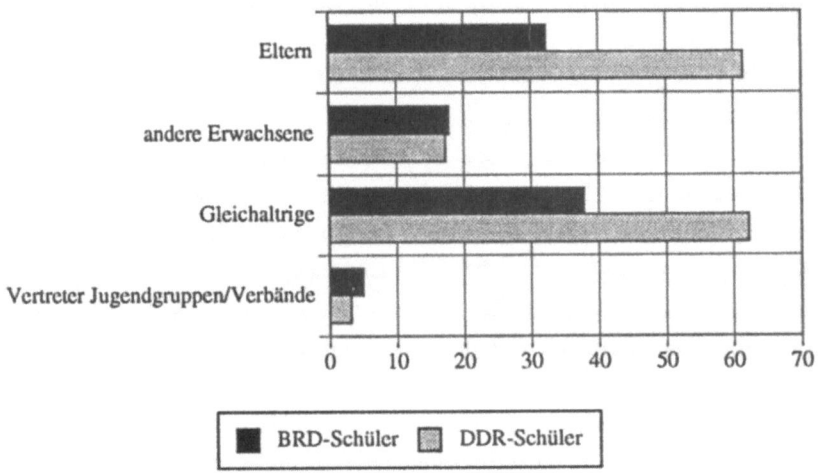

wohl aber treten signifikante Unterschiede zwischen beiden Ländern je nach der unterschiedlichen Stärke der Nutzung von Informationsquellen auf. Eben-

Deutschlands, so erscheint dieses Ergebnis jedoch durchaus stimmig.

Hierzu kann man inhaltsanalytische Auswertungen von Aufsätzen heranziehen, die von 49 Kölner und 61 Leipziger Schülern geschrieben wurden. Allgemeines Thema dieser - zeitgleich mit unserer Schülerstudie geschriebenen - Aufsätze war die Rolle der Massenmedien beim Prozeß der deutschen Einigung. Hiernach lassen sich drei Kategorien von Argumenten der Jugendlichen gegen die Berichterstattung der Medien über die aktuellen politischen Ereignisse in Deutschland unterscheiden: Etwa 20% der Argumente beziehen sich darauf, daß politische Information generell uninteressant sei, zur Befragungszeit jedoch außerdem "zu viel" über die aktuellen politischen Ereignisse in den Medien berichtet wurde; weitere 20% beziehen sich auf die mangelnde Verständlichkeit, Heterogenität oder sogar Widersprüchlichkeit politischer Medieninformationen; und schließlich beinhalten weitere 20% die Kritik daran, daß gerade für Jugendliche interessante Fragen von den Medien nicht aufgegriffen werden, wie etwa Meinungen der Bevölkerung und besonders der Gleichaltrigen im jeweils anderen Teil Deutschlands, Informationen über das Bildungs- und Ausbildungssystem sowie die Arbeitsmarktlage im jeweils anderen Land, Freizeitinteressen und -möglichkeiten sowie die finanzielle Lage von Jugendlichen im anderen Teil Deutschlands etc.

falls zeigen sich auch hier wieder - wohlbekannte - Unterschiede zwischen den Schularten in der Bundesrepublik: Obwohl Gymnasiasten die Quellen zur Information über die DDR stärker nutzen als Real- und Hauptschüler, empfinden sie - vermutlich aufgrund ihres höheren Anspruchsniveaus - mehr Informationsdefizite als andere Schüler (48% der Gymnasiasten, 37% der Hauptschüler und 34% der Realschüler fühlen sich "wenig" oder "sehr schlecht" informiert).

Insgesamt werden Antworten auf die Frage, wie gut man sich über die Lebensbedingungen von Jugendlichen im jeweils anderen Teil Deutschlands informiert fühlt, bei Berücksichtigung aller Variablen zum Informations- und Kommunikationsverhalten am stärksten durch direkte Kommunikation und eigene Anschauung determiniert: durch Gespräche mit Personen des jeweils anderen Landes und Reisen in das andere Land, wie Analysen zur Prüfung des relativen Einflusses der Variablen zum Informations- und Kommunikationsverhalten (multiple Regressionsanalysen) bei beiden Stichproben zeigen.[68]

Interpretiert man Antworten auf die im Kontext des politischen Informationsverhaltens gestellte Frage, wie oft die Schüler in den vergangenen Wochen mit anderen Personen über politische Fragen diskutiert haben (vgl. Schaubild 6), als Indiz dafür, wieweit politische Themen in den privaten Alltag hineinspielen und wieweit die vorwiegend mediale Konfrontation mit den aktuellen politischen Ereignissen auch einer entsprechenden Thematisierung - etwa im Sinne der Agenda-Setting-Hypothese - im Rahmen interpersonaler Kommunikation korrespondiert, so läßt sich folgendes feststellen: Während die Bedeutung von Diskussionen in Jugendgruppen/Verbänden und mit Erwachsenen außerhalb der Familie (darunter u.a. auch Lehrern) im privaten

---

68 Bei einer Regressionsanalyse mit der subjektiven Informiertheit als abhängiger Variable und den Items der Fragen zum politischen Informationsverhalten als unabhängiger Variable ergibt sich - als Maß des relativen Gewichts der für den subjektiven Informiertheitsgrad ausschlaggebenden Variablen - ein Betawert von .22 (mit einem auf dem 0.1%-Niveau signifikanten T-Wert von 8.96) für Gespräche mit Personen aus dem anderen Land; für Reisen in das andere Land ergibt sich ein Betawert von .18 (mit einem auf dem 0.1%-Niveau signifikanten T-Wert von 7.46). Als multiples R ergibt sich bei dieser multiplen Regressionsanalyse jedoch lediglich ein Wert von .41, der darauf hindeutet, daß alle einbezogenen Variablen gemeinsam doch nur einen recht geringen Erklärungswert dafür haben, wie gut sich die Befragten über die Lebensbedingungen der Jugendlichen im jeweils anderen Teil Deutschlands informiert fühlen.

Schaubild 7: **Informationsquellen über den anderen Teil Deutschlands**
(Frage 27)

Darstellung der Prozentwerte für die Antwortkategorie "oft":

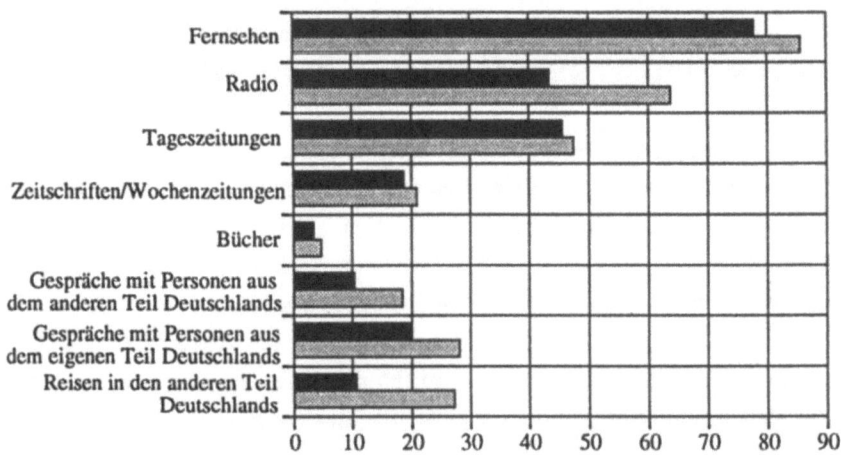

Darstellung der Prozentwerte für die Antwortkategorie "nie":

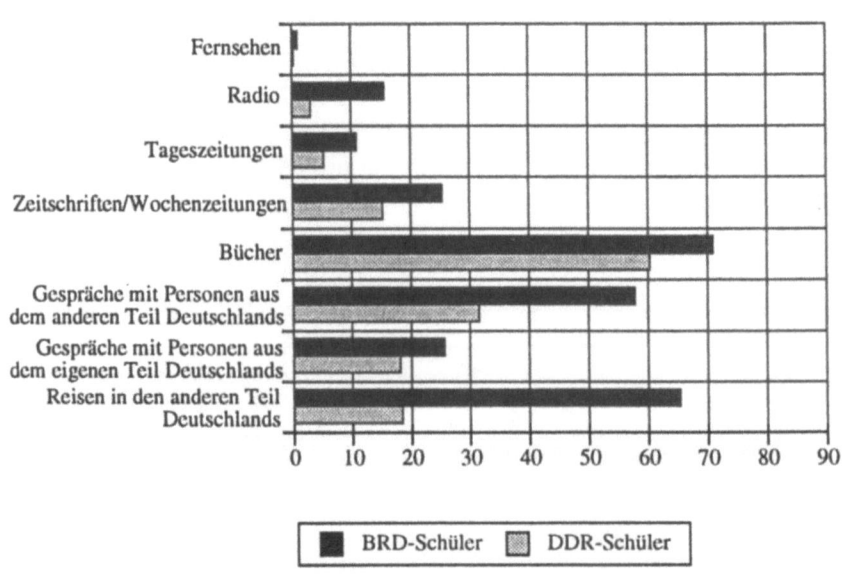

Alltag der Jugendlichen beider Ländern gering ist,[69] diskutieren die Jugendlichen mit Eltern und Gleichaltrigen vergleichsweise häufig über politische Fragen. Dabei zeigt sich hier wieder - was angesichts der aktuell stärkeren Betroffenheit plausibel ist - ein deutlicheres Engagement bei Schülern in der DDR: Unter den Schülern der Bundesrepublik diskutieren immerhin 32% täglich oder mehrmals die Woche; mit Gleichaltrigen tun dies 38%. Bei DDR-Schülern erreichen die entsprechenden Prozentwerte jedoch nahezu doppelte Höhe (jeweils 62%). Wenn uns auch hierzu keine Vergleichszahlen vorliegen, so läßt sich hiernach doch vermuten, daß in der damaligen Situation die häufige Konfrontation mit den aktuellen politischen Ereignissen per Medien durchaus mit einer häufigeren Thematisierung politischer Inhalte bei interpersonaler Kommunikation im privaten Alltag einherging.[70]

Entgegen der mit der Agenda-Setting-Hypothese verbundenen Annahme einer 'Thematisierungsfunktion' der Medien zeigt sich allerdings, daß die Zusammenhänge zwischen der Nutzung von Medien für politische Informationen einerseits und der Häufigkeit von Diskussionen über politische Themen im Rahmen interpersonaler Kommunikation andererseits recht gering ausfallen;[71] damit ist jedoch nicht ausgeschlossen, daß bei beiden Kommunika-

---

69 Im Durchschnitt diskutieren sie mit diesen Personen über Politik seltener als einmal pro Woche bis nie.

70 Die Maße für den Zusammenhang zwischen dem Diskussionsengagement und der Nutzung persönlicher Gespräche für Information über die aktuelle Tagespolitik liegt bei r=.39. Der Zusammenhang zwischen Diskussionsengagement und der Nutzung von persönlichen Gesprächen für Informationen über das jeweils andere Land liegt bei r=.34, wobei für letztere Variable ein Index als Summe über die individuellen Angaben zu den beiden gesprächsbezogenen Items der Frage nach den Informationsquellen über den anderen Teil Deutschlands gebildet wurde.
Erwähnenswert ist hier auch der Zusammenhang zwischen dem Politikinteresse und Diskussionsengagement: Bei Einsatz des Indexes für das Diskussionsengagement ergibt sich als Maß für den Zusammenhang mit dem Politikinteresse ein Koeffizient von r=.39; bei den Diskussionspartnern über Politik ergibt sich der stärkste Zusammenhang mit dem Politikinteresse für Diskussionen mit den Eltern und mit Gleichaltrigen (r=.39 und r=.32).

71 Faßt man die Angaben zu allen Medien-Items bei der Frage nach den politischen Informationsquellen als Index zusammen, so ergibt sich zwischen diesem Index und demjenigen für das Diskussionsengagement ein Korrelationskoeffizient von nur r=.25; der entsprechende für die Medien-Items der Frage nach den Informationsquellen über den anderen Teil Deutschlands gebildete Index korreliert mit der Diskussionshäufigkeit mit nur r=.24.
Bei Zusammenhangsanalysen auf der Basis der Einzelitems zum Diskussionsengagement und dem Informationsverhalten zeigt sich: Die Diskussionshäufigkeit ist plausiblerweise weitaus

tionsarten eine Wechselwirkung bestand zwischen der subjektiven Bedeutsamkeit der aktuellen politischen Ereignisse und der Häufigkeit, mit der sich Jugendliche mit solchen Inhalten im Rahmen massenmedialer und interpersonaler Kommunikation befaßten.

Abschließend soll eine kurze Typologisierung von Schülern, die sich in ihrer Mediennutzung für Informationen über die aktuellen politischen Ereignisse in Deutschland unterscheiden,[72] vorgenommen und mit anfangs genannten Hypothesen aus der Medienforschung verbunden werden. Hierzu ist zunächst festzustellen: In beiden Ländern stellen die "mittleren" Mediennutzer etwa die Hälfte der untersuchten Personen; während in der Bundesrepublik jedoch "starke" (26%) und "schwache" (30%) Nutzer etwa gleichermaßen vertreten sind, gibt es in der DDR weitaus mehr Schüler, die sich oft per Medien über den anderen Teil Deutschlands informieren.

Insgesamt zeigt sich entgegen einigen Elementen der 'Kultivierungshypothese' und der Hypothese zur 'Videomalaise', daß gerade die "starken" Mediennutzer eher zu den positiv und optimistisch denkenden sowie stärker gesellschaftlich engagierten und integrierten Jugendlichen gehören: In beiden Teilen Deutschlands sind nicht die "starken", sondern die "schwachen" Mediennutzer diejenigen, die eher "düster" in die Zukunft sehen in bezug auf die Entwicklung in Deutschland, den Frieden in Europa, ihre persönliche Partnerschaft und ihre Freundschaften sowie in bezug auf ihr eigenes berufliches Vorwärtskommen (vgl. Tabelle A13 im Anhang). Ebenso haben sie etwas mehr als die "starken" Mediennutzer das Gefühl, wenig Einfluß auf ihre eigene Entwicklung zu haben. Die BRD-Schüler mit geringer Mediennutzung haben zudem eher das Gefühl, daß es nur wenige Menschen auf der Welt gibt,

---

stärker mit der Nutzung interpersonaler Informationsquellen als mit der Mediennutzung verbunden sowohl im Hinblick auf Informationen über das politische Tagesgeschehen als auch über die aktuelle politische Situation in Deutschland. Die höchsten Koeffizienten ergeben sich für den Zusammenhang zwischen der Nutzung persönlicher Gespräche und der Häufigkeit der Diskussion mit Gleichaltrigen ($r=.37$) sowie mit den Eltern ($r=.36$).

72 Dazu wurde der bereits erwähnte Index zur Häufigkeit der Mediennutzung zugrundegelegt; der für die Gesamtstichprobe gefundene obere Quartilswert von 1.3 wurde als Schnittwert zwischen starken und mittleren Mediennutzern bestimmt, der untere Quartilswert von 1.8 als Schnittwert zwischen mittleren und schwachen Mediennutzern. Damit ergaben sich die jeweiligen Extremgruppen starker (26% der BRD-Schüler, 37% der DDR-Schüler) versus schwacher Mediennutzer (30% der BRD-Schüler, 13% der DDR-Schüler).

denen man trauen kann. Zugleich haben sie weniger Vertrauen in die Institutionen Schule, Gericht und Fernsehen. Dabei ist in Zusammenhang mit der 'Scary-World-Hypothese' erwähnenswert, daß die Mediennutzungshäufigkeit keinen Einfluß auf das Vertrauen in die Polizei hat.

Gleichzeitig sind es gerade die "starken" Mediennutzer, die sowohl im eigenen als auch im jeweils anderen Teil Deutschlands politische Grundrechte als eher realisiert ansehen.[73] Ihre stärkere soziale und gesellschaftliche Integration zeigt sich darin, daß sie mehr Verbundenheit mit ihrer Stadt, mit dem eigenen Land, mit Deutschland und mit Europa angeben, mehr Interesse an der Geschichte des eigenen und des anderen Teils Deutschlands sowie an der Geschichte der deutschen Teilung und an der allgemeinen Politik aufweisen.[74] Auch sehen die starken Mediennutzer unter den DDR-Schülern die Familie eher als einen Ort der Geborgenheit in Zeiten allgemeiner Unsicherheit an. Weiterhin können die starken Mediennutzer sich eher vorstellen, Mitglied einer politischen Partei zu werden und sind in der BRD stärker in ihrer religiösen Gemeinde engagiert. Sie haben zumeist eine klarere Einstellung zu gesellschaftlichen Gruppen: so sind 17% der "schwachen", aber nur 8% der "starken" Mediennutzer in der DDR indifferent gegenüber der Friedensbewegung, und zu Menschenrechtsgruppen haben in der Bundesrepublik 24% der "schwachen", aber nur 12% der "starken" Mediennutzer keine Meinung. Klare Differenzen erscheinen besonders in der BRD beim Thema Deutsche Einigung: Sind die Schüler, die sich oft per Medien über die DDR informieren, zu 64% für die Vereinigung, so sind es die "schwachen" Mediennutzer nur zu etwa der Hälfte. Dabei ist erwähnenswert, daß "starke" Mediennutzer Jugendliche aus dem anderen Teil Deutschlands häufiger bereits als Deutsche statt als Bürger des jeweiligen Teils Deutschlands ansehen (47% in der BRD, 53% in der DDR) im Vergleich zu 38% bei "schwachen" Mediennutzern.

---

73 Gefragt nach der Verwirklichung demokratischer Werte im jeweils anderen Teil Deutschlands, ist konsequenterweise der Anteil der "Unentschiedenen" zumeist dann höher, wenn sie sich wenig in Medien über diesen informieren. So können etwa 22% der BRD-Schüler, die sich selten über die DDR informieren, nicht beurteilen, ob Meinungsfreiheit dort verwirklicht ist, im Vergleich zu nur 12% derer, die sich stark informieren.

74 Auch ihr Interesse an der Geschichte des deutschen Nationalsozialismus und des Zweiten Weltkrieges ist höher.

Besser als die genannten Befunde sind unsere Ergebnisse zu Befürchtungen der Jugendlichen in Einklang zu bringen mit Annahmen zur 'Scary-World-Hypothese': So fühlen sich "starke" Nutzer politischer Medieninformationen mehr als "schwache" Mediennutzer beunruhigt durch die Aids- und die Drogenproblematik, durch die "Ellenbogengesellschaft", durch Aggressivität/-Gewalt und Rechtsextremismus (vgl. zu allen Unterschieden wieder Tabelle A13 im Anhang).

4. Einstellungen zur deutschen Nation und zur Wiedervereinigung
Wilfried Schubarth

Die Ereignisse im Vorfeld der friedlichen Revolution vom Herbst 1989 in der DDR und die Entwicklung danach, insbesondere der von den DDR-Bürgern mehrheitlich unterstützte Beitritt der DDR zur BRD, lassen zweifellos auf einen bestimmten Grad der Unzufriedenheit mit der damaligen Situation im Land, insbesondere mit dem politischen System schließen. Der subjektiv wahrgenommene Veränderungsbedarf in der DDR war groß, wobei für immer mehr DDR-Bürger nur eine Veränderung nach dem Vorbild der BRD in Frage kam. Das belegen u.a. die Ausreisewelle vom Sommer 1989, die immer lauter werdenden Forderungen nach Wiedervereinigung auf den Montagsdemonstrationen im Herbst und Winter 1989/90 und die Ergebnisse zur Volkskammerwahl vom 18. März 1990.

Demzufolge gingen wir bei unserer Studie davon aus, daß sich ost- und westdeutsche Schüler in ihrer Verbundenheit und in ihrer Zufriedenheit mit dem jeweils eigenen Teil Deutschlands deutlich unterscheiden müßten. Darüber hinaus vermuteten wir bei den DDR-Schülern, daß die Identifikation mit Deutschland stärker ausgeprägt ist als die mit der DDR. Zwischen beiden Identifikationsobjekten war - auch im Unterschied zu westdeutschen Schülern - ein umgekehrter Zusammenhang zu erwarten: Je schwächer die Identifikation mit der DDR ausgeprägt sein würde, desto stärker müßte die Verbundenheit mit Deutschland sein.

Die Ergebnisse der Studie bestätigten im wesentlichen unsere Annahmen. Westdeutsche Schüler sind mit dem Leben in ihrem Teil Deutschlands viel zufriedener: 80.6% der BRD-Schüler, aber nur 49.3% der DDR-Schüler gaben an, gern in ihrem Teil Deutschlands zu leben. Die starke Identifikation der DDR-Schüler mit Gesamtdeutschland wurde ebenfalls belegt: 57.6% von ihnen fühlten sich mit Deutschland "sehr stark" und "stark" verbunden, womit die ostdeutschen Schüler eine stärkere Identifikation aufwiesen als westdeutsche Schüler (38.6%; ohne ausländische Schüler 43.5%).

Die unterschiedliche Struktur der Identifikationen mit verschiedenen politischen Ebenen bei ost- und westdeutschen Schülern wird durch Schaubild 8

Verbundenheit mit Deutschland, mit dem eigenen Teil Deutschlands und Zufriedenheit mit dem Leben in diesem Teil (Fragen 15 und 17)

Darstellung der Prozentwerte für die Antwortkategorien "sehr stark" und "stark" (Frage 17) bzw. "vollkommen" und "mit geringen Einschränkungen (Frage 15).

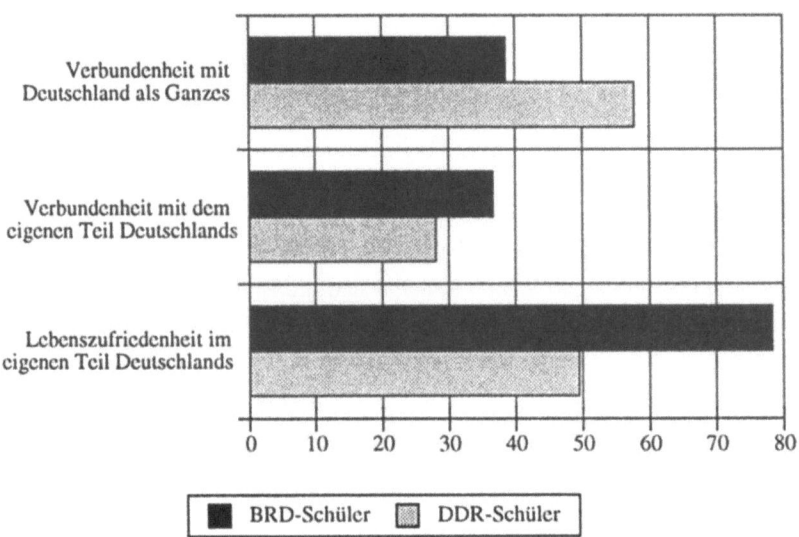

deutlich (vgl. auch Tabelle A14 im Anhang). Das im Vergleich zu westdeutschen Schülern niedrigere Niveau der Identifikation der ostdeutschen Schüler mit dem eigenen Teil Deutschlands zeigt die geringe Wirksamkeit der Bildungs- und Erziehungsarbeit in der DDR, die auf die Herausbildung und Festigung der Identifikation mit der DDR und auf Abgrenzung zur BRD ausgerichtet war. Die zunehmende Abkehr vor allem der Jugendlichen von der DDR und ihre wachsende Orientierung an der BRD konnte durch Schule und Propaganda nicht verhindert werden (vgl. Friedrich, 1990: 25-37; Förster/-Schubarth, 1991: 59-66).

Durch den Zusammenbruch der DDR wurde dieser Prozeß noch beschleunigt. Dabei ist nicht auszuschließen, daß ein Teil der Ostdeutschen den Verlust der Identifikationsmöglichkeit "DDR" durch eine Identifikation mit

Deutschland zu kompensieren suchte. Dies wird in gewisser Weise auch durch den negativen Zusammenhang zwischen der Identifikation mit Deutschland und mit der DDR belegt, auch wenn dieser Zusammenhang schwächer ausgeprägt war als zunächst angenommen. Der Korrelationskoeffizient beträgt bei ostdeutschen Schülern -.14, bei westdeutschen hingegen .71. Mit anderen Worten: Während bei DDR-Schülern eine stärkere Identifikation mit Deutschland tendenziell mit einer geringeren Verbundenheit mit der DDR einherging, korrespondiert bei BRD-Schülern die Identifikation mit Deutschland sehr eng mit der Verbundenheit mit dem eigenen Teil Deutschlands.

Die große Differenz bei westdeutschen Schülern zwischen dem hohen Anteil derer, die gern in der alten Bundesrepublik leben, und dem niedrigeren Anteil derer, die sich mit Deutschland identifizieren, darf nicht darüber hinwegtäuschen, daß zwischen beiden Variablen ein enger Zusammenhang besteht (r=.49). Bei DDR-Schülern ist es wieder umgekehrt: Je weniger gern man in der DDR lebte, desto stärker fühlte man sich mit Deutschland verbunden (r=-.20).

Der Grad der Identifikation mit Deutschland ist in hohem Maße von der politischen Orientierung abhängig. Je mehr sich Jugendliche dem politisch rechten Spektrum zuordnen, desto stärker identifizieren sie sich mit Deutschland. Das gilt für ost- wie westdeutsche Jugendliche gleichermaßen, wobei sich auch hier die insgesamt höhere Verbundenheit mit Deutschland bei ostdeutschen Jugendlichen niederschlägt (vgl. Tabelle 5).

Die bei ost- und westdeutschen Schülern trotz aller Differenzen relativ starke Identifikation mit Deutschland bedeutet jedoch nicht, daß man das Anderssein bzw. die Fremdheit des "anderen" Deutschen nicht mehr wahrnimmt. Das kann auch gar nicht anders sein, schließlich sind die Jugendlichen und auch schon ihre Eltern in völlig unterschiedlichen politischen und sozialen Systemen aufgewachsen, die zu verschiedenen Denk- und Verhaltensmustern sowie Mentalitäten und Lebensstilen geführt haben. Vor diesem Hintergrund muß es sogar erstaunen, daß fast die Hälfte der Schüler, danach befragt, ob sie in ihren Altersgefährten aus dem anderen Teil Deutschlands in erster Linie einen Deutschen oder den Bürger eines anderen Staates sehen, mit "einen Deutschen" antworteten. Dies läßt darauf schließen, daß trotz der Abgrenzungspolitik durch die DDR-Regierung gewisse übergreifende Bindungen nie

Tabelle 5:

Verbundenheit mit Deutschland in Abhängigkeit vom politischen Standort (Frage 17, Zeilenprozente)

		Verbundenheit mit Deutschland		
		sehr stark / stark	mittel	weniger stark / überhaupt nicht
Gesamt	BRD	43.5	34.1	22.4
	DDR	57.6	27.0	15.5
politischer Standort				
links	BRD	16.9	31.2	52.0
	DDR	20.9	28.6	50.6
eher links	BRD	30.6	33.1	36.2
	DDR	41.9	31.7	26.4
Mitte	BRD	45.3	43.3	11.4
	DDR	63.6	27.2	9.3
eher rechts	BRD	69.3	21.8	9.0
	DDR	87.2	10.5	2.4
rechts	BRD	84.1	11.4	4.6
	DDR	90.1	4.9	4.9

ganz verloren gingen und auch ins Bewußtsein Jugendlicher Eingang fanden.

Die Wahrnehmung des "anderen" Deutschen wird allerdings von verschiedenen Faktoren beeinflußt, vor allem davon, welcher politischen Richtung man sich zugehörig fühlt. Linksorientierte Jugendliche sahen in ihrem Altersgefährten aus dem anderen Teil Deutschlands eher den Bürger des anderen Teilstaates, während eher rechtsorientierte in ihm viel stärker einen Deutschen sehen (vgl. Tabelle 6).

Die angeführten Ergebnisse stehen im Einklang mit Ergebnissen anderer Untersuchungen. So sahen nach einer Umfrage des Zentralinstituts für Jugendforschung (ZIJ), Leipzig, im September 1990 52 Prozent der ostdeutschen

Tabelle 6:

Wahrnehmung der Altersgefährten aus dem anderen Teil Deutschlands

(Frage 16, Zeilenprozente)

	einen Deutschen		einen Bürger der DDR/-BRD	
	BRD	DDR	BRD	DDR
Gesamt	47.3	47.5	52.7	52.5
politischer Standort				
links	36.1	22.5	63.9	77.5
eher links	35.9	32.4	64.1	67.6
Mitte	51.0	56.0	49.0	44.0
eher rechts	53.2	62.4	46.8	37.6
rechts	51.2	75.6	48.8	24.4

Jugendlichen zwischen beiden Teilen Deutschlands mehr Trennendes als Gemeinsames. Der Anteil derjenigen, die mehr Trennendes sahen, war damit unter Jugendlichen am größten und nahm mit zunehmendem Alter ab (Friedrich/Förster, 1991: 354). Die überwiegende Mehrheit glaubte zwar daran, daß beide Teile Deutschlands wieder "eine richtige Gemeinschaft" werden könnten, der Weg dorthin wird jedoch nach Meinung der Jugendlichen noch längere Zeit in Anspruch nehmen. Diese Erkenntnis dürfte sich aufgrund der Praxis des Zusammenwachsens weiter vertieft haben, was auch durch neuere Meinungsumfragen belegt wird (Der SPIEGEL 30/91: 24ff.).

Die zu erwartenden Probleme beim Zusammenwachsen beider Teile Deutschlands minderten die Freude über die Herstellung der Einheit jedoch kaum, gerade auch deshalb nicht, weil diese so überraschend kam. Paradoxerweise hatte in der DDR, wo die Abgrenzung von der BRD und die Herausbildung einer eigenen, "sozialistischen Nation" künstlich forciert wurde, in den

80er Jahren vor allem bei Jugendlichen die Orientierung an der BRD zugenommen, während für das Selbstverständnis der damaligen Bundesbürger die
DDR besonders unter jungen Leuten eher eine untergeordnete Rolle spielte.
Entsprechend war das Interesse an der DDR gering, und diese spielte in der
öffentlichen Diskussion keine große Rolle mehr. Diese "Asymmetrie der
gegenseitigen Wahrnehmung" war vor allem im stark divergierenden Lebensstandard beider Teile Deutschlands begründet, der den DDR-Bürgern durch
Westfernsehen, Intershop und in den achtziger Jahren auch durch zunehmende
persönliche Kontakte ständig vor Augen geführt wurde.[75] Die BRD war somit für viele zu einer "positiven Vergleichsgesellschaft" geworden, wogegen
die DDR ihre Funktion als "Negativfolie" für die Westdeutschen zunehmend
einbüßte (Bleek, 1989: 195-221).

Soziale Sicherheit wie in der DDR und Wohlstand wie im Westen - also
eine Kombination positiver Merkmale beider Systeme - dieser Wunschtraum
wurde von vielen ostdeutschen Jugendlichen in Gruppendiskussionen, die das
ZIJ durchführte, immer wieder geäußert. Eine Orientierung an der BRD ging
dabei tendenziell mit einer Distanzierung von der DDR und insbesondere von
ihrem politischen System einher. Während z.B. Mitte 1988 etwa jeder vierte
DDR-Schüler beide deutsche Staaten als sein Vaterland ansah, waren es Anfang 1989 bereits jeder dritte und Mitte 1990 schon 54 Prozent.[76] Im gleichen Zeitraum nahm die Identifikation mit der DDR rapide ab.

Gravierende Veränderungen vollzogen sich seit den siebziger Jahren auch
im Nationalbewußtsein der westdeutschen Jugend. Nach Umfragen von
EMNID verringerte sich der Anteil der 14-19jährigen, die die beiden deutschen Staaten als eine Nation betrachteten, zwischen 1974 und 1984 von 64
auf 26 Prozent (EMNID-Information 3 und 4/84). Anfang 1984 verstanden
67.6% der Jugendlichen bis zu 24 Jahren unter Deutschland allein die Bundesrepublik, nur 21.3% hingegen beide deutschen Staaten. Zugleich votierten aber
auch 61 Prozent für die Wiedervereinigung und nur 7.8% dagegen, während

---

75 So hatten in den 80er Jahren nach ZIJ-Untersuchungen (Förster, 1991: 142) immerhin ca. 60
    Prozent Verwandte bzw. Bekannte in der BRD oder Westberlin.
76 Die Angaben beruhen auf Untersuchungen des Zentralinstituts für Jugendforschung Leipzig
    (ZIJ) unter einer repräsentativ ausgewählten Schülerpopulation der 9. und 10. Klasse.

sie für 31.2% gleichgültig war (Forschungsgruppe Wahlen, ZDF Politbarometer, Mannheim 1984).

Dem Wunsch nach Wiederherstellung der Einheit Deutschlands standen allerdings bis 1989 unüberwindlich scheinende Hindernisse entgegen, so daß der überwiegende Teil der Bevölkerung in Ost und West die Vereinigung für unmöglich oder wenig wahrscheinlich hielt. Nach einer EMNID-Umfrage vom August 1983 war für 83 Prozent aller alten Bundesbürger eine Wiedervereinigung nicht wahrscheinlich oder ungewiß; nur sieben Prozent hielten sie für sicher oder vermutlich eintreffend. Die Jugendlichen waren dabei noch skeptischer: 100 Prozent der 14- bis 19jährigen und 95 Prozent der 20 bis 24jährigen zweifelten an einer Wiedervereinigung. Die westdeutschen Jugendforscher Hille und Jaide konstatierten für die achtziger Jahre einen "entscheidenden Einbruch bei den Jüngeren in einer seit 1953 allmählich in die Negation verlaufenden Tendenz" (Hille/Jaide, 1985: 40; vgl. auch Herdegen, 1987; Lutz, 1989). Demgegenüber läßt eine Untersuchung von Best zur Entwicklung des Postverkehrs auf einen Anstieg der Kommunikationsdichte ab Mitte der achtziger Jahre schließen, was sich vor allem im zunehmenden Telefonverkehr und einem erhöhten Pakettransfer ausdrückte (vgl. Best, 1990: 1-19).

Bei ostdeutschen Jugendlichen verlief die Einstellungsentwicklung zu dieser Frage eher in umgekehrter Richtung. So sank unter jungen Arbeitern der Anteil derer, die von der Unmöglichkeit einer Vereinigung von DDR und BRD überzeugt waren, zwischen 1985 und 1987 von 53 auf 41 Prozent, während andererseits der Anteil derer, die eine solche Möglichkeit für real hielten, von 20 auf 31 Prozent anstieg (vgl. Förster, 1991: 142).

Wie veränderte sich nun die Haltung zur Wiedervereinigung im Zusammenhang mit der Entwicklung in Ost- und Westdeutschland, und welche Auswirkungen vermuteten die Jugendlichen in beiden Teilen Deutschlands für ihr persönliches Leben?

Unsere Annahme war dabei, daß die ostdeutschen Jugendlichen die Einheit viel stärker befürworteten und sich auch viel mehr von ihr versprachen als die westdeutschen. Weiterhin gingen wir davon aus, daß ostdeutsche Jugendliche vom Vereinigungsprozeß persönlich viel stärker betroffen waren als westdeutsche. Der Stellenwert der deutschen Vereinigung war damit für junge Ostdeutsche ein ganz anderer, schließlich bedeutete dieser Prozeß einen tiefen

Einschnitt in ihr bisheriges Leben, - ein "kritisches Lebensereignis" - und zwang sie zu einer Um- bzw. Neuorientierung, während er von westdeutschen Jugendlichen nicht "miterlitten", sondern vergleichsweise gelassen, aus sicherer Entfernung beobachtet werden konnte.

Unsere Untersuchungsergebnisse belegen, daß der Wunsch nach der Einheit bei den ostdeutschen Jugendlichen tatsächlich viel stärker ausgeprägt war. Zwar sprach sich in beiden Befragtengruppen eine Mehrheit für die Einheit aus, der Anteil der "starken Befürworter" war bei ostdeutschen Schülern jedoch etwa doppelt so hoch. Umgekehrt verhält es sich bei den Einheitsgegnern (vgl. Schaubild 9 und Tabelle A15 im Anhang).

<u>Schaubild 9</u>: **Haltung zur Vereinigung Deutschlands** (Frage 18)

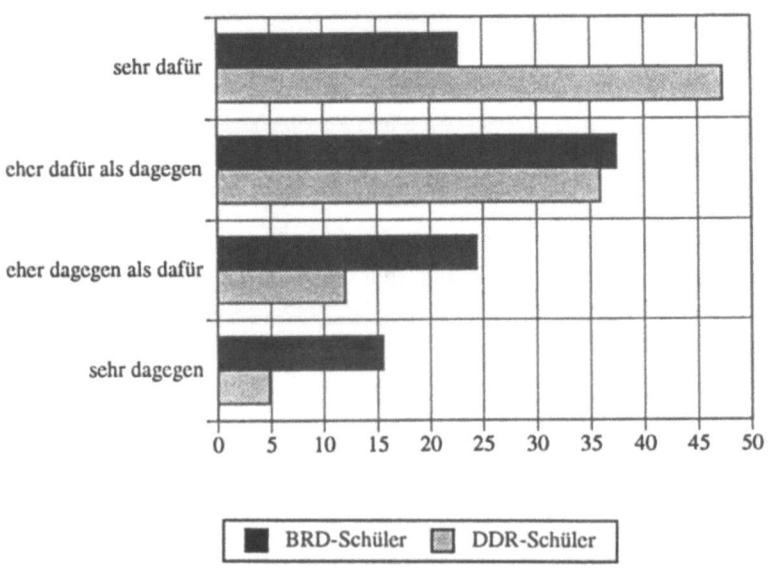

Die Haltung zur Wiedervereinigung wird maßgeblich vom politischen Standort bestimmt. Für beide Teilpopulationen gilt dabei folgender Zusammenhang: Je mehr man sich dem linken politischen Spektrum zuordnet, desto mehr ist man gegen die Vereinigung Deutschlands. Die ganz links orientierten Schüler in Ost wie West sprachen sich mehrheitlich gegen diese aus. Während es jedoch bei westdeutschen Jugendlichen auch unter eher rechts orientierten eine qualifizierte Minderheit von Einheitsgegnern gab, war das bei den ostdeutschen rechts orientierten Jugendlichen nicht der Fall (vgl. Tabelle 7 und Tabelle A15 im Anhang). Die deutsche Einheit entsprach also in erster Linie den Wünschen der sich der Mitte bzw. dem politisch rechten Spektrum zuordnenden Jugendlichen als denen der linksorientierten jungen Leute.

Tabelle 7:
Haltung zur Vereinigung Deutschlands in Abhängigkeit vom politischen Standort
(Frage 18, Zeilenprozente)

		sehr dafür/ eher dafür	eher dagegen/ sehr dagegen
Gesamt	BRD	65.6	34.5
	DDR	83.2	16.8
politischer Standort			
links	BRD	46.4	53.6
	DDR	31.9	68.2
eher links	BRD	59.8	40.2
	DDR	74.2	25.9
Mitte	BRD	73.0	26.9
	DDR	92.4	7.5
eher rechts	BRD	77.5	22.6
	DDR	93.9	6.1
rechts	BRD	58.2	41.8
	DDR	95.0	5.0

Als aufschlußreich erweist sich in diesem Zusammenhang auch die Variable "Verbundenheit mit dem eigenen Land". Bei westdeutschen Jugendlichen korrespondiert eine hohe Identifikation mit dem eigenen Land mit einer positiven Haltung zur deutschen Vereinigung, während es bei ostdeutschen Schülern umgekehrt war (BRD: r=.25; DDR: r=-.40). Nahezu alle jungen Ostdeutschen, die sich mit der DDR nicht (mehr) verbunden fühlten, waren Anhänger der deutschen Einheit. Damit wird die eingangs aufgestellte These bestätigt, daß die Abkehr von der DDR mit einer Hinwendung zur BRD und zur Einheit Deutschlands verbunden war. Die Bundesrepublik wurde, wie bereits dargestellt, besonders seit Mitte der 80er Jahre für viele junge DDR-Bewohner zu einer erstrebenswerten Alternative.

Als nun mit den Ereignissen im Herbst 1989 der Weg zur Einheit frei wurde, schien sich für viele ein Wunsch zu erfüllen. Zu Beginn des revolutionären Aufbruchs im November 1989 allerdings waren die Meinungen der DDR-Bevölkerung zu einer möglichen Vereinigung mit der BRD noch geteilt. So votierte laut Umfragen des Zentralinstituts für Jugendforschung, Leipzig, eine knappe Mehrheit der 15 - 24jährigen zu diesem Zeitpunkt gegen eine Vereinigung. 88 Prozent der Jugendlichen sprachen sich damals noch für einen "besseren, reformierten Sozialismus" aus, nur fünf Prozent für einen kapitalistischen Weg (Friedrich/Förster, 1991: 352). Dies zeugt von dem Glauben an die Möglichkeit einer demokratischen Erneuerung der DDR, aber auch von dem Wunsch, als positiv erachtete Seiten der gesellschaftlichen Realitäten in der DDR zu bewahren.

Die gravierenden Veränderungen, die sich bei ostdeutschen Jugendlichen 1989/90 - insbesondere von November 1989 bis Februar 1990 - in ihrer Haltung zur deutschen Vereinigung vollzogen, zeigt Tabelle 8. Die ZIJ-Untersuchungen ergaben darüber hinaus, daß Jugendliche der deutschen Einheit etwas reservierter gegenüberstanden als Erwachsene. So waren nach einer ZIJ-Umfrage vom September 1990 66 Prozent der Rentner und 50 Prozent der 25 bis 44jährigen, aber nur 33 Prozent der 15 bis 17jährigen "sehr" für die Vereinigung. In der jüngsten Altersgruppe gab es auch die meisten Einheitsgegner. Die Wiederherstellung der deutschen Einheit war demzufolge tatsächlich in viel größerem Maße die Erfüllung des Wunschtraums der älteren Generation. Daraus jedoch abzuleiten, daß die Jugend "eher Opfer der Vereinigung" sei (Behnken u.a., 1991: 24), trifft nach unseren Ergebnissen nicht zu; vielmehr ist trotz mancher Ambivalenzen eine überwiegend positiv-optimistische Sicht auf die Wiedervereinigung bei den Jugendlichen zu konstatieren.

Tabelle 8:

Haltung junger Ostdeutscher zur Vereinigung Deutschlands

Zeitpunkt	sehr dafür/ eher dafür als dagegen	eher dagegen als dafür/ sehr dagegen
November '90	45	55
Februar '90	78	22
März '90	79	21
April '90	78	22
Juni '90	81	19
August '90	82	18
September '90	82	18

Quelle: Friedrich/Förster, 1991a, S. 352.

Die positive Grundhaltung der Jugend gegenüber dem deutschen Eini-
gungsprozeß bedeutet nicht, daß sein Verlauf nicht auch kritisch gesehen
wurde. So verlief für die Mehrheit der Schüler dieser Prozeß zu schnell. Von
den westdeutschen Schülern empfanden sogar drei Viertel das Vereinigungs-
tempo als zu schnell (vgl. Tabelle 9). Als die am stärksten differenzierende
Determinante erweist sich dabei erneut die politische Orientierung. Doch nicht
nur für die überwiegende Mehrheit der linksorientierten Jugendlichen waren
das Tempo und die Art und Weise der deutschen Vereinigung kritikwürdig,
sondern auch für einen nicht unbeträchtlichen Teil der eher rechtsorientierten.

Trotz der überwiegenden Freude über die Einheit sah man ihr sowohl in
Ost- als auch in Westdeutschland mit gemischten Gefühlen entgegen und
erwartete mehrheitlich nicht nur positive, sondern zugleich auch negative
Auswirkungen auf das eigene Leben. Unsere Annahme, daß sich ostdeutsche
Jugendliche von der Vereinigung mehr Vorteile versprachen als ihre westdeut-
schen Altersgefährten, wurde bestätigt. Dessen ungeachtet erwarteten auch

Tabelle 9:
Bewertung des Tempos der Vereinigung Deutschlands
(Frage 19, Zeilenprozente)

	BRD	DDR
viel zu schnell	36.3	24.9
eher zu schnell	38.0	34.1
genau richtig	18.3	32.3
zu langsam	7.4	8.7

rund drei Viertel der ostdeutschen Schüler von ihr nicht ausschließlich positive Auswirkungen (vgl. Tabelle 10).

Schon Mitte 1990 wurde also die deutsche Vereinigung im Hinblick auf ihre Folgen für das persönliche Leben von der überwiegenden Mehrheit der Jugendlichen in Ost wie West ambivalent eingeschätzt. Weibliche Jugendliche vermuteten dabei deutlich weniger positive Folgen als männliche, vermutlich vor allem, weil sie antizipierten, daß sich die Arbeitsmarktchancen für Mädchen bzw. Frauen verschlechtern würden (vgl. hierzu auch Kapitel 2).

Daneben zeigte sich abermals der entscheidende Einfluß der politischen Orientierung: Linksorientierte Jugendliche erwarteten von der Vereinigung eher negative Auswirkungen und waren deshalb auch eher gegen die Vereinigung. Dies gilt sowohl für ost- als auch westdeutsche Jugendliche, für letztere sogar noch in größerem Maße. Umgekehrt erwarteten rechtsorientierte Jugendliche vor allem positive Auswirkungen und befürworteten die Vereinigung viel stärker. Das trifft insbesondere für die ostdeutschen Jugendlichen zu, während unter westdeutschen Rechtsorientierten auch negative Folgen erwartet wurden.

Einen eher negativen Einfluß der deutschen Einheit auf ihr persönliches Leben befürchteten auch die in den alten Bundesländern lebenden ausländischen Jugendlichen: Über zwei Fünftel erwarteten eher negative Auswirkungen und weitere zwei Fünftel sowohl negative als auch positive. Dies dürfte

Tabelle 10:
Erwartete Auswirkungen der Vereinigung Deutschlands auf das persönliche Leben
(Frage 20, Zeilenprozente)

		eher positive	teils / teils	eher negative
Gesamt	BRD	18.1	54.8	27.1
	DDR	25.4	60.4	14.2
Geschlecht				
männlich	BRD	24.2	48.6	27.1
	DDR	31.7	53.1	14.2
weiblich	BRD	12.2	60.8	27.0
	DDR	18.8	68.0	13.2
politischer Standort				
links	BRD	5.6	53.5	40.8
	DDR	4.4	60.0	35.5
eher links	BRD	13.1	60.3	26.7
	DDR	18.6	62.1	19.2
Mitte	BRD	21.7	58.4	20.0
	DDR	31.5	59.3	9.2
eher rechts	BRD	25.7	54.1	20.3
	DDR	37.6	52.9	9.4
rechts	BRD	29.6	31.8	38.6
	DDR	55.0	45.0	0.0

auch der Hauptgrund dafür zu sein, weshalb die Mehrheit der befragten ausländischen Jugendlichen (63.1%) gegen die deutsche Vereinigung eingestellt war.

5. Demokratieverständnis
Ursula Hoffmann-Lange

Zur Messung des Demokratieverständnisses der Jugendlichen enthielt der Fragebogen in Anlehnung an andere Studien (u.a. Schmidtchen, 1983; Noelle-Neumann/Piel, 1983) eine Liste von elf politischen Zielen. Dies waren teils demokratische Grundrechte, teils Staatsaufgaben. Die Schüler wurden gebeten, anzugeben, welche dieser Ziele ihres Erachtens unverzichtbare Merkmale einer demokratischen Gesellschaft sind und welche nicht.

Es ist natürlich klar, daß diese Frage nur einen spezifischen Aspekt des Demokratieverständnisses mißt, und noch dazu auf einer sehr abstrakten Ebene. Eine komplexe Erfassung des Demokratieverständnisses ist jedoch ohnehin jenseits der Möglichkeiten quantitativer Umfrageforschung. Und die Erwartungen an die Garantie von Grundrechten bzw. die Erfüllung von Staatsaufgaben schien uns andererseits wichtiger als die Erfassung von demokratischen Werthaltungen, die viel stärker auf die Rolle des einzelnen Bürgers abheben, wie dies z.B. die Demokratieskala von Kaase tut (vgl. dazu Kaase, 1971; Bauer, 1991a und 1991b).

Bei der Interpretation der Ergebnisse ist zudem zu berücksichtigen, daß die Antwort, ein bestimmtes Merkmal gehöre nicht unbedingt zu einer Demokratie, nicht bedeutet, daß das entsprechende Ziel von den Befragten abgelehnt oder geringgeschätzt wird. So kann man beispielsweise durchaus für den Umweltschutz sein, ohne diesen als zentrales Merkmal einer Demokratie anzusehen.

Die elf Ziele lassen sich nach ihrer theoretischen Bedeutung in zwei Gruppen unterteilen, nämlich in Freiheitsrechte einerseits und Gleichheitsrechte andererseits.[77] Nach einem liberalen Demokratieverständnis sind die Frei-

---

77 Schmidtchen unterteilte die auf seiner Liste enthaltenen Ziele hingegen in Aspekte eines "formellen" und eines "materiellen" Demokratieverständnisses. Diese Unterteilung nahm er aufgrund der Ergebnisse einer multidimensionalen Skalierung vor (1983: 129ff.). Seinem Vorgehen wurde hier aus zwei Gründen nicht gefolgt. Einmal lagen die Zustimmungsquoten für die meisten der Ziele sehr hoch. Aufgrund dieser schiefen Antwortverteilungen sind die resultierenden Korrelationskoeffizienten eher gering und reflektierten den tatsächlichen Zusammenhang zwischen ihnen nicht angemessen. Zum anderen ging es in unserer Studie nicht primär darum, die von den Befragten selbst benutzten Beurteilungskriterien herauszuarbeiten,

heitsrechte besonders bedeutsam, während der Sozialismus stärkeren Wert auf
Gleichheitsrechte legt. Zusätzlich war in der Liste noch das Ziel "Schutz und
Erhalt der Umwelt" enthalten, das inzwischen zu einer allseits anerkannten
politischen Aufgabe geworden ist, auch wenn diese sich nicht unmittelbar aus
den liberal-demokratischen oder sozialistischen Grundprinzipien ergibt (vgl.
Schaubild 10 und Tabelle A16 im Anhang).

Schaubild 10: **Demokratieverständnis - Bewertung von Rechten und Zielen**
als unverzichtbar für eine demokratische Gesellschaft (Frage 9)

Darstellung der Prozentwerte für die Antwortkategorie "gehört
unbedingt dazu".

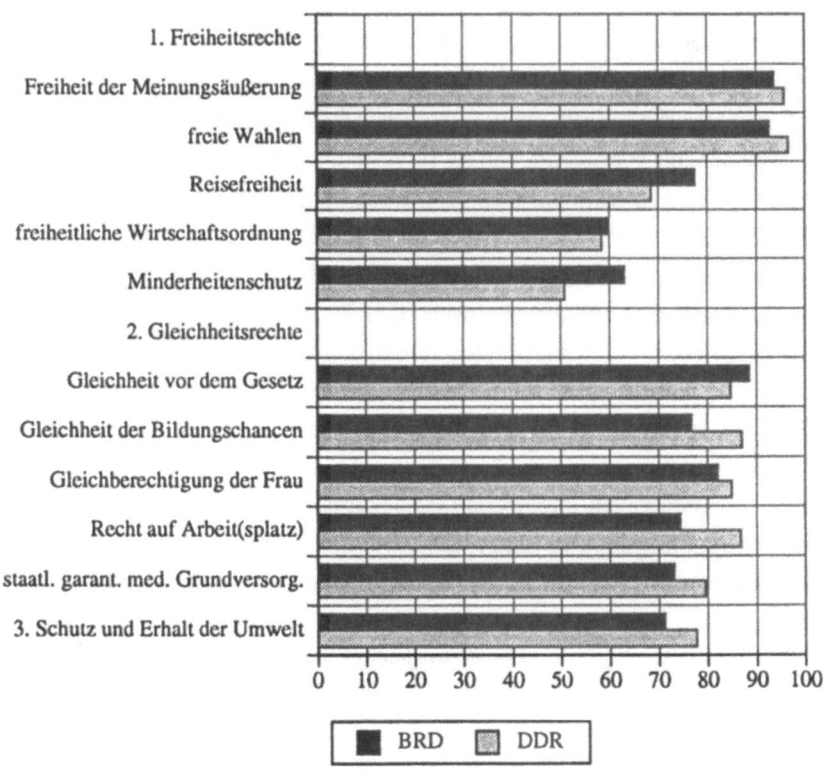

---

sondern es sollte geprüft werden, inwieweit die Bewertungen der ost- und westdeutschen
Schüler durch die unterschiedlichen Systeme geprägt waren.

81

Unter den auf der Liste enthaltenen politischen Freiheitsrechten befanden sich die beiden Grundrechte auf Freiheit der Meinungsäußerung und freie Wahlen. Diese fanden in beiden Schülergruppen fast universelle Zustimmung. Weit über neunzig Prozent der Befragten meinten, daß diese unbedingt zu einer demokratischen Gesellschaft gehören.

Daneben waren noch drei weitere Freiheitsrechte auf der Liste enthalten, die sich aus den liberal-demokratischen Grundprinzipien ergeben, nämlich die Reisefreiheit, eine freiheitliche Wirtschaftsordnung und der Minderheitenschutz. Diese liegen auf den letzten drei Plätzen. Die Reisefreiheit kommt mit 73.4% an neunter Stelle, die freiheitliche Wirtschaftsordnung mit 59.0% an zehnter und der Minderheitenschutz mit 57.4% an letzter Stelle.[78] Alle drei fanden etwas höhere Zustimmung in der BRD als in der DDR. Bei den westdeutschen Schülern ist zudem ein klarer Bildungseffekt erkennbar. Die Gymnasiasten erreichen für alle drei Ziele höhere Prozentwerte. Daraus kann man schließen, daß die Befürwortung dieser Freiheitsrechte ein komplexes Demokratieverständnis voraussetzt. Um sie für unabdingbar in einer demokratischen Gesellschaft zu halten, muß man verstanden haben, daß das Grundrecht der freien Entfaltung der Persönlichkeit sowohl eine freiheitliche Wirtschaftsordnung und eine freie Wahl des Aufenthaltsortes, also Reisefreiheit bedingt, als auch bedeutet, daß eine demokratische Gesellschaft dieses Grundrecht auch den Angehörigen von Minderheiten zubilligen muß.

Die "Gleichheit vor dem Gesetz" erreichte als grundlegendes politisches Gleichheitsrecht mit 86.8% den dritten Platz unter den elf vorgegebenen Zielen. Weiterhin enthielt die Liste auch zwei durch die liberal-demokratischen Grundprinzipien implizierte Gleichheitsrechte. Dahrendorf hat immer wieder darauf hingewiesen (u.a. 1965, 1979: 172ff.), daß die Garantie formaler politischer Gleichheitsrechte wie des Prinzips freier, gleicher und geheimer Wahlen nicht hinreichend ist, solange die gesellschaftlichen Voraussetzungen nicht gegeben sind, daß diese auch tatsächlich von den Bürgern wahrgenom-

---

78 Eine im Frühjahr 1990 durchgeführte Repräsentativbefragung in beiden Teilen Deutschlands, bei der die Befragten angeben mußten, inwieweit sie eine Reihe von Freiheitsrechten mit der Demokratie assoziierten, ergab in ähnlicher Weise, daß unternehmerische Freiheit in der Wahrnehmung der Bevölkerung sehr niedrig rangiert. Lediglich jeweils 12 Prozent der Befragten fanden diese wichtig (Bauer, 1991a: 104).

men werden können. Der Staat hat demnach auch in einem liberal-demokratischen Demokratieverständnis die Aufgabe, Chancengleichheit herzustellen. Hierzu gehören vor allem die Gleichheit der Bildungschancen und die Emanzipation der Frauen aus ihrer traditionell ans Haus gebundenen weiblichen Rolle.

Bei den befragten Schülern liegt die Gleichberechtigung der Frau mit 83.4% an vierter, die Gleichheit der Bildungschancen mit 81.5% an fünfter Stelle aller Ziele. Die Gleichheit der Bildungschancen wird dabei von den DDR-Schülern mit 87.0% im Vergleich zu 78.5% bei den westdeutschen Schülern deutlich häufiger für ein unverzichtbares Merkmal einer Demokratie gehalten, bei der Gleichberechtigung schlägt hingegen das Geschlecht stärker durch.

Schließlich fallen unter die Gleichheitsrechte auch noch das Recht auf Arbeit sowie eine staatlich garantierte medizinische Grundversorgung. Diese beiden Ziele ergeben sich nicht unmittelbar aus den liberal-demokratischen Verfassungsprinzipien. Andererseits können Regierungen viel zu ihrer Realisierung beitragen. In der verfassungsrechtlichen Diskussion in westlichen Ländern ist in diesem Zusammenhang jedoch immer wieder darauf hingewiesen worden, daß es Regierungen unter einer freiheitlichen Wirtschaftsordnung nur bedingt möglich ist, Vollbeschäftigung und damit das Recht auf Arbeit zu sichern. Andererseits sind eine soziale Grundsicherung und das Recht auf Arbeit wichtige sozialistische Ziele, die in der DDR weitgehend verwirklicht waren.

Die Ergebnisse für diese beiden Gleichheitsrechte entsprechen den Unterschieden in der ideologischen Ausrichtung der beiden deutschen Staaten. Beide werden von DDR-Schülern häufiger für wichtig gehalten. Zugleich halten unter den Schülern der alten Bundesrepublik die Gymnasiasten diese seltener für einen unverzichtbaren Bestandteil einer Demokratie. Insgesamt sind die Prozentsätze jedoch in beiden Gruppen mit jeweils etwa drei Vierteln Zustimmung sehr hoch.

Im Vergleich DDR - BRD ergeben sich die größten Unterschiede für die folgenden Ziele:

Recht auf Arbeit	+ 13.1%
Reisefreiheit	- 9.9%
Gleichheit der Bildungschancen	+ 8.5%
Minderheitenschutz	- 7.5%[80]

Geht man von der Betrachtung einzelner Ziele ab und untersucht, ob sich im Hinblick auf die Befürwortung von Freiheits- und Gleichheitsrechten Unterschiede in der erwarteten Richtung ergeben, so zeigen sich solche tatsächlich. Zu diesem Zweck wurde ein einfacher Index gebildet, der aufsummiert, wieviele Freiheits- bzw. Gleichheitsrechte die Befragten für unabdingbar hielten. 34.6% der BRD-Schüler, jedoch nur 25.9% der DDR-Schüler nannten dabei alle fünf Freiheitsrechte. Bei den Gleichheitsrechten waren es umgekehrt 40.2% der westdeutschen im Vergleich zu 52.1% der ostdeutschen Schüler, die alle fünf für unverzichtbar hielten (vgl. Tabelle 12). Dies zeigt, daß die unterschiedlichen politischen Systeme durchaus ihren Niederschlag im Demokratieverständnis der Menschen gefunden haben. Rytlewski hält die ausgeprägte "wohlfahrtsstaatliche Versorgungsmentalität" der DDR-Bürger allerdings weniger für ein Produkt der offiziellen politischen Kultur als vielmehr für ein Relikt der deutschen politischen Tradition (1988: 223), was nicht von der Hand zu weisen ist. Demnach könnte man vermuten, daß die wohlfahrtsstaatliche Politik des DDR-Regimes vor allem deshalb verbreitete Akzeptanz finden konnte, weil sie an einschlägige historische Traditionen anknüpfen konnte.

Dieses Ergebnis wird bestätigt durch die Unterschiede in der Beurteilung sozialer Ungleichheit zwischen ost- und westdeutschen Bürgern, die in der Allgemeinen Bevölkerungsumfrage der Sozialwissenschaften (ALLBUS) 1991 zutagetraten. Die dort gefundenen Antworten machen deutlich, "daß die ostdeutsche Bevölkerung soziale Ungleichheitinsgesamt kritischer beurteilt und

---

79 Die Werte geben die Prozentsatzdifferenz wieder zwischen dem Anteil der DDR-Schüler und dem der BRD-Schüler, die das betreffende Ziel für unverzichtbar in einer Demokratie hielten.

80 Beim Minderheitenschutz wurden bei der Berechnung dieser Differenzwerte die in der Bundesrepublik befragten ausländischen Befragten nicht mitberücksichtigt, unter denen der Anteil der Befürworter mit 80.1% wesentlich höher lag (ohne Ausländer: 58.4%).

Tabelle 11:
Recht auf Arbeit und freiheitliche Wirtschaftsordnung
(Frage 9, Spaltenprozente)

	B R D	D D R
Beides verzichtbar	11.2	3.5
Freiheitliche Wirtschaftsordnung unverzichtbar, Recht auf Arbeit verzichtbar	14.3	9.9
Recht auf Arbeit unverzichtbar, freiheiliche Wirtschaftsordnung verzichtbar	29.3	38.0
Beides unverzichtbar	45.1	48.6

egalitärer eingestellt ist als die westdeutsche" (Noll/Schuster, 1992: 5). Gleichzeitig liegt der Anteil derer, die staatliche Eingriffe in die Wirtschaft (z.B. in Form von Preiskontrollen) fordern, im Osten deutlich höher (Koch, 1991: 5).

Andererseits sind die gefundenen Unterschiede jedoch nicht besonders gravierend, wie auch ein Blick auf die Mittelwerte in Tabelle 12 bestätigt. Hauptergebnis ist daher, daß trotz beträchtlicher Unterschiede in den Inhalten politischer Bildung das Demokratieverständnis der Schüler in Ost- und Westdeutschland erstaunliche Ähnlichkeiten aufweist. Die durchschnittliche Prozentsatzdifferenz über alle elf Ziele hinweg ist mit 5.7% eher gering. Zudem zeigen die hohen Werte für die sozialen Gleichheitsrechte bei den BRD-Schülern die Selbstverständlichkeit, mit der heute auch im Westen der Wohlfahrtsstaat mit der Demokratie assoziiert wird. Dieses in vielen Untersuchungen bestätigte Ergebnis der westlichen Umfrageforschung hat Dahrendorf auf die griffige Formel vom "sozialdemokratischen Konsensus" der westlichen Industriegesellschaften gebracht (1979; vgl. auch Roller, 1990).

Mit r=.30 ist der Zusammenhang zwischen den beiden Aspekten des Demokratieverständnisses, also zwischen der Zahl der befürworteten Freiheits- und Gleichheitsrechte zwar nicht sehr eng, jedoch klar ausgeprägt. Dies zeigt,

Tabelle 12:
Die Bewertung von Freiheitsrechten[1] und Gleichheitsrechten[2]
(Frage 9 und 10, Spaltenprozentwerte)

	BRD		DDR	
	unverzicht-bar[3]	verwirk-licht[4]	unverzicht-bar	verwirk-licht
1. Freiheitsrechte				
bis einschließlich 3	31.5	37.7	37.9	62.9
4	33.9	35.4	36.3	25.2
5	34.6	26.8	25.9	12.0
Mittelwert	3.9	3.7	3.7	3.0
Mittelwert Index Realisierung von Freiheitsrechten[5]	--	10.2	--	10.9
2. Gleichheitsrechte				
bis einschließlich 3	30.4	50.8	20.1	65.4
4	29.5	23.7	27.7	21.4
5	40.2	25.6	52.1	13.1
Mittelwert	4.0	3.3	4.2	2.9
Mittelwert Index Realisierung von Gleichheitsrechten	--	8.7	--	10.9

[1]   Freiheit der Meinungsäußerung, Freie Wahlen, Reisefreiheit, freiheitliche Wirtschaftsordnung, Minderheitenschutz

[2]   Gleichheit vor dem Gesetz, Gleichheit der Bildungschancen, Gleichberechtigung der Frau, Recht auf Arbeit, Staatlich garantierte medizinische Grundversorgung

[3]   Anzahl der Freiheits- bzw. Gleichheitsrechte, die nach Meinung der Befragten unbedingt zu einer Demokratie gehören.

[4]   Anzahl der Freiheits- bzw. Gleichheitsrechte, die nach Angaben der Befragten im eigenen Teil Deutschlands vollkommen oder mit geringen Einschränkungen verwirklicht sind.

daß Freiheit und Gleichheit von den Schülern offensichtlich nicht als Gegensätze empfunden wurden, sondern als durchaus miteinander vereinbare bzw. sich ergänzende Aspekte der Demokratie.

Dieser Schluß wird bestätigt, wenn man die Bewertung derjenigen beiden Ziele unserer Liste heranzieht, die den Gegensatz zwischen liberaler Demokratie und Sozialismus wohl am besten repräsentieren, nämlich die freiheitliche Wirtschaftsordnung und das Recht auf Arbeit. Fast die Hälfte der Schüler in beiden Teilen Deutschlands hielt beide für unverzichtbar. Knapp zwei Fünftel der DDR-Schüler und ein knappes Drittel der BRD-Schüler waren eher bereit, auf die freiheitliche Wirtschaftsordnung als auf das Recht auf Arbeit zu verzichten, während nur etwa zehn Prozent der freiheitlichen Wirtschaftsordnung den Vorrang gaben (vgl. Tabelle 11). Dies heißt zwar noch lange nicht, daß die befragten Schüler im Konfliktfalle zwischen beiden Zielen tatsächlich bereit wären, die freiheitliche Wirtschaftsordnung zugunsten sozialer Rechte zu opfern. Eine solche Wahl wurde ihnen in dieser Frage schließlich nicht abverlangt. Es bestätigt jedoch, daß der Realisierung sozialer Sicherung im Alltag ein hoher Stellenwert zugebilligt wird.

6. Politische Zufriedenheit und die Legitimität des politischen Systems
Ursula Hoffmann-Lange

6.1 Politische Zufriedenheit

Jede politische Ordnung ist darauf angewiesen, daß sie von den Bürgern als legitim akzeptiert wird. Fehlt diese Legitimität, so ist die Stabilität eines politischen Systems gefährdet, weil die Bürger die politischen Entscheidungen der Herrschaftsorgane nicht akzeptieren. Ein solches Herrschaftssystem kann nur mit Hilfe von Repression existieren. Von daher ist die Zufriedenheit mit den politischen Bedingungen ein wichtiger Gradmesser für die Legitimität und Stabilität eines politischen Systems.

Die Zeitreihen des Zentralinstituts für Jugendforschung zeigen, daß die Identifikation mit der DDR ab Mitte der achtziger Jahre rapide zurückging (vgl. auch Kapitel 4). Identifizierten sich 1985 noch mehr als die Hälfte aller Jugendlichen stark und weitere 40 Prozent mit Einschränkungen mit der DDR, sank der Anteil der stark Identifizierten bis 1989 auf unter 20 Prozent bei den Lehrlingen und jungen Arbeitern. Er war lediglich bei den Studenten mit einem guten Drittel noch etwas höher. Gleichzeitig stieg der Anteil derjenigen, die sich kaum oder überhaupt nicht mit der DDR verbunden fühlten, auf ein Viertel bei Lehrlingen und Arbeitern und auf etwa 15% bei den Studenten (Friedrich/Griese, 1991: 139). Die stärkere Identifikation der Studenten ist dabei sowohl mit der politischen Auslese als auch mit deren stärkerer Aufstiegsorientierung zu erklären (vgl. hierzu auch Schmitt, 1980: 229).[81]

Ein noch deutlicherer Verfall zeigt sich für die Überzeugung, der Sozialismus werde sich in der ganzen Welt durchsetzen. 1989 glaubte hieran nur noch eine Minderheit der jungen DDR-Bürger, während die große Mehrheit das kaum bzw. überhaupt nicht für möglich hielt. Lediglich die Studenten waren in dieser Frage gespalten. Auch 1989 hielt noch eine knappe Mehrheit von

---

81 Schmitt wies bereits 1980 auf dieses Paradoxon hin, daß die "Ideologie der Arbeiterklasse" am stärksten bei der Jugend der Intelligenz und am geringsten bei den jungen Angehörigen der Arbeiterklasse verbreitet war (1980: 230).

ihnen eine Durchsetzung des Sozialismus zumindest eingeschränkt für wahrscheinlich. Allerdings war der Glaube an eine Durchsetzung des Sozialismus nur noch bei 15% stark ausgeprägt, d.h. auch bei den Studenten herrschte nun überwiegend Skepsis vor (Friedrich/Griese, 1991: 145).

Für die alte Bundesrepublik zeigen die Zeitreihen hingegen, daß die Zufriedenheit mit der Demokratie hier seit vielen Jahren relativ hoch ist. Dies gilt auch im Vergleich mit den übrigen westeuropäischen Demokratien. Zwar weisen die jüngeren Befragten im Vergleich der Altersgruppen geringere Zufriedenheitswerte auf, auch diese sind jedoch beträchtlich (vgl. Fuchs, 1989: 165ff.).

In unserer Schülerbefragung waren mehrere Indikatoren enthalten, die es erlauben, das Ausmaß von Zufriedenheit bzw. Unzufriedenheit mit den politischen Verhältnissen in den beiden deutschen Staaten zu bestimmen. Zunächst kann hier die Frage nach der allgemeinen Zufriedenheit mit der Demokratie betrachtet werden. Als sehr zufrieden bzw. zufrieden bezeichneten sich 78.7% der BRD-Schüler, jedoch lediglich 45.9% der DDR-Schüler.[82] Diese wesentlich geringere Zufriedenheit bei den DDR-Schülern wird durch die Ergebnisse anderer gesamtdeutscher Umfragen bestätigt, die ähnliche Unterschiede zwischen Ost- und Westdeutschen erbrachten (Habich u.a., 1991).[83]

Weiterhin wurde auch nach der Zufriedenheit bzw. Unzufriedenheit mit spezifischen Aspekten der Politik gefragt. Im Anschluß an die Frage, welche der oben beschriebenen demokratischen Prinzipien und Staatsaufgaben sie für unverzichtbar in einer Demokratie hielten, sollten die Schüler angeben, inwie-

---

82 Ferner sollten die Schüler auch noch angeben, inwieweit die Aussage "Ich lebe gerne in der BRD (DDR)" auf sie zutraf. Die Prozentwerte für diese Frage stimmen weitgehend mit denen für die allgemeine Demokratiezufriedenheit überein. In der BRD wollten 78.3% der Schüler diese Aussage vollkommen oder mit geringen Einschränkungen für sich gelten lassen, in der DDR lediglich 49.3%.

83 Diese Ergebnisse stammen aus der Basiserhebung DDR 1990 des Sozioökonomischen Panels sowie aus dem Wohlfahrtssurvey 1990 Ost. Demnach waren in der DDR lediglich acht Prozent der Befragten mit ihrem Leben hochzufrieden, ein Zehntel jedoch eher unzufrieden, während in der alten Bundesrepublik der Anteil der Unzufriedenen mit drei Prozent verschwindend gering war, der Anteil der Hochzufriedenen dagegen fast ein Fünftel betrug. Die größten Unterschiede zwischen West und Ost ergaben sich im Hinblick auf die Bewertung der materiellen Lebensbedingungen, nämlich Einkommen, Lebensstandard und Wohnen. Dabei liegen die Durchschnittswerte im Osten auf einem Niveau, das im Westen "gewöhnlich nur von ausgesprochenen Problemgruppen erreicht" wird (vgl. Habich u.a., 1991).

weit sie diese in ihrem Teil Deutschlands für verwirklicht hielten. Die Differenzen zwischen der zugeschriebenen Wichtigkeit und der wahrgenommenen Realisierung für die verschiedenen Politikziele kann man als "Realisierungsdefizite" betrachten (vgl. Schaubild 11).

Im Aggregat, d.h. bei einer Betrachtung der Verteilung der Zufriedenheitswerte in der Gesamtgruppe, zeigt sich, daß die bundesrepublikanischen Schüler Defizite v.a. in Bezug auf materielle Staatsleistungen sahen, nämlich im Umweltschutz und beim Recht auf Arbeit. Bei den DDR-Schülern sind die wahrgenommenen Diskrepanzen zwischen Anspruch und Realität nicht nur im Hinblick auf die meisten Politikziele größer, sondern sie beziehen sich auch auf zwei liberal-demokratische Grundprinzipien, nämlich auf die Meinungsfreiheit und die Gleichheit vor dem Gesetz. Allerdings muß man bei der Interpretation dieser Ergebnisse berücksichtigen, daß die Bewertungen der DDR zwangsläufig Unschärfen aufweisen, da das Objekt dieser Bewertungen zum Zeitpunkt der Umfrage in einem rapiden Wandel begriffen war. Vor allem ist unklar, ob die Bewertungen sich noch auf die alte DDR, auf den aktuellen Zustand im Sommer 1990 bezogen, oder bereits die mit der absehbaren deutschen Vereinigung erwarteten Veränderungen antizipierten. Da Vergleichszahlen für frühere und spätere Zeitpunkte fehlen, läßt sich dies nicht entscheiden.

Die durchschnittliche Prozentsatzdifferenz, d.h. die Differenz zwischen dem Prozentsatz derjenigen, die ein Ziel für unverzichtbar in einer Demokratie hielten, und dem Prozentsatz derjenigen, die dieses Ziel im eigenen Land für verwirklicht hielten, betrug bei den westdeutschen Schülern 19.5%, bei den ostdeutschen hingegen 24.3%. Dies heißt, daß auch viele westdeutsche Schüler mit der Realisierung von ihnen für wichtig gehaltener politischer Ziele unzufrieden waren.[84]

Um die Wahrnehmung politischer Defizite auch auf der individuellen Ebene untersuchen zu können, wurde ein Index "Anzahl der Politikdefizite"

---

84 Bei der Berechnung der Prozentsatzdifferenzen wurden dabei vier Ziele außer Acht gelassen, bei denen die BRD in den Augen der BRD-Schüler einen "Überschuß" an Zufriedenheit aufweist und eines, bei dem dasselbe bei den DDR-Schülern der Fall ist.

Schaubild 11: **Ideal und Wirklichkeit - Bundesrepublik, beurteilt von BRD-Schülern** (Fragen 9 und 10)

Darstellung der Prozentwerte für die Antwortkategorien "gehört unbedingt dazu" (Frage 9) bzw. "vollkommen" und "mit geringen Einschränkungen" (Frage 10).

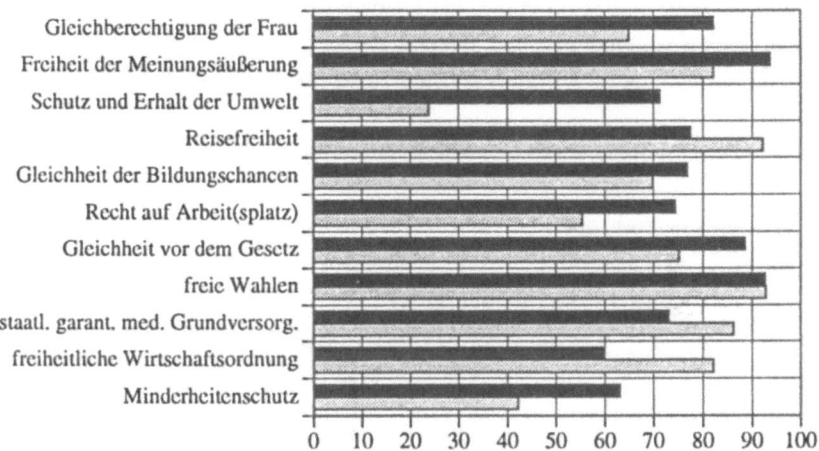

Ideal und Wirklichkeit - DDR, beurteilt von DDR-Schülern

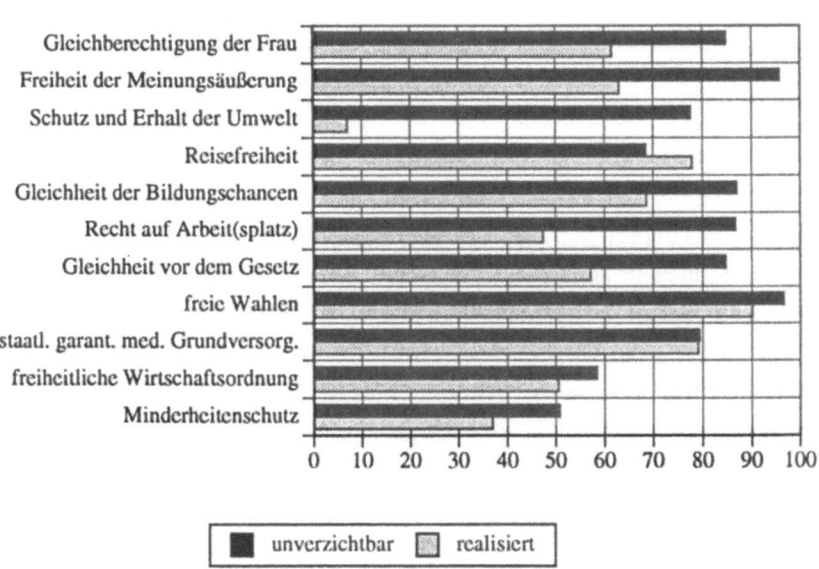

91

gebildet. Hierzu wurde für jeden Befragten pro Ziel festgestellt, ob er (sie) dieses für unverzichtbar, aber gleichzeitig im eigenen Teil Deutschlands für nicht realisiert hielt. Der Wertebereich dieses Index reicht von 0 bis 11. Der Anteil der rundum Zufriedenen, d.h. derjenigen, die überhaupt keine Defizite wahrnahmen, beträgt in der Bundesrepublik 20.9%, in der DDR aber lediglich 5.9%. Gleichzeitig ist der Anteil der DDR-Schüler, die Defizite bei fünf und mehr Zielen wahrnahmen, fast doppelt so hoch wie bei den westdeutschen Schülern, nämlich 22.5% im Vergleich zu 12.0% (vgl. Tabelle 13).

Tabelle 13:
Anzahl der wahrgenommenen Defizite im eigenen Teil Deutschlands
(Fragen 9 und 10, Spaltenprozente)

	B R D	D D R
kein Defizit	20.9	5.9
1 - 2 Defizite	42.7	33.9
3 - 4 Defizite	24.6	37.7
5 und mehr Defizite	12.0	22.5

Die Mittelwerte für die Realisierung von Freiheits- und Gleichheitsrechten zeigen, daß die Schüler in der Bundesrepublik im Hinblick auf die Realisierung beider Gruppen von Zielen in ihrem Teil Deutschlands zufriedener waren als die Schüler in der DDR (vgl. Tabelle 12). Dies bestätigen auch die in derselben Tabelle enthaltenen Werte über die Anzahl der im eigenen Teil Deutschlands realisierten Politikziele. Es gilt selbst für so wichtige "sozialistische Errungenschaften" wie das Recht auf Arbeit, das 55 Prozent der BRD-Schüler in der Bundesrepublik, jedoch nur 47.4% der DDR-Schüler in der DDR verwirklicht sehen (vgl. Tabelle A17 im Anhang).

**6.2   Die Einschätzung der politischen Realität im eigenen
und im anderen deutschen Staat im Vergleich**

Weiterhin läßt sich noch untersuchen, wie es mit der Wahrnehmung der Realisierung verschiedener Politikziele in den beiden deutschen Staaten im Vergleich bestellt ist, d.h. wie BRD und DDR relativ zueinander beurteilt werden
(vgl. Schaubilder 12, 13, 14). Dabei ist jedoch zu berücksichtigen, daß der
Anteil derjenigen Schüler, die für einzelne Politikziele keine Einschätzung

<u>Schaubild 12</u>: **Einschätzung der Realisierung politischer Ziele in der Bun-
desrepublik und der DDR durch <u>alle</u> Befragten**
(Fragen 10 und 11)

Darstellung der Prozentwerte für die Antwortkategorien "vollkommen" und "mit geringen Einschränkungen".

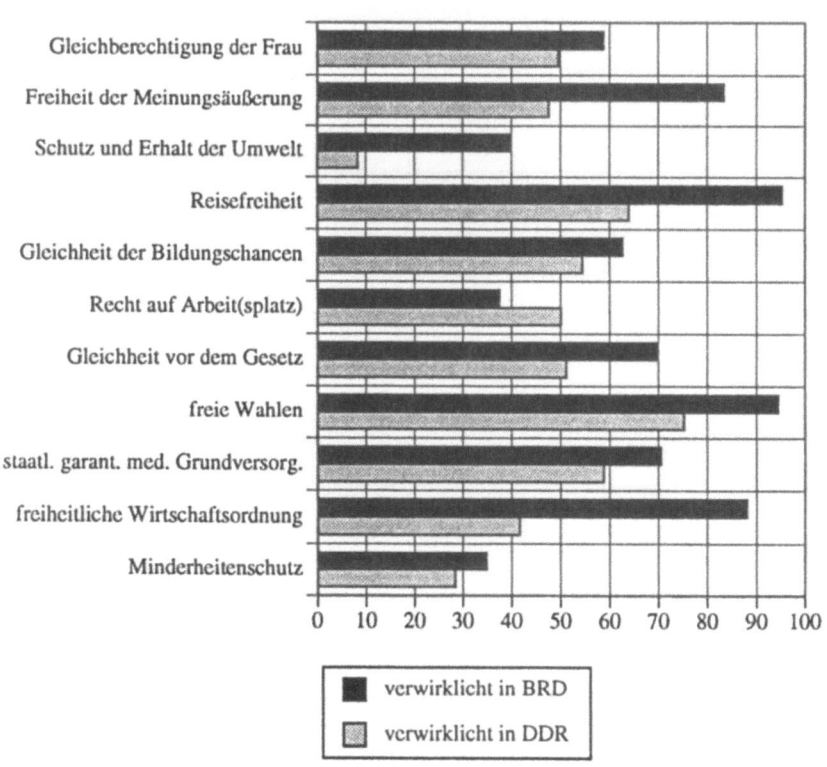

93

des jeweils anderen deutschen Staates abgeben konnten, v.a. auf seiten der BRD-Schüler teilweise sehr hoch liegt. Hier waren dies durchschnittlich 30.2% im Vergleich zu 17.7% bei den DDR-Schülern. Der Anteil fehlender Angaben steigt jedoch für einzelne politische Ziele noch beträchtlich über diese Durchschnittswerte. So sahen sich beispielsweise 56.9% der westdeutschen Schüler nicht in der Lage, den Grad der Realisierung einer freiheitlichen Wirtschaftsordnung in der DDR einzuschätzen. Dies ist angesichts der Un-

Schaubild 13: **Einschätzung der Realisierung politischer Ziele in der Bundesrepublik und der DDR durch BRD-Schüler** (Fragen 10 und 11)

Darstellung der Prozentwerte für die Antwortkategorien "vollkommen" und "mit geringen Einschränkungen".

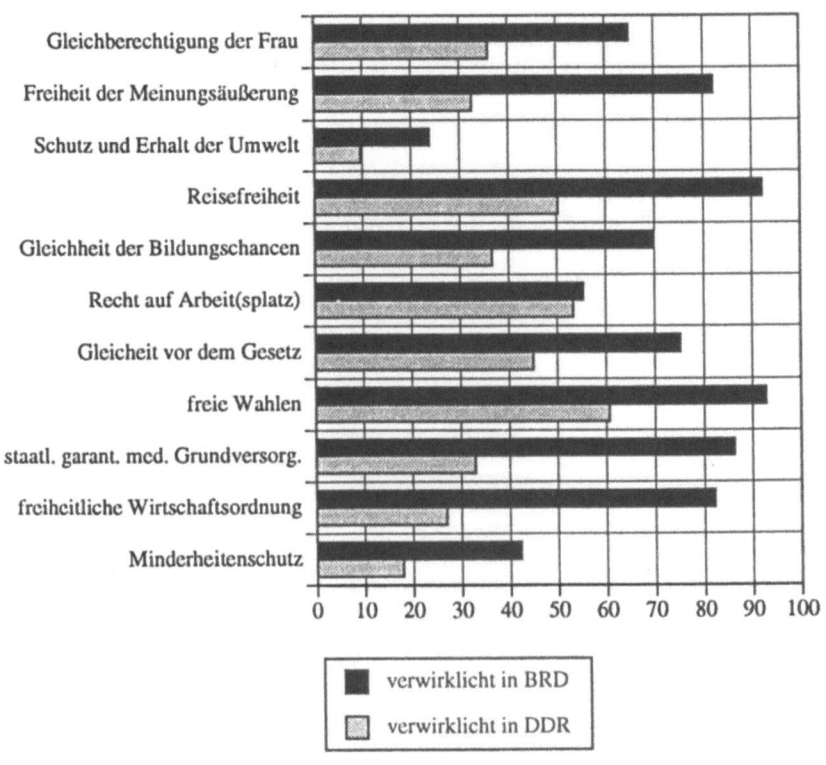

klarheit der tatsächlichen Verhältnisse zum Zeitpunkt der Untersuchung nicht weiter verwunderlich, muß jedoch bei der Interpretation der Ergebnisse berücksichtigt werden.

Betrachtet man zunächst die Bewertungen der ost- und westdeutschen Befragten gemeinsam, so zeigt sich, daß die Bundesrepublik in Bezug auf zehn der elf Politikziele besser eingeschätzt wird als die DDR (vgl. Schaubild 12). Lediglich das Recht auf Arbeit sehen mehr Schüler in der DDR verwirklicht. Das Bild ändert sich allerdings deutlich, wenn man die beiden Schüler

Schaubild 14: **Einschätzung der Realisierung politischer Ziele in der Bundesrepublik und der DDR durch DDR-Schüler**
(Fragen 10 und 11)

Darstellung der Prozentwerte für die Antwortkategorien "vollkommen" und "mit geringen Einschränkungen".

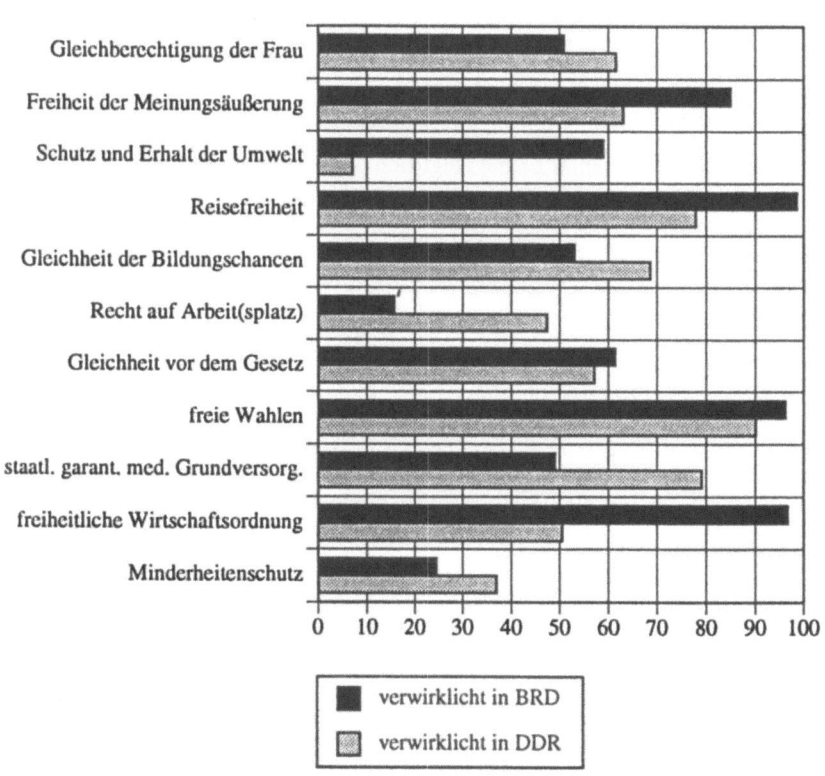

95

gruppen getrennt betrachtet. Während die bundesrepublikanischen Schüler im Hinblick auf alle vorgegebenen Ziele die BRD besser einschätzten als die DDR (vgl. Schaubild 13), ist das Bild bei den DDR-Schülern wesentlich differenzierter. Diese sahen lediglich für sechs Ziele einen Vorsprung der BRD, in bezug auf fünf dagegen einen für die DDR (vgl. Schaubild 14). Hierzu gehören das Recht auf Arbeit, die staatlich garantierte medizinische Grundversorgung, die Gleichheit der Bildungschancen, die Gleichberechtigung der Frau und der Minderheitenschutz.

Unsere Ergebnisse werden durch ZIJ-Studien aus der zweiten Hälfte der achtziger Jahre gestützt. Diese zeigten in ähnlicher Weise, daß die DDR-Jugendlichen schon in der Zeit vor der Wende einen Vorsprung der BRD im Hinblick auf Umweltschutz, Lebensstandard, Informationsfreiheit und kulturelle Vielfalt sahen und Kritik an der einseitigen Information und der unkritischen Berichterstattung durch die DDR-Medien äußerten. Gleichzeitig konstatierten sie jedoch einen Vorsprung der DDR im Hinblick auf die Sicherheit des Arbeitsplatzes, die Gleichberechtigung der Frau, die soziale Sicherheit und gleiche Bildungschancen (Zentralinstitut für Jugendforschung, 1987; Lange, 1989 und 1990).

Auch auf individueller Ebene zeigt sich deutlich, daß die bundesrepublikanischen Schüler im Hinblick auf fast alle Ziele mehrheitlich die Bundesrepublik besser einstuften als die DDR (vgl. Tabelle A18 im Anhang). Bei den DDR-Schülern ist der Prozentsatz derer, die den eigenen Teil Deutschlands besser einstuften, meist niedriger und erreicht nur für drei Ziele mehr als 30%:[85]
- Gleichheit der Bildungschancen,
- Recht auf Arbeit,
- staatlich garantierte medizinische Grundversorgung.
Alle drei betreffen "sozialistische Errungenschaften", die von der DDR stets herausgehoben wurden.

---

85 Wegen der großen Anzahl fehlender Werte sind diejenigen Befragten, die eines der beiden Länder (meist das andere) nicht eingestuft haben, in der Tabelle mit aufgeführt.

6.3 Zusammenhänge zwischen der Wahrnehmung politischer Defizite und politischer Zufriedenheit

Der Zusammenhang zwischen der wahrgenommenen Realisierung von Freiheitsrechten einerseits und Gleichheitsrechten[86] andererseits ist zunächst relativ eng (r=.45). Dies heißt, daß die Zufriedenheit mit beiden Aspekten der Demokratie gleichsinnig variiert. Je zufriedener ein(e) Befragte(r) mit dem einen Aspekt, desto zufriedener war er (sie) tendenziell auch mit dem anderen. Die getrennte Berechnung für beide Schülergruppen ergab, daß dieser Zusammenhang in der alten Bundesrepublik noch sehr viel deutlicher ausgeprägt war (r=.55) als in der DDR (r=.28).

Die Zusammenhänge zwischen der wahrgenommenen Realisierung bzw. Nichtrealisierung politischer Ziele und der Zufriedenheit mit der Demokratie sind signifikant, aber nicht übermäßig hoch. Der entsprechende Koeffizient beträgt r=.31 und erreicht damit nur eine mittlere Stärke.[87] Man kann daraus schließen, daß die globale Zufriedenheit mit der Demokratie nur mittelstark von wahrgenommenen Versäumnissen der Politik abhängt.[88]

Betrachtet man die Zufriedenheit mit den beiden Aspekten der Demokratie getrennt, so zeigt sich, daß die wahrgenommene Realisierung von Freiheitsrechten die globale Zufriedenheit mit der Demokratie offensichtlich stärker beeinflußt als die Realisierung von Gleichheitsrechten. Der Koeffizient liegt

---

86 Zur Untersuchung dieser Frage wurden neben dem Index für die Anzahl der wahrgenommenen Politikdefizite noch zwei einfache Summenindizes für die je fünf Freiheits- und Gleichheitsrechte gebildet. Da die ursprüngliche Skala von 1 (vollkommen verwirklicht) bis 5 (überhaupt nicht verwirklicht) lief, haben diese Indizes einen Wertebereich von 5 bis 25. Der niedrigste Wert bedeutet, daß ein Befragter jeweils alle fünf Ziele für vollständig realisiert hielt. Umgekehrt bedeutet ein Wert von 25, daß er keines davon für verwirklicht hielt. Bei diesen Indizes ist zu berücksichtigen, daß die Anzahl der fehlenden Werte relativ hoch liegt, nämlich bei etwa einem Drittel der Befragten. Dies ist darauf zurückzuführen, daß sie lediglich dann gebildet werden konnten, wenn ein Schüler eine Einschätzung zur Realisierung aller fünf in jeden Index eingegangenen Ziele gemacht hatte.

87 In der Bundesrepublik beträgt der entsprechende Koeffizient r=.27, in der DDR r=.19.

88 Der Zusammenhang der Zahl der wahrgenommenen Politikdefizite mit der allgemeinen Lebenszufriedenheit ist noch schwächer (BRD: r=.13; DDR: r=.09). Das bedeutet, daß die Unzufriedenheit mit spezifischen Aspekten der politischen Verhältnisse zwar die Legitimität des politischen Systems beeinträchtigt, daß sie jedoch kaum Rückwirkungen auf die Zufriedenheit der Schüler mit ihrem Alltagsleben hat.

bei r=.39 im Vergleich zu r=.25. Dies gilt für beide Schülergruppen gleichermaßen. Bei den DDR-Schülern ist der Zusammenhang zwischen der wahrgenommenen Realisierung von Gleichheitsrechten und der Zufriedenheit mit einem r=.14 sogar besonders gering. Dieses Ergebnis ist einigermaßen verblüffend, legt es doch den Schluß nahe, daß wohlfahrtsstaatliche Leistungen in geringerem Ausmaß zur politischen Zufriedenheit beitragen als die Garantie grundlegender Freiheitsrechte.

Untersucht man schließlich im einzelnen, welche Aspekte der Gesellschaftsordnung im eigenen Teil Deutschlands am stärksten mit der Zufriedenheit mit der Demokratie zusammenhängen, so sind dies die Freiheit der Meinungsäußerung (r=.35) und die freiheitliche Wirtschaftsordnung (r=.30). Während die herausragende Rolle der Meinungsfreiheit auch bei einer Kontrolle nach Land erhalten bleibt, verschwindet allerdings der Effekt der Realisierung der freiheitlichen Wirtschaftsordnung bei getrennter Betrachtung der ost- und westdeutschen Schüler. Dies mag darauf zurückzuführen sein, daß die westdeutschen Schüler sowohl zufriedener waren, als auch zu einem wesentlich höheren Prozentsatz angaben, in der Bundesrepublik sei eine freiheitliche Wirtschaftsordnung realisiert. Bei ihnen korreliert zudem die Gleichheit vor dem Gesetz genauso hoch mit der Zufriedenheit wie die Realisierung der Meinungsfreiheit. Bei den DDR-Schülern dagegen ist die Meinungsfreiheit das einzige Merkmal, das nennenswert mit der Zufriedenheit korreliert (r=.29).

Berücksichtigt man lediglich diejenigen Befragten, die für jedes Ziel zusätzlich angegeben hatten, dieses sei in einer Demokratie unverzichtbar, so steigen die Koeffizienten bei den westdeutschen Schülern deutlich an. Bei ihnen erreicht nun die Realisierung des Minderheitenschutzes den dritten Rang unter den Faktoren, die die Demokratiezufriedenheit deutlich beeinflussen.[89] Bei den DDR-Schülern behauptet jedoch auch unter dieser Zusatzbedingung die Freiheit der Meinungsäußerung ihren unangefochtenen Spitzenplatz, dem keines der übrigen Merkmale nahekommt.

Das Demokratieverständnis hat demgegenüber offensichtlich nur einen

---

89 Die entsprechenden Koeffizienten sind:
   Freiheit der Meinungsäußerung: .31
   Gleichheit vor dem Gesetz: .29
   Minderheitenschutz: .25.

mäßigen Einfluß auf die Wahrnehmung von Defiziten oder die Demokratiezufriedenheit. Die entsprechenden Korrelationskoeffizienten sind durchweg relativ niedrig.

Die Einschätzungen der politischen Realität im eigenen Teil Deutschlands legen den Schluß nahe, daß es auch 1990 unter den DDR-Jugendlichen noch einen Bestand an Identifikationsmerkmalen mit ihrem Staat gab. Wo dieser vorhanden war, trug er nach unseren Ergebnissen auch tatsächlich zur Zufriedenheit mit den Verhältnissen in der DDR bei. Dieser Effekt war allerdings eher gering. Offensichtlich war das Unzufriedenheitsniveau insgesamt bereits so hoch, daß auch die anerkannten sozialen Errungenschaften der DDR den Wunsch nach einer Veränderung der politischen Verhältnisse nicht mehr aufwogen.

Für die westdeutschen Schüler zeigen die Zahlen umgekehrt, daß eine kritische Haltung gegenüber vielen Aspekten der bundesdeutschen Realität keineswegs bedeutet, daß die positiven Aspekte der Bundesrepublik im internationalen Vergleich von den jungen Menschen geringgeschätzt werden. Dies bestätigt die Ergebnisse einer früheren Jugendstudie in der alten Bundesrepublik (Schmidtchen, 1983: 135). In jener Studie war eine Frage enthalten, für wie gut die befragten Jugendlichen die Qualität der Demokratie in verschiedenen Ländern hielten. Dabei erzielte die BRD einen relativ hohen Durchschnittswert, der deutlich über dem für die USA lag. Die DDR wurde auch damals bereits sehr schlecht eingestuft.[90] Lediglich die Schweiz lag in diesem Vergleich noch vor der Bundesrepublik.

---

90 Die DDR erhielt damals einen Mittelwert von lediglich 1.2 auf einer 11-Punkte-Skala, im Vergleich zu 6.9 für die USA und 7.8 für die BRD.

7. Vertrauen in Institutionen
Winfried Krüger

Angesichts des politischen Umbruchs in der DDR bis zum Sommer 1990 be-
schäftigte uns auch die Frage nach den Auswirkungen des Umbruchs auf die
Legitimität des institutionellen Systems. Wir wollten wissen, inwieweit die
Glaubwürdigkeit der öffentlichen Einrichtungen in der DDR dadurch in Mit-
leidenschaft gezogen war, und stellten den ost- und westdeutschen Jugendlichen deshalb die Frage nach dem Vertrauen, das sie zentralen Institutionen
des öffentlichen Lebens in ihrem Teil Deutschlands entgegenbrachten.

Die Frage enthielt für die westdeutschen Schüler eine Vorgabenliste mit
elf Institutionen. Für die ostdeutschen Schüler waren diese Vorgaben, soweit
erforderlich, DDR-spezifisch umbenannt - statt nach Bundeswehr, Bundes-
regierung und Bundestag wurde hier nach NVA, Regierung und Volkskammer
gefragt. Mit Rücksicht auf die systembedingten Unterschiede konnten die
ostdeutschen Schüler nach zwei Institutionen nicht gefragt werden, da es für
diese in der DDR keine Äquivalente gab. Dies waren Bundesverfassungsgericht und Großunternehmen. Die Institutionenliste im DDR-Fragebogen enthielt also nur neun Vorgaben. Die Vertrauensurteile für die Institutionen
sollten anhand einer fünfstufigen Skala abgegeben werden, die von "sehr
großes Vertrauen" bis "überhaupt kein Vertrauen" reichte. Konnte ein Befragter sich zu keinem Urteil entschließen, bestand für ihn die Möglichkeit,
"Kann ich nicht beurteilen" anzukreuzen.

Im Ergebnis liefert die Frage Daten, die als relative Häufigkeiten von
Vertrauens- oder auch Mißtrauensvoten unterschiedliche Vergleiche erlauben:
Vergleiche zwischen Teilgruppen wie beispielsweise ost- und westdeutschen
Jugendlichen, zwischen Schülerinnen und Schülern, aber auch zwischen verschiedenen Institutionen. Die Ergebnisse solcher Vergleiche sollen zunächst
vorgestellt werden. Im Anschluß daran soll dann überprüft werden, ob und
wie das Institutionenvertrauen mit anderen politischen Einstellungen zusammenhängt.

Wenn die Blickrichtung bei unseren Vergleichen meist von West nach Ost
geht, so hat das, neben der Neugier des westdeutschen Forschers, auch einen
sachlichen Grund. Die westdeutschen Schüler leben in einer politisch ver-

gleichsweise stabilen Umwelt. Ihre Stellung gegenüber Institutionen des öffentlichen Lebens kann insofern im Hinblick auf die außerordentlich instabile Situation in der DDR einen relativen Bezugspunkt für Normalität liefern. Dieser Bezugspunkt bleibt allerdings zwangsläufig immanent. Das heißt, daß wir nichts darüber aussagen können, ob die Vertrauenswerte sowohl der westdeutschen als auch der ostdeutschen Schüler im Hinblick auf die Legitimität des jeweiligen politischen Systems als "hoch" oder "niedrig" anzusehen sind. Um darüber etwas sagen zu können - einmal abgesehen von der prinzipiellen Schwierigkeit, ein staatsnotwendiges Vertrauensmaß empirisch auszumachen - würden geeignete Vergleichsdaten über längere Zeiträume benötigt. Solche Daten stehen leider nicht zur Verfügung.

Vergleichsmöglichkeiten zumindest für den Zeitraum unserer Befragung bieten jedoch die Ergebnisse zweier Repräsentativumfragen unter der wahlberechtigten Bevölkerung, die von IPOS 1990 und 1991 durchgeführt wurden. Die Umfrage von 1990 war dabei auf die alte Bundesrepublik beschränkt, diejenige von 1991 wurde hingegen in beiden Teilen Deutschlands durchgeführt. In diesen Umfragen wurde das Institutionenvertrauen mit einem sehr ähnlichen Fragenzuschnitt erhoben.

Stellt man die Mittelwerte des Vertrauens aus unserer Untersuchung denen der beiden IPOS-Umfragen gegenüber, so zeigt sich, daß die Schüler fast ausnahmslos allen Institutionen weniger Vertrauen entgegenbringen als die Wahlbevölkerung in West- bzw. Ostdeutschland (vgl. Tabelle 14). Das Vertrauensdefizit der ostdeutschen Schüler ist bei diesem Vergleich durchweg noch stärker ausgeprägt als das der westdeutschen. Dieser Unterschied zwischen Jugendlichen und Erwachsenen bestätigt den bereits mehrfach belegten Tatbestand, daß die jüngeren Alterskohorten ein geringeres Vertrauen gegenüber gesellschaftlichen Institutionen aufweisen (vgl. Döring, 1990).[91] Wie diese Vertrauensdifferenz interpretiert werden darf - ob als eine passagere mentale Attitüde von Jugendlichen, als eine beginnende Erosion institutionellen Bewußtseins oder als Ausdruck eines aufgeklärten Skeptizismus - kann hier allerdings nicht beantwortet werden (vgl. Veen, 1986).

---

91 Auch die Ipos-Umfragen bestätigen das geringere Institutionenvertrauen jüngerer Alterskohorten (vgl. IPOS, 1990: 26; sowie IPOS, 1991: 30).

Tabelle 14:

Institutionenvertrauen 1990 und 1991

(Mittelwerte[1])

	Schülerstudie 1990		IPOS 1990	IPOS 1991	
	BRD	DDR	BRD	Alte Bundesländer	Neue Bundesländer
Schulwesen	3.4	3.0	--[2]	--[2]	--[2]
Gerichte	3.4	3.4	3.9	3.9	3.0
Gewerkschaften	3.1	2.8	3.3	3.3	3.3
Polizei	3.2	3.0	3.8	3.8	2.9
Bundestag/Volkskammer	2.9	2.4	3.8	3.6	3.2
Kirchen	2.9	2.8	3.5	3.3	3.2
BVG	3.3	--	4.0	4.0	3.4
(Bundes-)Regierung	3.0	2.7	3.6	3.4	3.2
Fernsehen	2.9	3.0	3.4	3.3	3.4
Bundeswehr/NVA	2.9	2.4	3.5	3.5	3.4
	N=1.231	N=1.049	N=2.093	N=1.571	N=1.084

Quellen: Schülerstudie 1990 und Repräsentativumfragen von IPOS (ab 18 Jahren) 1990 und 1991.

[1] Die Mittelwerte können einen Wert zwischen 1 und 5 annehmen. Je höher der Mittelwert umso höher das Vertrauen. Die Skalenrichtung dieser Frage in der Schülerstudie wurde für diesen Vergleich umgepolt. In der IPOS-Umfrage wurde eine Antwortskala eingesetzt, die von +5 ("vertraue voll") bis -5 ("vertraue überhaupt nicht") reicht; die Mittelwerte wurden für diese Gegenüberstellung in den Zuschnitt unserer Skala transformiert.

[2] Nach dieser Institution wurde bei IPOS nicht gefragt.

Betrachten wir zunächst die Verteilung der Vertrauens- und der Nicht-Ver-trauensvoten[92] für alle Befragten, so zeigt sich, daß die Urteile zwischen den einzelnen Institutionen deutlich differenzieren (vgl. Tabelle A19 im Anhang). Den Gerichten, der Polizei und der Schule gegenüber bekundet jeweils mehr als ein Drittel der Schüler Vertrauen, während die Vertrauenswerte für die Regierung, den Bundestag (bzw. die Volkskammer), die Gewerkschaften und die Bundeswehr (NVA) bei lediglich einem Fünftel oder gar noch darunter liegen. Zumindest jeweils zwei dieser im Vertrauen ganz oben bzw. ganz unten rangierenden Institutionen werden von den Schülern vergleichsweise einheitlich beurteilt: Dort nämlich, wo das Vertrauen groß ist - wie gegenüber den Gerichten und der Schule -, ist der Anteil der Schüler, die kein Vertrauen haben, am geringsten, während die vertrauensschwachen Institutionen Bundestag (Volkskammer) und Bundeswehr (NVA) mit gut einem Drittel aller Schüler die deutlich höchsten Mißtrauensvoten auf sich ziehen. Im Unterschied zu diesen vier letztgenannten sind die übrigen Institutionen offensichtlich eher dazu geeignet, die Schüler unserer Untersuchung in ihren Urteilen zu polarisieren: Unter dem Aspekt von Vertrauen und Nichtvertrauen finden sie nämlich sowohl Zustimmung wie Ablehnung; nahezu ausgeglichen ist das Pro und Contra des Vertrauens hinsichtlich Kirche, Fernsehen und Gewerkschaften.

Geht man von der Vermutung aus, daß das Vertrauen gerade bei so jungen Befragten auch etwas damit zu tun hat, ob eine Institution erfahrbar und in ihrer Zwecksetzung verstehbar ist, so müßten die Anteilswerte für die Vorgabe "Kann ich nicht beurteilen" bei den Institutionen mit höheren Vertrauenswerten niedrig sein, bei denen mit geringen Vertrauenswerten hingegen höher. Und in der Tat liegt eine solche Antwortverteilung einigermaßen deutlich vor: Hinsichtlich Schule, Gerichte und Polizei gibt es über alle Befragten deutlich weniger urteilslose oder auch ratlose Schüler als beim Bundestag (Volkskammer), der Bundeswehr (NVA) und den Gewerkschaften.[93]

---

92 Im Interesse prägnanterer Verteilungsbilder haben wir hier wie auch in allen folgenden Ver-gleichen von den insgesamt fünf Skalenpunkten jeweils die beiden ersten, nämlich "sehr großes Vertrauen" und "großes Vertrauen", sowie die beiden letzten, "wenig Vertrauen" und "überhaupt kein Vertrauen", zusammengefaßt.

93 Bei der Schule, den Gerichten und der Polizei betragen die Anteile der Schüler, die die Vor-gabe "Kann ich nicht beurteilen" gewählt haben, zwei, zwölf und drei Prozent, während diese Anteile beim Bundestag (Volkskammer), der Bundeswehr (NVA) und den Gewerkschaften

Die Erfahrbarkeit und Verstehbarkeit bilden mit Sicherheit nur einen Teil der Motive und Gründe, die die Urteile der Befragten beeinflußten. Darüber hinaus darf man in diesen Schülervoten wohl auch ideologische Konnotationen vermuten, die mit einzelnen Institutionen verbunden werden. Daß beispielsweise die Bundeswehr bzw. die NVA so wenig Vertrauen bei den Jugendlichen genießen, hat sicher weniger damit zu tun, daß sie in ihrer Zwecksetzung nicht zu verstehen wären, sondern daß ihre Existenz gerade wegen ihrer Zwecksetzung von den Schülern abgelehnt wird. Der relativ hohe Anteil an "Urteilslosen" reflektiert hier also vermutlich weniger Unwissen als vielmehr die Ratlosigkeit der Schüler gegenüber dem Militär angesichts sich auflösender Feindbilder zwischen BRD und DDR sowie zwischen Ost- und Westeuropa insgesamt.

Das bisher skizzierte Bild differenziert sich in mehrfacher Hinsicht, wenn wir die Verteilung der Vertrauensvoten nach west- und ostdeutschen Schülern getrennt betrachten (vgl. Schaubild 15 und 16 sowie Tabelle A19 im Anhang). Hierbei springt zunächst ins Auge, daß die DDR-Schüler im Vergleich zu ihren westdeutschen Altersgenossen ausnahmslos allen Institutionen gegenüber deutlich weniger Vertrauen bekunden. Außerdem übersteigt auch ihr explizites Nicht-Vertrauen die Werte der westdeutschen Schüler - mit Ausnahme von nur drei Institutionen - erheblich.

Wie angegriffen die Vertrauensbasis der Institutionen bei den DDR-Schülern ist, führt uns die Gegenüberstellung von Vertrauens- und Nicht-Vertrauensvoten vor Augen: Bei fünf der neun Institutionen übersteigt die Zahl der Schüler mit wenig oder überhaupt keinem Vertrauen den Anteil derjenigen, die sehr großes oder großes Vertrauen in diese bekunden. Geradezu dramatisch fällt diese Gegenüberstellung für die DDR-Regierung aus, zu der knapp

---

20, 22 und 29 Prozent ausmachen. Versteht man die Wahl dieser Antwortvorgabe auch als ein Maß der Distanz zu einer Institution, so ist aufschlußreich, daß nur 13% der westdeutschen, aber 22% der ostdeutschen Schüler kein Vertrauensurteil über die Kirchen abgeben.

Schaubild 15: **Sehr großes und großes Vertrauen in Institutionen**
(Frage 12)

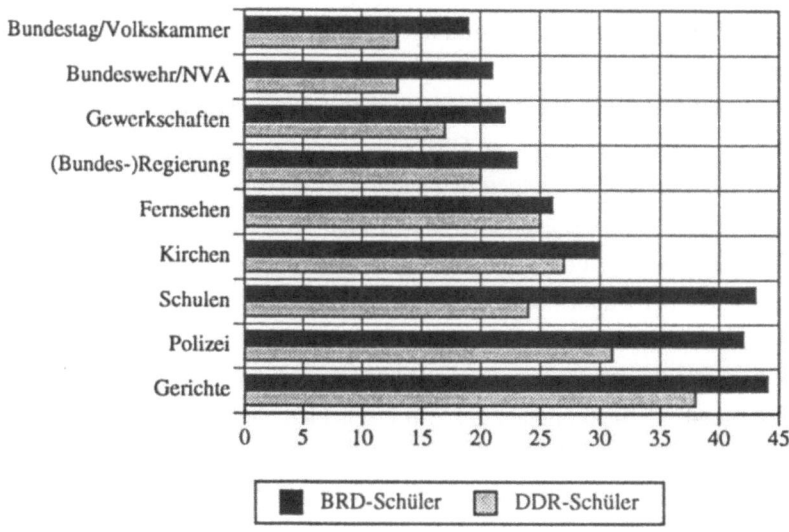

Schaubild 16: **Wenig und überhaupt kein Vertrauen in Institutionen**
(Frage 12)

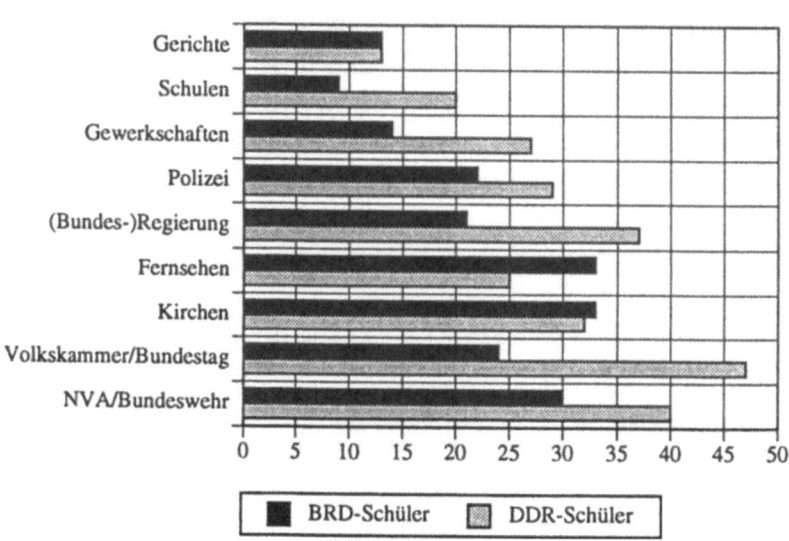

doppelt soviele Schüler kein Vertrauen haben, als ihr umgekehrt Vertrauen bekunden; bei der NVA sind es mehr als dreimal und bei der Volkskammer sogar beinahe viermal soviele. Die Erklärung dieser außerordentlichen Vertrauensdefizite muß je nach Institution zu unterschiedlichen Überlegungen führen.

Hinsichtlich der NVA gilt das bereits oben Gesagte, daß nämlich in einer Welt, die zusehends weniger vom Ost-West-Gegensatz geprägt ist, die Präsenz des Militärs eher Befürchtungen und Mißtrauen hervorzurufen scheint - und das sowohl im Osten wie auch im Westen; auch bei den westdeutschen Schülern überwiegt nämlich die Zahl derjenigen ohne Vertrauen deutlich den Anteil derer, die der Bundeswehr Vertrauen entgegenbringen.

Andere Gründe lassen sich hingegen für die hohen Vertrauensdefizite von Volkskammer und Regierung vermuten. Diese konnten den DDR-Schülern bereits damals als Institutionen auf Zeit erscheinen, deren Existenz mit dem Eintritt der DDR in den Geltungsbereich des Grundgesetzes und mit der ersten gesamtdeutschen Wahl beendet sein würde. So gesehen waren Regierung und Volkskammer - trotz der Wahl im März 1990 - für die ostdeutschen Schüler vermutlich eher Relikte des alten Regimes, denen gegenüber der Vertrauensvorrat schon seit längerem erschöpft war, als Institutionen eines staatlichen Neubeginns (vgl. u.a. Lange, 1991; Friedrich/Förster, 1991). Bei den Motiven des Mißtrauens der DDR-Schüler mag auch eine Rolle gespielt haben, daß sie sich mit ihrem Wunsch nach der Vereinigung beider deutscher Teilstaaten, den drei Viertel der Schüler äußerten, von ihrer Regierung nicht vertreten sahen.[94]

Daß bemerkenswerterweise den Gerichten von den ostdeutschen Schülern das mit Abstand höchste Vertrauen und gleichzeitig mit Abstand das geringste

---

94 Auf die Frage, wie sie zu der Vereinigung von DDR und BRD stehen, antworteten 74.6% der ostdeutschen Schüler mit "sehr dafür" bzw. "eher dafür als dagegen". Der statistische Zusammenhang zwischen Befürwortung der Vereinigung und dem Nicht-Vertrauen gegenüber der Regierung ist mit r=.30 deutlich. Tatsächlich bestand über den Zeitpunkt der Vereinigung zwischen den Regierungen in Bonn und Ostberlin zum Zeitpunkt unserer Befragung noch ein offener Gegensatz. So kritisierte Lothar de Maiziere das zu schnelle Tempo des Vereinigungsprozesses (Süddeutsche Zeitung vom 1.6.1990), und noch Mitte Juni 1990 nannte DDR-Abrüstungs- und Verteidigungsminister Eppelmann den 1. September 1992 als wünschenswertes Datum für die Vereinigung der beiden deutschen Staaten (Süddeutsche Zeitung vom 17.6.1990).

Mißtrauen entgegengebracht wird, erklärt sich möglicherweise daraus, daß die Justiz im Sommer 1990 noch nicht in die öffentlichen Diskussion geraten war. Zudem war sie den Schülern immer als eine "gerechtere" Alternative im Vergleich zur sogenannten westdeutschen Klassenjustiz propagiert worden. Einleuchtend erscheinen schließlich die Vertrauenshaltungen der DDR-Jugendlichen gegenüber Schule und Kirche. Die Schule findet bei ihnen nur halb soviel Vertrauen, aber doppelt soviel Mißtrauen wie in der BRD. Hier spiegelt sich vermutlich wider, daß gerade die Schule als konkretester Erfahrungsbereich unserer Befragten sowohl in Lehrplaninhalten wie im Verhalten der Lehrer sehr unmittelbar auf die Wende reagieren mußte und damit ihren Schülern den schnellen Verfall institutioneller Autorität und Legitimität vor Augen führte. Hinzukommen mag, daß in diesem negativen Vertrauensvotum gegenüber der Schule ein Teil der Kritik nachgeholt wird, die bis zur Wende nicht geäußert werden konnte, bzw. daß positive Erfahrungen mit dem veränderten Schulalltag sich noch nicht in der globalen Einschätzung der Schule niedergeschlagen haben. Eine solche Annahme wird durch die Ergebnisse der Schülerstudie von Behnken u.a. gestützt.[95] Danach war das Vertrauen in das DDR-Bildungssystem im Sommer 1990 eher gebrochen, auch wenn von einem beträchtlichen Teil der Schüler gleichzeitig konstatiert wurde, daß sich das Schulleben nach der Wende positiv entwickelt habe, daß ihnen das Lernen gefiele und daß sie sich in ihrer Schulklasse wohlfühlten.

Daß die Kirchen bei den ostdeutschen Schülern kein höheres Vertrauen genießen als bei den westdeutschen, mag überraschen angesichts der Bedeutung, die die DDR-Kirche vor und in der Wende besessen hat; es sei denn, diese Bedeutung hat sich der Erfahrung der ostdeutschen Jugendlichen dieser Altersstufe nicht so deutlich erschlossen wie westdeutschen Beobachtern, so daß die antikirchliche oder zumindest kirchenferne DDR-Erziehung die Vertrauensvoten hier stärker beeinflußte. Für diese Interpretation spricht der Tat-

---

95 Vgl. Behnken u.a., 1991: insbesondere 74f. und 122f. Auf die zunehmend kritischen Entwick-
    lungen des DDR-Schulsystems in den 80er Jahren weisen verschiedene DDR-Autoren hin.
    So konstatiert beispielsweise Hoffmann die zunehmende Diskrepanz zwischen der zentralen
    Rolle der Schule bei der Verteilung beruflicher Chancen und der gleichzeitigen Realitätsferne
    gesellschaftlicher Orientierungsmuster, die sie an die Schüler vermittelte (vgl. Hoffmann,
    1991: 48f.; ähnlich auch Lange, 1990: 545f. sowie 1991: 188).

bestand, daß immerhin jeder fünfte DDR-Schüler - gegenüber nur jedem zehnten westdeutschen - sich nicht in der Lage sah, ein Urteil zu den Kirchen abzugeben. In den Vertrauenswerten der DDR-Schüler schlägt sich somit auch die Distanz nieder, die sie zu Religion und verfaßter Kirche haben.[96]

Die geschlechtsspezifischen Verteilungen der Vertrauens- und der Nicht-Vertrauensvoten lieferten zunächst keine klaren Anhaltspunkte für systematische Unterschiede im Vertrauen von Mädchen und Jungen. Die oberen und unteren Rangplätze, die sich aufgrund der Vertrauens- bzw. Nicht-Vertrauenswerte für die einzelnen Institutionen ergeben, sind zwischen Schülerinnen und Schülern in beiden Teilen Deutschlands weitgehend identisch (vgl. Tabelle A20 im Anhang). Für die BRD ist diese Übereinstimmung dabei noch größer als für die DDR. Hingegen unterscheiden sich Schüler und Schülerinnen in systematischer Weise im Hinblick auf die Struktur ihres Antwortverhaltens. Wie die Antwortverteilungen zeigen, liegen die Anteile der Schülerinnen sowohl bei der Vertrauens- wie auch bei der Mißtrauenskategorie fast durchweg unter denen ihrer männlichen Mitschüler; bei der Antwortvorgabe "mittleres Vertrauen" liegen sie dagegen tendenziell etwas darüber. Dies gilt sowohl für die westdeutschen als auch für die ostdeutschen Schülerinnen. Zudem griffen beträchtlich größere Anteile der Mädchen auf die Antwortvorgabe "Kann ich nicht beurteilen" zurück (vgl. Tabelle A21 im Anhang); der Zusammenhang zwischen dem Geschlecht und der Wahl dieser Vorgabe beträgt für die BRD .26 und für die DDR .25 (Cramer's V).[97]

---

96 Lange (1990) stellt anhand von Längsschnittuntersuchungen fest, daß sich ein großer Teil Jugendlicher in der DDR zum Ende der 80er Jahre in einer weltanschaulich-politischen Orientierungs- und Sinnkrise befand, die zu einer verstärkten Akzeptanz religiöser Werte und kirchlicher Veranstaltungen insbesondere bei vormals nicht-religiösen Jugendlichen führte. Dies betrifft allerdings wohl weniger die von uns befragte Altersgruppe. Sie ist zu einem großen Anteil nicht religiös, konfessionslos und gemeindefern. Gerade wegen des engen statistischen Zusammenhangs zwischen der Vertrauenshaltung gegenüber den Kirchen in der DDR einerseits und der religiösen Orientierung, der Konfessionszugehörigkeit sowie der Teilnahme am Gemeindegeschehen andererseits (die Zusammenhangsmaße für die drei genannten Fragen sind r=.57, Cramer's V=.29, r=.40) prägt diese Gruppe von Schülern das oben beschriebene Votum des Vertrauens und Mißtrauens gegenüber der Kirche.

97 Um den Zusammenhang zwischen der Neigung, kein Vertrauensurteil abzugeben, und dem Politikinteresse sowie dem Geschlecht zu überprüfen, wurden die Antworten unter der Vorgabe "Kann ich nicht beurteilen" gruppiert - einmal in die Gruppe derjenigen, die bei keiner

Die Neigung, das eigene Verhältnis zu den öffentlichen Institutionen nicht zu definieren, korrespondiert in der BRD, nicht jedoch in der DDR, mit einem generellen Desinteresse an Politik (BRD: r=.25; DDR: r=.08). Da das Interesse an Politik andererseits aber nur einen schwachen Zusammenhang mit dem Geschlecht aufweist,[98] spricht dies nicht dafür, daß die geringere Neigung der Mädchen zu dezidierten Urteilen auf deren geringeres politisches Interesse zurückzuführen ist (vgl. Abschnitt 3.1). Dieses Antwortverhalten zeigt vielmehr, daß hier eine an die Geschlechtsrolle gebundene Haltung offensichtlich wirksamer ist als die Unterschiede der beiden politischen Systeme. Es weist darauf hin, daß Mädchen es sich seltener abverlangen, immer eine dezidierte Meinung zu haben, bzw. daß sie sich davor scheuen, eine solche öffentlich zu äußern; dies scheint eher zu den männlichen Selbstansprüchen zu gehören.

Unser Interesse galt schließlich noch der Frage, ob das Institutionenvertrauen auch mit anderen erhobenen Merkmalen zusammenhängt. Wir wollten wissen, wie das Profil politischer Einstellungen derjenigen Schüler, die den Institutionen eher vertrauensvoll begegnen, sich unterscheidet von dem der Schüler mit weniger Vertrauen in Institutionen. Zu diesem Zweck wurde ein Vertrauensindex konstruiert. Bei der Bildung dieses Index wurden nicht alle im Fragebogen vorgegebenen Institutionen berücksichtigt, da sich statistisch einigermaßen befriedigende Zusammenhänge mit anderen politischen Einstellungen nur für die staatlichen Institutionen ergaben: Hierzu zählen das Schulwesen, die Gerichte, die Polizei, der Bundestag (Volkskammer), die (Bundes-) Regierung und die Bundeswehr (NVA).[99] Der Index "Institutionenvertrauen" wurde daher aus den Vertrauenswerten für diese sechs staatlichen Institutionen gebildet, die in beiden Teilen Deutschlands existierten.

Um eine prägnante Trennung zwischen den verschiedenen Ausprägungen des Index zu erreichen, wurde als Kriterium für die Zugehörigkeit zur Gruppe

---

Institution diese Antwortvorgabe wählten, zum anderen in die Gruppe derjenigen, die sie ein- bis viermal wählten, und schließlich in die Gruppe derjenigen, die bei vier und mehr Institutionen mit "Kann ich nicht beurteilen" antworteten.

98 Cramer's V beträgt für die BRD .18, für die DDR .16.

99 Das Bundesverfassungsgericht konnte hierbei nicht berücksichtigt werden, da es in der DDR keine vergleichbare Institution gab.

der Vertrauensvollen festgelegt, daß sie bei mindestens drei der sechs Institutionen die Antwortvorgaben "sehr großes Vertrauen" oder "großes Vertrauen",
und bei keiner dieser Institutionen die Antwortvorgaben "wenig Vertrauen"
oder "überhaupt kein Vertrauen" gewählt hatten. Im folgenden sprechen wir
bei dieser Gruppe kurz von den "Loyalen". Als Nicht-Vertrauensvolle bzw.
"Illoyale" wurden entsprechend diejenigen definiert, die mindestens der Hälfte
der Institutionen Mißtrauen und keiner der Institutionen Vertrauen entgegenbrachten. Alle anderen Schüler wurden der Restgruppe der "Moderaten" zuge-
schlagen.

Die Verteilung der Befragten auf dem Vertrauensindex bestätigt im Hinblick auf die staatlichen Institutionen die schon für die Gesamtheit der Institutionen erkennbaren Ergebnisse (vgl. Schaubild 17). So wird deutlich, daß
bei den BRD-Schülern die Gruppe der Loyalen doppelt so groß ist wie die der
Illoyalen. Genau umgekehrt ist das Verhältnis von Loyalen zu Illoyalen bei
den DDR-Schülern. Aufgrund der relativ strengen Kriterien des Index ist das
Zahlenverhältnis von Loyalen und Illoyalen einerseits und den Moderaten
andererseits ein Drittel zu zwei Dritteln - und zwar fast gleich bei den Befragten beider Teile Deutschlands.

Statistische Zusammenhänge zwischen dem Vertrauensindex und anderen
Variablen stellten sich für folgende Merkmale heraus: Demokratiezufriedenheit, Politikverständnis, Links-Rechts-Skala, National- und Territorialbewußt-
sein, Einstellung zur Vereinigung Deutschlands sowie Zukunftsoptimismus.[100] Die Zusammenhänge bewegen sich in der Mehrzahl zwischen r=.20
und r=.30. Für die DDR-Population sind sie - verglichen mit der BRD - in
fast allen Fällen niedriger, so daß hier kaum noch Zusammenhänge unterstellt

---

100   Zum Zukunftsoptimismus wurde in ähnlicher Weise wie beim Institutionenvertrauen ein
       Index aus den ersten fünf Items der Frage nach den Lebenszuversichten (vgl. Kapitel 2)
       gebildet: es wurden nur die Items einbezogen, die sich auf die Zukunftsicht von berufli-
       chen und gesellschaftspolitischen Entwicklungen beziehen, nicht aber die zu den persön-
       lichen Aspekten von Partnerschaft und Freundschaftsbeziehungen. Als zukunftsoptimi-
       stisch wurden auf dem Index diejenigen Schüler erfaßt, die bei mindestens zwei Items
       mit "sehr zuversichtlich" oder "zuversichtlich" antworteten und keinmal mit "düster" oder
       "sehr düster". Die Zukunftspessimisten wurden mit analogen Kriterien erfaßt. Auch
       dieser Index trennt also - ebenso wie der Index "Institutionenvertrauen" - durch seine
       Kriterien sehr scharf die zuversichtlichen und die verzagten Schüler von der größeren
       Gruppe der weniger dezidierten.

werden können. Soweit allerdings Zusammenhänge bestehen, auch wenn diese
nur schwach sind, lassen diese durchaus plausible Muster erkennen.

<u>Schaubild 17</u>: **Institutionenvertrauen - Vertrauensindex nach Land**
(Frage 12)

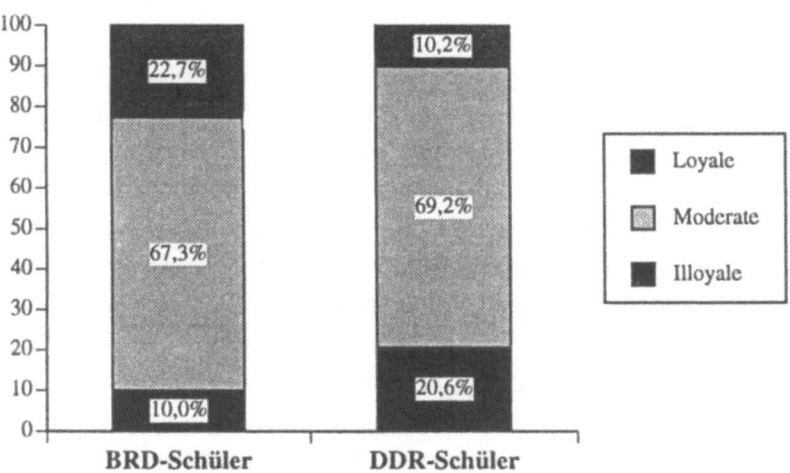

Die Loyalen, also die den staatlichen Institutionen gegenüber besonders
vertrauensvollen Schüler der BRD, sind zufrieden mit der hiesigen Demokratie; für sie haben sich Politiker und Politik nicht diskreditiert; auf dem politischen Links-Rechts-Kontinuum ordnen sie sich mehrheitlich der Mitte zu; sie
sind deutlich nationalstolz, fühlen sich mit der BRD sowie mit Gesamtdeutschland verbunden, sie leben gerne in der BRD und sprechen sich für die
deutsche Vereinigung aus; ihre Zukunftssicht, was Schule, Beruf, gesellschaftliche Entwicklung sowie Umwelt und Frieden insgesamt angeht, ist eher
optimistisch.

Die Gruppe der Illoyalen unter den westdeutschen Schülern verhält sich
bezüglich dieser Einstellungsmerkmale in der Tendenz spiegelbildlich. Sie ist
in deutlich höherem Maße - nämlich zu 48% gegenüber 10% bei den Loyalen - nicht zufrieden mit der Demokratie in der BRD; zu ihrem Politik-

verständnis gehören in wiederum deutlich stärkerem Maße die Vorstellungen, daß Politik ein schmutziges Geschäft sei, von wenigen Mächtigen aus dem Hintergrund betrieben werde, und daß Politiker sich sowieso nicht um ihre Ansichten kümmerten; auf dem Links-Rechts-Kontinuum ist diese Gruppe zu über der Hälfte im linken Bereich zu finden; in ihrer Zukunftssicht neigt sie mit höheren Anteilen zu einer pessimistischen Einschätzung und so fort.

Mit Blick auf die DDR-Befragten existieren, wie gesagt, nur ganz wenige Merkmale, deren Zusammenhang mit dem Vertrauensindex eine Interpretation zuläßt. Es sind dies die Zukunftssicht (r=.17), die Zufriedenheit mit der Demokratie im eigenen Teil Deutschlands (r=.26) sowie die Überzeugung, daß es die Politiker nicht kümmert, was einfache Bürger denken (r=.16). Auch hier verhalten sich - wie in der BRD - die Verteilungen zwischen Loyalen und Illoyalen in der Tendenz spiegelbildlich zueinander. Die Charakterisierung, die über diese wenigen Zusammenhänge für die Gruppe der Loyalen möglich ist, könnte etwa so aussehen: Die Loyalen sind grundsätzlich zuversichtlicher. Anders herum könnte man auch sagen: Schüler, die zuversichtlich sind, haben auch Vertrauen in Institutionen. Solche Schüler sind deshalb auch zufriedener mit dem bis Sommer 1990 erreichten Stand an Demokratiezugewinn, und sie sind überzeugt davon, daß Politiker sich nicht über die Vorstellungen, die sie - die Befragten bzw. die Bürger generell - haben, hinwegsetzen können. Vielleicht betrachten sie sogar gerade die Wende in der DDR als historischen Beleg hierfür.

Die Gruppe der Illoyalen ist schwieriger zu verstehen. Sie scheinen grundsätzlich Institutionen und Politikern - und dabei möglicherweise auch den neuen - Mißtrauen entgegenzubringen und sind demgemäß unzufrieden und verzagt, was Stand und Zukunft des politischen und gesellschaftlichen Systems betrifft.

Trotz oder gerade wegen der relativen Ähnlichkeit, die die Gruppe der Loyalen (bzw. der Illoyalen) in BRD und DDR charakterisiert, bleibt erklärungsbedürftig, weshalb der Vertrauensindex für die ostdeutschen Schüler einen so schwachen Zusammenhang mit anderen Merkmalen aufweist, ihr Profil politischer Einstellungen also vergleichsweise undeutlicher beläßt. Unsere Vermutung ist, daß dies etwas zu tun hat mit dem Verlust der alten politischen Ordnung in der DDR, in dessen Folge auch die politischen Ordnungsvorstellungen in den Köpfen der Schüler verloren gegangen sind, ohne daß bislang Ansätze neuer politischer Verständnis- und Einstellungsmuster entwickelt werden konnten. Ob dieses bei Teilen der DDR-Schüler erkennbare Defizit gesellschaftlich destabilisierende Effekte entfalten wird, ist sicher auch davon abhängig, ob sich im Verlauf des weiteren Einigungsprozesses "die Balance zwischen Hoffnung auf Besserung und Krisentoleranz" bei der ostdeutschen Bevölkerung erhält (vgl. Feist, 1991: 28).

8. Nationalistische und rechtsextremistische Orientierungen

Wilfried Schubarth und Ursula Hoffmann-Lange

Angesichts zunehmender rechtsextremistischer, insbesondere ausländerfeindlicher Tendenzen in Deutschland wird im In- und Ausland mitunter besorgt die Frage gestellt, ob durch diese Entwicklung die Demokratie in Deutschland gefährdet werden könnte. "In der vereinten Republik", schreibt z.b. Die Zeit,"droht der demokratische GAU."[101] Besonders seit den Ereignissen in Hoyerswerda wird in der Öffentlichkeit viel über das Ausmaß des Rechtsextremismus spekuliert. Dabei wird häufig die Vermutung geäußert, die Anfälligkeit für Rechtsextremismus in den neuen Bundesländern sei wesentlich größer als in der alten Bundesrepublik und die Verbreitung rechtsextremer Tendenzen erstrecke sich auf große Teile der ostdeutschen Bevölkerung.

Das rechtsextreme Syndrom besteht aus mehreren Komponenten: zum einen aus der Befürwortung autoritärer Ordnungsvorstellungen und einer Geringschätzung liberaler Freiheitsrechte, zum anderen aus einem übersteigerten Nationalismus, der mit dem Glauben an die Überlegenheit der eigenen Nation und Ausländerfeindlichkeit einhergeht. Zu diesen beiden Komponenten kann noch die Akzeptanz von und Bereitschaft zu Gewalt als Mittel der Konfliktlösung kommen (vgl. dazu auch Heitmeyer, 1987).

Im Rahmen unserer Studie waren einige Fragen enthalten, die Aufschluß über die Verbreitung rechter Einstellungen bei den Jugendlichen in West- und Ostdeutschland geben. Diese decken allerdings nicht alle Aspekte des rechtsextremen Einstellungssyndroms ab. Sie beziehen sich in erster Linie auf Nationalismus und Ausländerfeindlichkeit. Daneben wurden jedoch auch die Einstellungen der Schüler zum Nationalsozialismus und ihre Affinität zu rechten Gruppen (Skins bzw. Reps/Faschos)[102] gemessen. Dabei gingen wir von der Annahme aus, daß unter ostdeutschen Jugendlichen aufgrund ihrer Sozialisation in einem autoritären Staat und ihrer Verunsicherung durch die aktuelle

---

101   Die Zeit, 42/1991: 17.
102   Diese Jugendgruppen wurden vor allem deshalb einbezogen, da bei ihnen eine besonders starke Ausprägung des rechtsextremen Einstellungssyndroms erwartet werden konnte.

114

Umbruchssituation autoritäre und nationalistische Tendenzen stärker verbreitet sind.

Verschiedene gesamtdeutsche Untersuchungen haben ergeben, daß die Befürwortung autoritärer Werte in den neuen Bundesländern tatsächlich höher ist als in den alten. Eine neuere Eurobarometer-Umfrage der Europäischen Gemeinschaft vom Dezember 1990 (Nr. 34) zeigt beispielsweise, daß 51 Prozent der westdeutschen, aber nur 40 Prozent der ostdeutschen Befragten Toleranz für ein wichtiges Ziel halten, das man bei Kindern fördern sollte. Ebenso hielten 23 Prozent der West-, aber nur elf Prozent der Ostdeutschen Unabhängigkeit für ein wichtiges Erziehungsziel. Auch in unserer Studie ist der Anteil derjenigen Schüler, die möglichst nicht aus der Reihe tanzen bzw. stets die Anforderungen von außen erfüllen wollen, im Osten deutlich höher als im Westen (vgl. Kapitel 2). Umgekehrt legten in der Eurobarometer-Umfrage die ostdeutschen Befragten mehr Wert auf gute Manieren und Höflichkeit, also auf eher traditionelle Sekundärtugenden.

Eine Vergleichsuntersuchung zur politischen Kultur in Ost- und Westberlin konstatierte ein "deutlich höheres Ausmaß an Entfremdung, Autoritarismus und Ethnozentrismus" bei Ostdeutschen (vgl. Fuchs u.a., 1991). Gerda Lederer verweist auf der Basis ihrer Untersuchungen zum Autoritarismus unter ost- und westdeutschen Jugendlichen ebenfalls auf signifikante Unterschiede, aber auch auf "verblüffend ähnliche Einstellungen" (1991: 595).[103] Schließlich konstatiert auch die dem deutsch-polnischen Jugendreport zugrundeliegende Studie (Befragungszeitraum: Ende 1990) Ost-West-Unterschiede hinsichtlich allgemeiner Autoritarismuseinstellungen, "wobei allerdings die Differenzen zwischen den Jugendlichen in Ost- und Westdeutschland geringer sind, als zu erwarten war" (Melzer u.a., 1991: 126).

Auch unsere Studie bestätigt die größere Anfälligkeit ostdeutscher Jugendlicher für Nationalismus und Ausländerfeindlichkeit. Ferner ist auch der Ruf

---

103 Einerseits werden deutliche Unterschiede bei Einzelitems konstatiert, so z.B. bei der Aussage "Zu den wichtigsten Eigenschaften, die jemand haben kann, gehört disziplinierter Gehorsam der Autorität gegenüber". Dieses Item wurde von 66.3% der westdeutschen, aber nur von 38.7% der ostdeutschen Jugendlichen abgelehnt. Andererseits wird jedoch auch festgestellt, daß die Mittelwerte für die Skala zur autoritären Familienstruktur in Ost- und Westdeutschland - entgegen den Erwartungen - nur geringe Unterschiede aufweisen.

nach einem Führer mit starker Hand bei ihnen stärker verbreitet, was auf einen etwas ausgeprägteren Autoritarismus hindeutet. Gerade der letzte Punkt muß jedoch angesichts der starken Befürwortung grundlegender liberal-demokratischer Prinzipien auch durch die ostdeutschen Schüler relativiert werden. Außerdem fanden sich in unserer Untersuchung keine Hinweise auf eine Verbreitung rechtsextremistischer Auffassungen im engeren Sinne, die sich beispielsweise in einer Befürwortung des Nationalsozialismus oder einer verbreiteten Unterstützung rechter Gruppen niederschlagen müßten. Nur eine Minderheit in beiden Schülergruppen befürwortete Nationalsozialismus und Führerstaat oder bezeichnete sich als Anhänger von Skins bzw. Reps/Faschos. Zudem lassen sich im Ost-West-Vergleich nur geringfügige Differenzen in der Einstellung gegenüber dem Nationalsozialismus und der Person Hitlers feststellen. Die wichtigsten Ergebnisse hierzu sind in Tabelle 15 zusammengefaßt.

Auffallend ist dagegen die bei ostdeutschen Schülern deutlich größere Intoleranz gegenüber Ausländern. Gut 40 Prozent der ostdeutschen, aber lediglich 30 Prozent der westdeutschen Schüler empfinden Ausländer als "störend". Die Differenz von rund 10 Prozentpunkten wird auch durch andere Untersuchungen bestätigt. In der Untersuchung zum deutsch-polnischen Jugendreport stimmten der gleichen Aussage 50 Prozent der ostdeutschen und 40 Prozent der westdeutschen Jugendlichen zu. Auch bei der Aussage "Es wäre am besten, wenn alle Ausländer Deutschland verlassen würden" lag der Anteil der zustimmenden Antworten bei ostdeutschen Jugendlichen mit 40 Prozent gegenüber 29 Prozent um rund 10 Prozent höher (vgl. Melzer u.a., 1991: 126ff.).

Zur detaillierteren Analyse rechter Orientierungen und ihrer Zusammenhänge mit anderen Variablen wurde ein Index "Rechtsorientierung" gebildet. In diesen Index gingen die in Tabelle 15 enthaltenen Items mit Ausnahme des Nationalstolzes ein. Hierfür wurden die Skalenwerte der Einzelitems addiert. Der Index hat einen Wertebereich von 5 bis 25, wobei Werte eine Befürwortung, hohe Werte jedoch eine Ablehnung rechter Aussagen indizieren. Die in Tabelle 16 enthaltenen hohen Korrelationskoeffizienten zwischen den in den Index einbezogenen Items rechtfertigen dieses Vorgehen. Ferner bestätigen die Korrelationen sowohl der Einzelitems (vgl. Tabelle 16) als auch des Index ($r=-.61$) mit der Selbsteinstufung auf der Links-Rechts-Skala, daß hier ganz

Tabelle 15:

Nationalistische Einstellungen und Bewertung des Nationalsozialismus

(Fragen 15, 22 und 23)

	% Zustimmung	
	BRD	DDR
Frage 15 B. Ich bin stolz, Deutscher zu sein.	47.9	63.9
Frage 15 D. Mich stören die vielen Ausländer bei uns in der BRD bzw. DDR.	30.1	41.6
Frage 15 C. Die Deutschen waren schon immer die Größten in der Geschichte.	15.6	24.0
Frage 20 B. Der Nationalsozialismus/deutsche Faschismus war im Grunde eine gute Sache, die nur schlecht ausgeführt wurde.	13.1	10.9
Frage 20 C. Wir sollten wieder einen Führer haben, der Deutschland zum Wohle aller mit starker Hand regiert.	7.1	15.8
Frage 22 C. Für Hitler empfinde ich (große) Bewunderung.	7.6	10.1

offensichtlich zentrale Bestandteile einer rechten Orientierung gemessen wurden.

Die angeführten Korrelationen veranschaulichen, daß zum rechtsextremen Syndrom sowohl nationalistische, ausländerfeindliche und autoritäre als auch die NS-Zeit relativierende und Hitler-freundliche Orientierungen gehören. Dagegen besteht zwischen Ausländerfeindlichkeit und Angst vor Ausländerfeindlichkeit erwartungsgemäß ein negativer Zusammenhang. Ähnliches gilt für den Zusammenhang zwischen der Auffassung von der NS-Zeit als guter Idee und der Angst vor einer möglichen Wiederkehr dieser Zeit. Die Intensität der Zusammenhänge, die sich in den Korrelationskoeffizienten manifestiert, ist bei ost- und westdeutschen Schülern annähernd gleich.

Die Bildung des Index "Rechtsorientierung" erbrachte auch Aufschluß über die Verteilung rechter Orientierungen bei ost- und westdeutschen Schülern.

Tabelle 16:

Nationalismus, Ausländerfeindlichkeit und Befürwortung des Nationalsozialismus

Produkt-Moment-Korrelationen (Pearsons r)

	Nationa-lismus[1]	Auslän-derfeind-lichkeit	NS gute Idee[2]	Führerprin-zip[3]	Bewunde-rung für Hitler
Ausländerfeindlichkeit	.51	--	--	--	--
NS gute Idee	.49	.37	--	--	--
Führerprinzip	.45	.39	.53	--	--
Bewunderung für Hitler	.48	.42	.55	.51	--
Index "Rechtsorientierung"	.79	.74	.76	.76	.77
Links-Rechts-Skala	-.48	-.51	-.45	-.42	-.49

[1] Item: "Die Deutschen waren schon immer die Größten in der Geschichte"
[2] Item: "Der Nationalsozialismus war im Grunde eine gute Idee, die nur schlecht ausgeführt wurde."
[3] Item: "Wir sollten wieder einen Führer haben, der Deutschland zum Wohle aller mit starker Hand regiert."

Wie Schaubild 18 zeigt, ist der Anteil der Schüler, die extrem rechte Orientierungen vertreten, in Ostdeutschland nur wenig größer. Dagegen unterscheidet sich der Anteil derer, bei denen rechte Orientierungen nur wenig ausgeprägt sind, doch erheblich. Dieser ist bei den westdeutschen Schülern etwa doppelt so hoch. Ost- und westdeutsche Schüler unterscheiden sich demnach nicht so sehr hinsichtlich der Ausprägung extrem rechter Orientierungen, als vielmehr im Anteil derer, die solche Auffassungen ablehnen. Dies deutet darauf hin, daß Toleranz als demokratischer Grundwert und die Immunität gegenüber nationalistischen und fremdenfeindlichen Ideologien bei westdeutschen Jugendlichen stärker ausgeprägt sind.

Ausprägung rechter Orientierungen (Punktsummenindex)

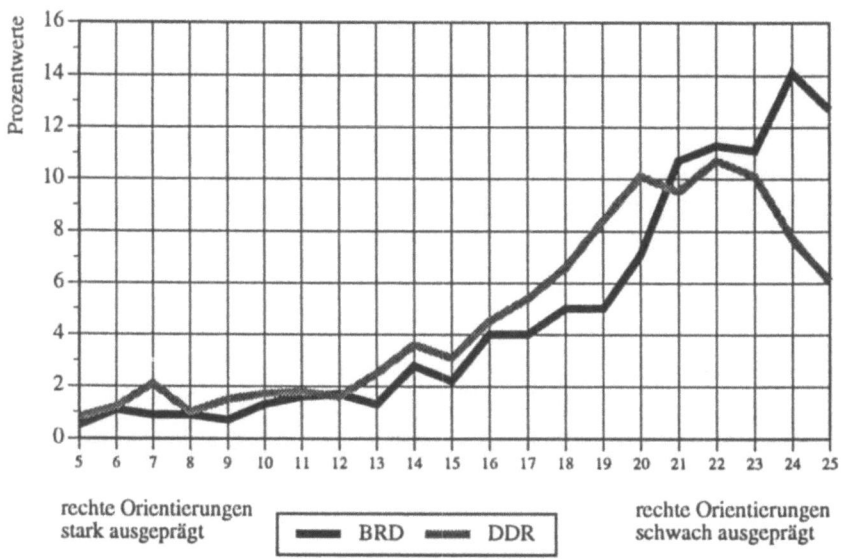

rechte Orientierungen
stark ausgeprägt

BRD ▬▬ DDR

rechte Orientierungen
schwach ausgeprägt

Wie aus anderen Studien hervorgeht, hängt die Verbreitung nationalistischer und fremdenfeindlicher Orientierungen stark vom Geschlecht, dem
politischen Standort und dem Bildungsgrad ab. Entsprechende Ergebnisse sind
in der Literatur vielfach belegt (vgl. Möller, 1991; Holzkamp/Rommelspacher,
1991). Auch unsere Untersuchung bestätigt, daß nationalistische und ausländerfeindliche Einstellungen vor allem eine Domäne der männlichen, der
rechtsorientierten (nach ihrer Selbsteinstufung auf der Links-Rechts-Skala) und
der formal weniger gebildeten Jugendlichen sind. Das heißt allerdings nicht,
daß sich solche Orientierungen nicht auch unter Mädchen, unter den linksorientierten und unter formal höher gebildeten Jugendlichen nachweisen lassen. Sie sind bei diesen jedoch deutlich schwächer ausgeprägt. Tabelle 17 veranschaulicht dies an den Ergebnissen für zwei der fünf rechten Items.

Dabei zeigt sich, daß Ausländerfeindlichkeit selbst unter den linken DDR-
Schülern mit 17.6% noch relativ stark verbreitet ist. Sie steigt in der DDR
bereits für solche Jugendliche überproportional an, die sich in der Mitte der

Links-Rechts-Skala einstufen, in der BRD hingegen erst für diejenigen, die sich eindeutig rechts einordnen. Das nationalistische Item "Die Deutschen waren schon immer die Größten in der Geschichte" wird dagegen in beiden Teilen Deutschlands lediglich von denjenigen Befragten mehrheitlich befürwortet, die sich eindeutig als rechtsstehend verorten.

Tabelle 17:
Rechte Orientierungen in Abhängigkeit von Geschlecht und politischem Standort

	Frage 15 C. % Zustimmung Die Deutschen waren schon immer die Größten in der Geschichte		Frage 15 D. % Zustimmung Mich stören die vielen Ausländer bei uns in der ...	
	BRD	DDR	BRD	DDR
1. Geschlecht				
männlich	21.6	34.3	37.6	48.0
weiblich	9.8	13.8	23.1	34.8
2. politischer Standort				
links	6.5	11.0	8.4	17.6
eher links	5.2	5.4	13.2	21.0
Mitte	11.5	25.4	28.3	42.9
eher rechts	24.1	58.1	54.9	86.1
rechts	63.0	66.6	82.6	80.5

Erwartungsgemäß hat in der Bundesrepublik auch das formale Bildungsniveau beträchtlichen Einfluß auf die Herausbildung rechter Orientierungen. So stimmten der Aussage "Mich stören die vielen Ausländer bei uns in der BRD" 52.5% der westdeutschen Hauptschüler, 34.8% der Realschüler und 16.2% der Gymnasiasten zu. Bei der Aussage "Die Deutschen waren schon immer die Größten in der Geschichte" betrugen die entsprechenden Anteilswerte 33.5% zu 18.9% zu 4.7%. Der Einfluß des Bildungsniveaus ist in gleicher Weise unter ostdeutschen Jugendlichen nachweisbar, wie aus entsprechenden Untersuchungen hervorgeht. So stimmten bei einer ZIJ-Untersuchung von Ende 1990 46% der Lehrlinge der Forderung "Ausländer raus!" zu, jedoch nur 12% der gleichaltrigen Abiturienten (vgl. Friedrich/Schubarth, 1991: 1054, 1061).

Unsere bisherigen Analyseergebnisse bezogen sich im wesentlichen auf die Verbreitung extrem rechter Orientierungsmuster. Von besonderem Interesse ist in diesem Zusammenhang aber auch die Frage, welche Affinität ost- und westdeutsche Jugendliche zu rechten Jugendgruppen und politischen Organisationen wie beispielsweise den Skins, Reps oder Faschos aufweisen.

Wie unsere Schülerstudie ergab, ist der Anteil der Jugendlichen, die sich zu den Skins, Reps oder Faschos zählen bzw. mit ihnen sympathisieren, unter ost- und westdeutschen Schülern in etwa gleich groß. 2.7% der westdeutschen Großstadtschüler rechnen sich zu den Skins, weitere 5.1% sympathisieren mit ihnen; für ostdeutsche Großstadtschüler betragen die Werte 1.2% und 5.2%. Das Sympathiepotential für Skins liegt somit bei Großstadtschülern in Ost und West bei sechs bis acht Prozent.

Für Reps und Faschos ist dieses Potential ähnlich und beträgt zusammen sieben bis zehn Prozent. 3.2% der westdeutschen Großstadtschüler rechnen sich zu ihnen, weitere 6.5% verstehen sich als Sympathisanten. Die entsprechenden Werte für ostdeutsche Schüler liegen etwas niedriger: 2.0% bzw. 5.3%. Diese Ergebnisse stehen im Einklang mit denen anderer Untersuchungen (vgl. Behnken u.a., 1991: 154; Friedrich u.a., 1991: 70).[104]

Diejenigen, die sich zu den Skins, Reps und Faschos zählen, sind fast ausnahmslos Jungen. Bei den Sympathisanten ist der Anteil der Jungen im Vergleich zu Mädchen zwei bis dreimal so groß. Damit ergibt sich insgesamt für männliche Großstadtschüler in Ost- und Westdeutschland ein Anteil von

---

104 Wenn man diejenigen, die sich als Mitglieder bzw. Sympathisanten sowohl der Skins als auch der Reps bzw. Faschos ansehen, nur einmal erfaßt, so ergibt sich, daß 5.3% der männlichen und 0.8% der weiblichen Schüler in Westdeutschland sich zu den genannten rechten Jugendgruppen rechnen. In Ostdeutschland betragen die Werte 4.8% und 0.8%. Darüberhinaus symphatisieren 10.8% der männlichen und 4.8% der weiblichen Schüler in Westdeutschland und 11.6% bzw. 3.8% in Ostdeutschland mit diesen Gruppen.

rund 15 Prozent an Rep- bzw. Skin-Anhängern. Bei weiblichen Schülern beträgt der entsprechende Anteil nur etwa fünf Prozent.

Auch das Einstellungsprofil dieser Jugendlichen stimmt in Ost und West weitgehend überein. Sie fühlen sich überwiegend dem rechten politischen Spektrum zugehörig und sind mehrheitlich stark nationalistisch sowie ausländerfeindlich eingestellt. Daneben ist für sie eine verharmlosende Sicht des Nationalsozialismus und auch eine überdurchschnittliche Sympathie für Adolf Hitler kennzeichnend. In ihren gesellschaftlichen Wertvorstellungen vertreten sie stärker eine Ideologie der Ungleichheit, d.h. sie akzeptieren demokratische Werte wie Gleichberechtigung der Frau, Minderheitenschutz, Gleichheit vor dem Gesetz u.a. deutlich weniger. Darüber hinaus werden von ihnen hedonistische Werte tendenziell stärker, altruistische dagegen eher unterdurchschnittlich verfolgt. Der Korrelationskoeffizient zwischen dem Hedonismus-Index und rechten Orientierungen beträgt bei männlichen westdeutschen Schülern $r=.21$, bei weiblichen $r=.16$. Dagegen ist der Korrelationskoeffizient zwischen der altruistischen Wertorientierung "für andere Menschen dazusein, auch wenn ich selbst auf vieles verzichten muß" und den rechten Orientierungen bei männlichen westdeutschen Schülern $r=-.14$, bei weiblichen $r=.01$. Die gleichen Zusammenhänge gelten für ostdeutsche Schüler (vgl. auch Kapitel 2).

Unsere Analysen lassen auch auf gleiche bzw. ähnliche Ursachenfelder für eine solche Affinität zu den genannten rechtsextremen Gruppierungen schließen. So sind bei den betreffenden Jugendlichen Erscheinungen von Anomie und Autoritarismus stärker ausgeprägt. Das zeigt sich z.B. in den deutlich höheren Zustimmungsraten zu solchen Aussagen wie "Genau genommen gibt es nur wenige Menschen auf der Welt, denen man trauen kann" oder "Wir sollten wieder einen Führer haben, der Deutschland zum Wohle aller mit starker Hand regiert". Zugleich sind Rep- und Skin-Anhänger in größerem Maße über AIDS, Arbeitslosigkeit und Wohnungsnot beunruhigt, wobei sie daraus entsprechend ihren spezifischen Deutungsmustern und Bewältigungsstrategien Argumente gegen Andersartige und Andersdenkende beziehen.

Wie kann man nun die auch durch unsere Studie bestätigte stärkere Verbreitung nationalistischer und ausländerfeindlicher Orientierungen unter den ostdeutschen Jugendlichen erklären? Hierzu werden in der Öffentlichkeit und

Tabelle 18:

Verbundenheit mit dem eigenen Teil Deutschlands, Nationalstolz, Verbundenheit mit Deutschland und Einstellung zur Wiedervereinigung

Produkt-Moment-Korrelationen (Pearsons r)

	Zufriedenheit mit dem Leben im eigenen Teil Deutschlands[1]	National-stolz	Verbundenheit mit dem eigenen Teil Deutschlands	Verbundenheit mit Deutschland	Einstellung zur Vereinigung Deutschlands
I. BRD					
1. Nationalstolz	.52	--	--	--	--
2. Verbundenheit mit dem eigenen Teil Deutschlands	.52	.53	--	--	--
3. Verbundenheit mit Deutschland	.51	.62	.75	--	--
4. Einstellung zur Wiedervereinigung	.24	.20	.31	.34	--
5. Links-Rechts-Skala	-.34	-.54	-.36	-.48	-.21
6. Zufriedenheit mit der Demokratie	.29	.11	.25	.17	.27
7. Index "Rechtsorientierung"	.32	.61	.35	.50	.09
II. DDR					
1. Nationalstolz	-.11	--	--	--	--
2. Verbundenheit mit dem eigenen Teil Deutschlands	.62	-.10	--	--	--

	Zufrieden-heit mit dem Leben im eigenen Teil Deutschlands[1]	National-stolz	Verbunden-heit mit dem eige-nen Teil Deutsch-lands	Verbunden-heit mit Deutschland	Einstellung zur Ver-einigung Deutsch-lands
3. Verbundenheit mit Deutschland	-.19	.58	-.14	--	--
4. Einstellung zur Wiedervereinigung	-.34	.38	-.40	.52	--
5. Links-Rechts-Skala	.35	-.45	.40	-.50	-.51
6. Zufriedenheit mit der Demokratie	.04	.06	-.03	.18	.26
7. Index "Rechtsorien-tierung"	-.26	.56	-.24	.51	.33

[1] Item: "Ich lebe gern in der Bundesrepublik (DDR)"

von sozialwissenschaftlichen Forschern mehrere mögliche Erklärungsfaktoren genannt.

Die höhere Anfälligkeit der ostdeutschen Jugendlichen für Nationalismus und Ausländerfeindlichkeit wird einmal mit dem geringen Ausländeranteil im Osten erklärt, der es mit sich bringt, daß die Bürger dort kaum persönliche Erfahrungen mit Ausländern am Arbeitsplatz und besonders in der Nachbarschaft haben. Diese Erklärung stützt sich darauf, daß die Toleranz gegenüber Ausländern in der alten Bundesrepublik zu Anfang ebenfalls viel geringer war als heute, so daß die Vermutung naheliegt, daß die Gewöhnung bzw. persönliche Erfahrung Toleranz fördert. Allerdings ist dabei zu berücksichtigen, daß der Wertewandel in der alten Bundesrepublik ganz generell zu einer Zunahme in der Befürwortung freiheitlicher Werte und Toleranz geführt hat, so daß möglicherweise dieser allgemeine Wertewandel mehr zu den heute positiveren Einstellungen gegenüber Ausländern beigetragen hat als die Erfahrung mit diesen.

Eine zweite Erklärung verweist auf die tiefe Verunsicherung der Bürger in den neuen Bundesländern, die aus dem politischen Umbruch und Zukunftsängsten, vor allem hinsichtlich des Arbeitsplatzes resultiert. Diese Erklärung geht davon aus, daß persönliche Verunsicherung dazu führt, daß Sündenböcke gesucht werden, und daß sie damit die Entwicklung von Vorurteilen gegenüber Fremdgruppen begünstigt. Gewöhnt an die Fürsorge eines paternalistischen und autoritären Staates, sahen sich die ostdeutschen Jugendlichen nun plötzlich einer Situation gegenüber, in der bisherige Lebensstrategien unbrauchbar geworden sind und individuelle Entwicklungschancen wie -risiken eng beieinander liegen. Dies wird von vielen als große psychosoziale Belastung und massive Bedrohung des Selbstwertgefühls empfunden. In einer solchen Krisen- und Extremsituation sind Menschen erfahrungsgemäß anfälliger für einfache Erklärungs- und Problemlösungsangebote, wie sie sich ihnen etwa mit der Parole "Ausländer raus!" bieten. In diesem Sinne sind nationalistische und fremdenfeindliche Denk- und Verhaltensweisen immer auch spezifische Reaktionen Jugendlicher auf konfliktträchtige Lebensumstände und somit ein Versuch, ihre Lebensprobleme zu bewältigen. Dabei ist zu berücksichtigen, daß Jugendliche auch eher als ältere Menschen geneigt sind, an spektakulären Aktionen teilzunehmen (vgl. Dalton, 1988: 68ff.)

Wiederholungsuntersuchungen des Zentralinstituts für Jugendforschung Leipzig (ZIJ) deuten darauf hin, daß Nationalismus und Ausländerfeindlichkeit in Ostdeutschland seit der Wende zugenommen haben. Während im Oktober 1989 32 Prozent der Aussage "Mich stören die vielen Ausländer in unserem Land" zustimmten, war dieser Anteil in unserer Studie, also im Sommer 1990, bereits zehn Prozent höher. Auch der Anteil der Schüler, die die Aussage befürworteten, "Die Deutschen waren schon immer die Größten in der Geschichte", stieg zwischen 1988 und 1990 von zwölf auf 24 Prozent, also auf das Doppelte.

Im Unterschied zur Entwicklung von Nationalismus und Ausländerfeindlichkeit hat sich der Anteil der Befürworter einer Diktatur im Sinne des Nationalsozialismus unter Jugendlichen im Zuge der deutschen Vereinigung jedoch kaum verändert. Bereits 1988 tendierten zwölf Prozent der Schüler und 15 Prozent der Lehrlinge in der DDR zu der Ansicht, daß der deutsche Faschismus auch seine guten Seiten hatte. Mitte 1990 war der Anteil der DDR-Jugendlichen mit zustimmenden Antworten in etwa gleich geblieben (14 bzw. 15 Prozent) (vgl. Schubarth u.a., 1991; Schubarth, 1991).

Zwischen dem Grad der politischen Unzufriedenheit und nationalistischen Einstellungen konnten wir auf individueller Ebene in unserer Untersuchung allerdings nur einen geringen Zusammenhang feststellen, und zwar in Ost und West gleichermaßen.[105] Dies spricht - zumindest für den Zeitpunkt unserer Befragung - nicht dafür, daß sich Unzufriedenheit mit spezifischen Aspekten des politischen Systems in nationalistische Tendenzen umsetzt.

Ein ähnliches Ergebnis zeigt sich bei den Zusammenhängen zwischen der allgemeinen Demokratiezufriedenheit und nationalistischen Einstellungen (vgl. Tabelle 18). Auch hier sind die Zusammenhänge recht gering und in der alten Bundesrepublik sogar etwas höher als bei DDR-Schülern[106].

Wenn in unserer Untersuchung kein Zusammenhang zwischen der politischen Zufriedenheit und der allgemeinen Lebenszufriedenheit einerseits und rechten Orientierungen andererseits nachgewiesen werden konnte, so heißt dies nicht, daß die gegenwärtige wirtschaftliche und politische Situation im Osten nicht doch zu der beobachtbaren Welle von Gewalt beiträgt. Dieser Beitrag ist jedoch eher in dem allgemein hohen Niveau der Unzufriedenheit zu sehen, das ein hohes Aggressivitätspotential in den neuen Bundesländern schafft und die Hemmschwelle gegenüber Gewaltanwendung herabsetzt. Es kommt also vorrangig darauf an, die allgemeine Zuversicht durch eine Verbesserung der Lebenschancen zu erhöhen. Allerdings muß man für die Bewertung der gegenwärtig beobachtbaren Phänomene wie Ausländerfeindlichkeit und hohe Gewaltbereitschaft auch berücksichtigen, daß diese auch Nachahmungsaktionen sein können und nicht immer strukturelle Ursachen haben. Eine extensive Berichterstattung in den Medien kann dies noch verstärken.

---

105   In der alten Bundesrepublik hängt die Anzahl der wahrgenommenen Defizite mit geringem Nationalstolz zusammen (r=.20), nicht jedoch mit Ausländerfeindlichkeit (r=.06) und auch nur gering mit der Ablehnung des Items "Die Deutschen waren schon immer die Größten in der Geschichte" (r=.13). Das heißt, daß die Unzufriedeneren weniger Stolz auf die eigene Nation aufweisen als die Zufriedenen. Dies könnte ein indirekter Bildungseffekt sein, da die Gymnasiasten sowohl mehr Kritik als auch einen geringeren Nationalstolz äußerten.

106   So beträgt der Korrelationskoeffizient zwischen dem Item "Die Deutschen waren schon immer die Größten in der Geschichte" und der allgemeinen Demokratiezufriedenheit bei westdeutschen Schülern r=.06 und bei ostdeutschen r=.00.

Schließlich ist zu berücksichtigen, daß die Verfestigung rechtsextremer Orientierungen in einem nicht unerheblichen Ausmaß auch davon abhängt, wie sich die Organisationsbedingungen rechtsextremer Organisationen und Parteien entwickeln. Rowdytum und selbst tätliche Angriffe auf Ausländer sind zunächst Ausdruck einer Frustration mit den gesellschaftlichen Verhältnissen und nicht notwendigerweise manifest politische Erscheinungen. Dieses Potential kann jedoch von politischen Organisationen mobilisiert und damit mittelfristig zu einer tatsächlichen rechtsextremistischen Bedrohung werden. Das gilt für die alten Bundesländer ebenso wie für die neuen.

9. Der Zusammenhang zwischen Religiosität und anderen Variablen bei Jugendlichen aus Ost und West

Natasa Basic

Der Fragebogen enthielt auch einige Fragen zur Religion. Dies waren die Konfessionszugehörigkeit, die Häufigkeit der Teilnahme am Leben in der Kirchengemeinde sowie die Frage, ob die Schüler an Gott glaubten oder nicht. Weiterhin war "Interesse an Religion" eine der Vorgaben bei der Frage nach den verschiedenen Interessengebieten. Und schließlich wurde im Rahmen der Frage nach dem Vertrauen in gesellschaftliche Institutionen auch erfaßt, welches Maß an Vertrauen die Jugendlichen den Kirchen entgegenbrachten (vgl. Schaubild 19).

Zwar war die Frage nach der religiösen Bindung der Schüler keine zentrale Variable im theoretischen Gesamtkonzept der Studie, sie ist jedoch aus zweierlei Gründen von Interesse. Erstens ist die religiöse Bindung trotz der seit Beginn der sechziger Jahre eingetretenen Säkularisierung der westdeutschen Gesellschaft nach wie vor eine wichtige Determinante des Wahlverhaltens und vieler politischer Einstellungen (vgl. hierzu Pappi, 1985; Schmitt, 1985; Wehling, 1984). Zum andern ist im Kontext unserer Umfrage die Religion diejenige Variable, in der sich die Schüler der Bundesrepublik und der DDR am krassesten unterscheiden. So gehörten nur 16.2% der westdeutschen, aber 86.0% der ostdeutschen Schüler keiner Religionsgemeinschaft an. Auch gaben nur 16.0% der ostdeutschen Jugendlichen an, an Gott zu glauben, während es bei den westdeutschen Schülern 55.5% waren. Im Osten waren 29.6% in dieser Frage unentschieden und 53.2% verneinten die Glaubensfrage, während im Westen nur 19.8% nicht an Gott glaubten.

Diese Zahlen belegen, daß die SED-Politik offensichtlich relativ erfolgreich in ihrem Versuch war, eine atheistische Gesellschaftsordnung in der DDR zu etablieren. Die Diskriminierung der Kirchen und die Propagierung des Atheismus als Teil der offiziellen sozialistischen Ideologie reduzierten den Stellenwert von Kirche und Religion in der ostdeutschen Gesellschaft. Es muß bislang noch als offen gelten, ob diese Entwicklung den Trend zur Säkularisierung, der in allen Industriegesellschaften zu beobachten ist, in der DDR-

: **Bedeutung der Religion für die Schüler in Ost- und Westdeutschland** (Fragen 35, 5, 36, 24 G und 12 G)

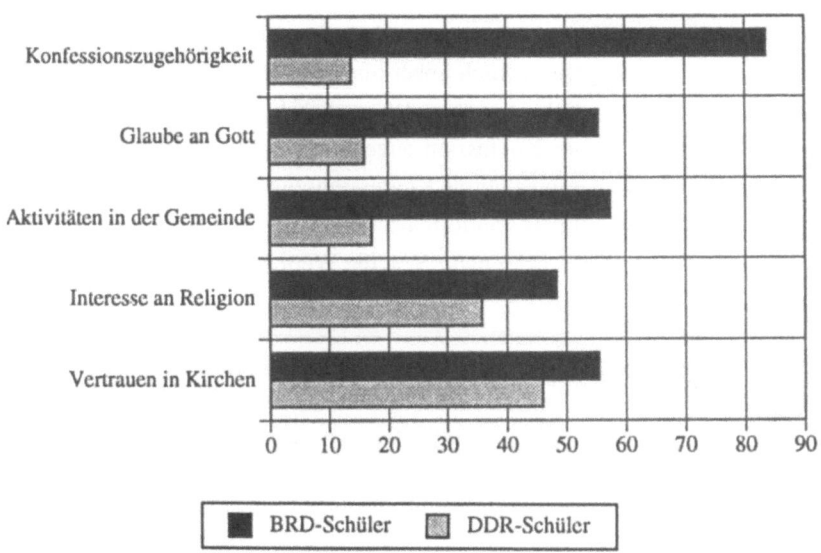

Darstellung der Prozentwerte für folgende Antwortkategorien:
"evangelisch", "katholisch" und "andere" bei Frage 35; "ja" bei Frage 5; "oft",
"manchmal und "selten" bei Frage 36; "sehr stark", "stark" und "mittel" bei
Frage 24 G; "sehr großes", "großes" und "mittleres" Vertrauen bei Frage 12 G.

Gesellschaft lediglich beschleunigt hat und sich als unumkehrbar erweisen
wird, oder ob die Bedeutung der Kirchen und die Religosität unter den neuen
Bedingungen erneut zunehmen und sich den Werten in Westdeutschland
annähern werden.

Im vorliegenden Zusammenhang ist neben den Unterschieden zwischen
den ost- und westdeutschen Schülern im Hinblick auf die Religionsvariablen
vor allem von Interesse, wie eng die Religiosität mit den übrigen persönlichen
und politischen Orientierungen zusammenhängt. Einen ersten Hinweis geben
dabei die Daten zur religiösen Aktivität und zum Interesse am Thema Religion.

"Nie" beteiligten sich am Geschehen einer Kirchengemeinde 82.8% der ostdeutschen Jugendlichen, in der alten Bundesrepublik hingegen lediglich 42.6%. Während der Anteil derjenigen, die angaben, dies "oft" zu tun, kaum zwischen den beiden Teilen Deutschlands differiert (DDR: 6.7%; BRD: 11.5%), ist der Anteil der gelegentlichen Kirchgänger (Antworten "manchmal" bzw. "selten") im Westen deutlich höher als im Osten (BRD: 46.0%; DDR: 10.5%). Bei diesen Anteilswerten wurden zunächst auch diejenigen Schüler berücksichtigt, die keiner Konfession angehörten. Kontrolliert man bei der religiösen Aktivität allerdings für die Konfessionszugehörigkeit, so zeigt sich, daß diese im Westen oftmals rein formaler Natur ist, während sie in der DDR häufiger "Bekenntnis"charakter hatte. Wie die Werte in Tabelle 19 untermau-

Tabelle 19: Aktivitäten in der Gemeinde nach Konfessionszugehörigkeit
(Frage 35 und 36, Spaltenprozente)

Aktivitäten in der Gemeinde	Konfession					
	evangelisch		katholisch		andere	
	BRD	DDR	BRD	DDR	BRD	DDR
oft	10.3	47.7	15.1	38.2	42.1	38.1
manchmal	23.5	22.7	25.6	26.5	26.3	19.0
selten	31.3	17.0	28.5	14.7	15.8	9.5
nie	34.9	12.5	30.8	20.6	15.8	33.3
insgesamt	42.6	14.2	42.9	5.5	2.1	3.4

ern, lag der Anteil der Kirchenmitglieder, die tatsächlich auch "oft" am Leben in ihrer Kirchengemeinde partizipierten, in der DDR mit fast der Hälfte bei den Protestanten und 38.2% bei den Katholiken erheblich höher als in der alten Bundesrepublik. Und umgekehrt lag der Anteil der Kirchenmitglieder, die nie zur Kirche gingen, in der Bundesrepublik erheblich höher, nämlich bei etwa einem Drittel. Auch wenn man diese Befragten jedoch zur Gruppe der Konfessionslosen addiert, ist eine wenigstens rudimentäre Kirchenbindung (Konfessionszugehörigkeit und zumindestens seltene Teilnahme am Geschehen in der Kirchengemeinde) im Westen verbreiteter als im Osten. Die Ergebnisse belegen daher, daß der Trend zur Säkularisierung im Westen nicht zu einer weitgehenden Auflösung religiöser Bindungen geführt hat. Vielmehr hat sich deren Rolle auf einem mittleren Niveau eingependelt.

Im Hinblick auf die DDR kann man aus den Daten ferner schließen, daß es dem DDR-Regime nicht gelang, den verhältnismäßig kleinen Prozentsatz kirchlich stark gebundener Bürger aus dieser Bindung zu lösen, daß jedoch ein beträchtlicher Anteil der religiös Indifferenten offensichtlich bereit war, auf diese Bindung zu verzichten, solange religiöse bzw. kirchliche Aktivitäten politisch unerwünscht waren.

Die Zahlen zur Konfessionszugehörigkeit und zur religiösen Aktivität werden durch die Ergebnisse zum Interesse an religiösen Fragen bestätigt. Auch hier sind die Unterschiede zwischen den ost- und den westdeutschen Schülern am größten im Hinblick auf den Anteilswert derjenigen, die angaben, sich "überhaupt nicht" für Religion zu interessieren (BRD: 23.9%; DDR: 40.2%). Dafür geben die BRD-Schüler wesentlich häufiger ein mittleres bzw. weniger starkes Interesse an (53.4%; DDR: 42.7%), während der Anteil derer mit starkem Interesse in beiden Schülergruppen erneut nur wenig differiert. Er liegt bei 22.6% im Westen und 17.2% im Osten.

Wie Tabelle 20 zeigt, hat die Konfessionszugehörigkeit in der DDR eine weit größere Bedeutung für den Glauben an Gott als im Westen. Durchschnittlich 75 Prozent der Befragten, die den beiden großen christlichen Konfessionen angehörten, gaben hier an, an Gott zu glauben, während es in der alten Bundesrepublik durchschnittlich 55 Prozent waren. Dies läßt sich erneut mit der Rolle der Kirchen in den beiden Teilen Deutschlands erklären. Während fast alle jungen Menschen in der alten Bundesrepublik einer Konfession angehören, und der Austritt aus der Kirche einen bewußten Akt der Distanzierung vom Glauben impliziert, war dies in der DDR umgekehrt. Hier stellte die

Kirchenmitgliedschaft in einem sehr viel stärkeren Ausmaß ein "Bekenntnis" dar, während die Nichtmitgliedschaft der Normalfall war.

Die Ergebnisse für die verschiedenen Religionsvariablen haben ergeben, daß die reine Konfessionszugehörigkeit nur wenig über die Bedeutung der Religion für das Leben der befragten Schüler aussagt. Von daher wurde zur Untersuchung des Zusammenhangs zwischen der Religion und anderen Variablen des Fragebogens ein Index "Religiöser Faktor" gebildet. Hierzu wurden drei Fragen herangezogen: die Konfessionszugehörigkeit, der Glaube an Gott und die Häufigkeit der Teilnahme an Aktivitäten der Kirchengemeinde. Das Interesse an Religion wurde demgegenüber angesichts seiner hohen Korrelation mit dem Glauben an Gott nicht berücksichtigt (r=.59).

Tabelle 20:
Konfession und Glaube an Gott
(Frage 35 und 36, Zeilenprozente nach Land und Glaube an Gott)

Glaube an Gott / Konfession	ja		unentschieden		nein	
	BRD	DDR	BRD	DDR	BRD	DDR
evangelisch	52.1	77.9	28.9	15.1	19.0	7.0
katholisch	57.1	72.7	25.9	15.2	16.7	12.1
andere	78.9	71.4	21.1	9.5	--	19.0
keiner	19.4	6.9	29.1	32.4	51.5	60.8
insgesamt	49.2	21.6	27.6	31.0	23.3	47.4

Der Index ist ein einfacher Summenindex der drei in ihn eingegangenen Variablen. Er hat sieben Ausprägungen, von 1 (areligiös) bis 7 (sehr religiös). Die niedrigste Ausprägung dieses Index kennzeichnet diejenigen Jugendlichen, die keiner Religionsgemeinschaft angehören, nicht an Gott glauben und sich nie am Geschehen in der Kirchengemeinde beteiligen. Das andere Ende dieser Dimension markieren diejenigen Schülerinnen und Schüler, die einer Konfession angehören, an Gott glauben und sich oft an den Aktivitäten ihrer Kirchengemeinde beteiligen. Die Verteilung des Index veranschaulicht die Unterschiede hinsichtlich der Rolle, die die Religion in beiden Teilen Deutschlands einnimmt, in prägnanter Weise (vgl. Schaubild 20).

Eine erste Überprüfung erbrachte, daß der Schultyp (bei den westdeutschen Schülern) und das Bildungsniveau der Eltern nicht mit der Religiosität zusammenhängen. Auch existiert keine Beziehung zwischen der politischen und der religiösen Orientierung der befragten Schüler. Die eher links eingestellten Schüler sind durchaus nicht weniger religiös als diejenigen, die sich im politischen Spektrum als rechts einstufen.

Schaubild 20: **Index "Religiöser Faktor"**

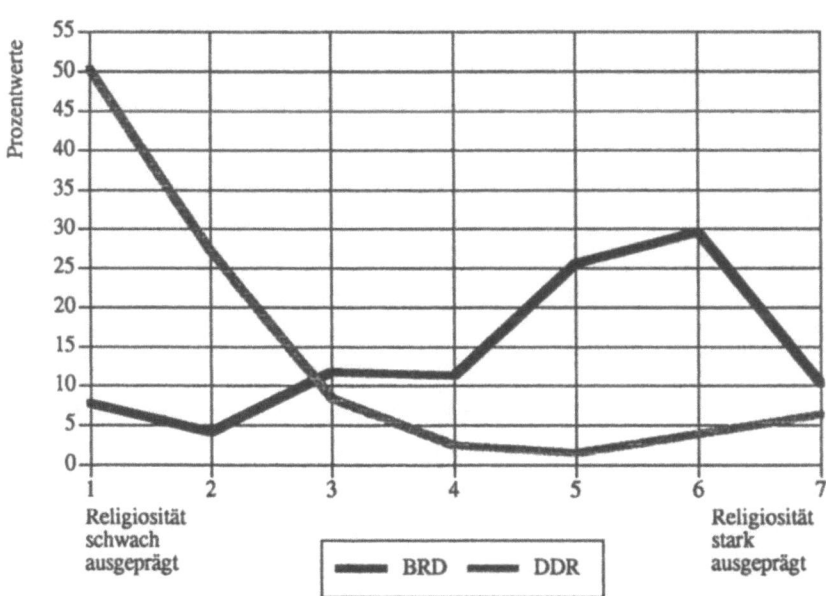

Dagegen hängt die Religiosität mit der Lebenszufriedenheit zusammen. Je religiöser die Befragten, umso höher ist der Anteil derjenigen Jugendlichen, die mit ihrem Leben zufrieden sind. Dies gilt für beide Schülergruppen gleichermaßen. Allerdings ist das Niveau der Unzufriedenheit bei den DDR-Schülern insgesamt deutlich höher, auch in der Gruppe mit der stärksten Ausprägung religiöser Haltungen. In der Gruppe der Nicht-Religiösen wünschen sich

133

hier 83.1% ihr Leben anders, während dieser Anteil bei den religiösen Schülern bei 72.1% liegt. In der alten Bundesrepublik betragen die entsprechenden Anteilswerte demgegenüber 62.3% und 46.3% (vgl. Tabelle A22 im Anhang).

Der Zusammenhang zwischen dem Index "Religiöser Faktor" und der Demokratiezufriedenheit ist sogar noch enger als der zwischen Religiosität und Lebenszufriedenheit. Von den westdeutschen Befragten mit dem höchsten Indexwert gaben 86.0% an, mit der Demokratie in der (alten) Bundesrepublik zufrieden zu sein, jedoch nur 49.1% in der am wenigsten religiösen Kategorie. In der DDR ist dieser Unterschied mit 61.8% zu 43.5% zwar wesentlich weniger stark, aber immer noch deutlich ausgeprägt.

Der positive Zusammenhang zwischen Religiosität und Demokratiezufriedenheit in der ehemaligen DDR mutet auf den ersten Blick erstaunlich an angesichts der Tatsache, daß die Kirchen dort die einzig effektive Opposition zum politischen System waren. Eher hätte man daher erwarten können, daß mit zunehmender religiöser Bindung die Zufriedenheit mit dem politischen System abnimmt. Allerdings darf man hierbei nicht vergessen, daß sich das politische System der DDR zum Zeitpunkt der Befragung im Sommer 1990 gegenüber der Zeit vor der Wende schon stark verändert hatte. So stand mit Lothar de Maizière ein Exponent des religiösen Flügels der Ost-CDU an der Spitze der DDR-Regierung, welcher auch noch weitere dezidiert religiöse Personen angehörten.

Die Daten aus der Zeit vor der Wende zeigen demgegenüber einen negativen Zusammenhang zwischen der Religiosität und der Zufriedenheit mit der DDR bzw. dem Bekenntnis zum Sozialismus. In einer 1988 durchgeführten ZIJ-Studie zum staatsbürgerlichen Bewußtsein von Jugendlichen gaben 24% der Atheisten, aber nur 17% der Religiösen an, sich sehr stark mit der DDR verbunden zu fühlen, während die entsprechenden Prozentsätze für eine geringe DDR-Verbundenheit bei 6% bzw. 15% lagen (Lange, 1989: 8). Der Autor der Studie faßte die Ergebnisse damals folgendermaßen zusammen: "Übergreifend kann hier bereits festgestellt werden, daß sich religiöse Jugendliche deutlich geringer mit der DDR als ihrem Vaterland identifizieren, dafür sich jedoch kritischer gegenüber der politischen Machtausübung in der DDR kritisch-loyaler Haltung bis zur distanziert-ablehnenden Einstellung zur DDR.

Tabelle 21:

Konfession und Demokratiezufriedenheit

(Zeilenprozentwerte pro Land)

	zufrieden		unzufrieden	
	BRD	DDR	BRD	DDR
evangelisch	79.9	63.0	20.1	37.0
katholisch	89.7	50.0	10.4	50.0
andere	84.2	31.6	15.8	68.4
keiner	61.5	44.5	38.5	55.6
insgesamt	80.8	46.0	19.2	54.0

Im Zuge auch einer gewollten oder ungewollten Politisierung der Kirche und - ihrer Aktivitäten sehen sich junge Christen heute häufig in einem Spannungs- feld zwischen einem kritischen Bemühen um den Sozialismus und der direk- ten Ablehnung der politischen Machtverhältnisse, indem sie sich teilweise bewußt selbst ausgrenzen oder sich ausgegrenzt fühlen." (Lange, 1989: 6f.)

Ein weiterer, hier interessierender Aspekt ist das Vertrauen in die Institu- tion Kirche. Dieses Vertrauen ist bei den ostdeutschen Schülern, die einer Konfession angehören, erheblich höher als bei den westdeutschen (vgl. Tabel- le 22). Aber im Gegensatz zu den westdeutschen Schülern ist das Vertrauen in die Kirchen bei den DDR-Schülern auch unter den Konfessionslosen ziem- lich hoch. Lediglich 26.7% von ihnen (BRD: 48.9%) geben an, daß sie über- haupt kein Vertrauen in die Kirchen haben. Dieses Ergebnis relativiert die in Kapitel 7 berichteten Zahlen, die global gesehen kaum Unterschiede zwischen den ost- und den westdeutschen Schülern im Hinblick auf ihr Vertrauen in die Kirchen erbrachten.

Tabelle 22:

Konfession und Vertrauen in die Kirchen

(Zeilenprozente)

Vertrauen Konfession		sehr großes	großes	mittleres	wenig	überhaupt keines
evangelisch	BRD	11.7	25.3	35.6	13.6	13.9
	DDR	48.3	29.9	17.2	3.4	1.1
katholisch	BRD	14.8	22.6	28.0	19.4	15.3
	DDR	37.5	43.8	18.8	--	--
andere	BRD	21.1	5.3	26.3	15.8	31.6
	DDR	30.0	15.0	15.0	--	40.0
keine	BRD	5.0	5.0	22.3	18.7	48.9
	DDR	8.5	17.4	26.2	21.2	26.7

10. Schlußbetrachtung
Ursula Hoffmann-Lange

Zwar standen in unserer Schülerbefragung die politischen Orientierungen der Jugendlichen im Vordergrund. Diese müssen jedoch in engem Zusammenhang mit deren privaten Lebenszielen gesehen werden. Das gilt insbesondere für ein Land wie die DDR, in dem die Politik systematisch versuchte, auch das Privatleben der Menschen zu bestimmen. Vor diesem Hintergrund sind die frappierenden Ähnlichkeiten zwischen den beiden Schülerpopulationen im Hinblick auf ihre persönlichen Lebensziele und die Struktur ihrer Interessen ein doch überraschendes Ergebnis unserer Studie. Diese sollen daher am Anfang dieses zusammenfassenden Überblicks über die Ergebnisse stehen.

Im Hinblick auf die persönlichen Lebensziele unterscheiden sich die ostdeutschen Jugendlichen kaum von den westdeutschen, und auch bei den Interessengebieten ergaben sich nur relativ geringe Differenzen. In beiden Bereichen schlagen letztlich die Unterschiede zwischen den Geschlechtern stärker durch als die zwischen Ost und West. Die Ergebnisse der fast zeitgleich durchgeführten zweiten gesamtdeutschen Schülerbefragung bestätigen zudem, daß die von uns gefundenen Ähnlichkeiten in den persönlichen Lebenszielen kein zufälliges Ergebnis sind, sondern sich darüber hinaus auch noch auf viele andere persönliche Wertvorstellungen erstrecken.

Wie lassen sich diese Ähnlichkeiten in den persönlichen Lebensorientierungen erklären? Unter Bezug auf frühere Ergebnisse des Zentralinstituts für Jugendforschung, die einen Wandel in Richtung auf die Befürwortung von Selbstverwirklichung, aufregendes Leben sowie den vermehrten Wunsch nach materiellen Gütern (v.a. einem Auto und einer eigenen Wohnung) zeigen, folgern Behnken u.a., daß es eine Annäherung der ostdeutschen Jugendlichen an die in der alten Bundesrepublik herrschenden Wertorientierungen gegeben hat.[107] Diese Annäherung wird von den Autoren einmal mit den zunehmenden Widersprüchen zwischen Anspruch und Realität in der DDR, zum andern

---

107 Die Daten über die entsprechenden Trends finden sich u.a. bei Friedrich/Förster (1991b: 704ff.) sowie Müller in dem von Friedrich/Griese herausgegebenen Sammelband (1991:124ff.).

mit dem zunehmenden Konsum von Westmedien in den achtziger Jahren begründet (1991: 97). Die Autoren des Zentralinstituts für Jugendforschung argumentierten ähnlich und konstatierten eine zunehmende Hinwendung zu privaten Lebenszielen als Reaktion auf die Diskrepanz zwischen den schlechten materiellen Bedingungen und der Schönfärberei durch den SED-Staat (Friedrich/Griese, 1991: 124).

Auch wenn diese Interpretation einiges für sich hat, scheint sie uns doch etwas kurzschlüssig. Sie ignoriert nämlich, daß sich auch im Westen seit den sechziger Jahren ein Wertewandel in Richtung auf eine stärkere Betonung von Werten der Selbstverwirklichung und des Hedonismus vollzogen hat, so daß man hier nicht von einem einseitigen Anpassungsprozeß der DDR-Kultur an westliche Muster sprechen kann.

Andererseits lassen sich die durchaus auch existierenden Unterschiede in den Lebensorientierungen zwischen den ost- und den westdeutschen Jugendlichen darauf zurückführen, daß im Westen angesichts der günstigen wirtschaftlichen Bedingungen materielle Lebensziele etwas stärker in den Hintergrund getreten sind, auch wenn sie nach wie vor angestrebt werden. Dies veranlaßte Bauer zu der Schlußfolgerung, in den neuen Bundesländern herrsche noch eine starke Betonung traditioneller Werte der Leistungsorientierung und leistungsbezogener Entlohnung vor, die Parallelen zu den Werthaltungen der westdeutschen Bürger in den fünfziger Jahre aufweise (1991a: 440).

Behnken u.a. begründen diese von ihnen ebenfalls gefundenen Unterschiede damit, daß sich in den osteuropäischen Ländern während der vergangenen Jahrzehnte zwar ähnlich wie im Westen ein Bildungsmoratorium durchgesetzt hat, daß dieses dort jedoch nicht so umfassend war. Dieses "selektive Bildungsmoratorium" entspricht nach ihren Ergebnissen mehr dem traditionellen Modell einer standardisierten Normalbiographie, während das im Westen vorherrschende "erweiterte Bildungsmoratorium" eher dem Modell einer individualisierten Biographie entspricht (vgl. Behnken u.a., 1991: 47). Dies erklärt, warum bei den DDR-Jugendlichen traditionelle und "moderne" Werthaltungen Hand in Hand gehen, während die ersteren im Westen sehr viel stärker abgenommen haben.

Was den vielzitierten Trend zu materiellen Lebenswünschen und zum "Rückzug ins Private" unter den DDR-Jugendlichen angeht, der von den

Forschern des Zentralinstituts für Jugendforschung in den Vordergrund gestellt wurde, so lassen die Zeitreihendaten des ZIJ auch eine andere Interpretation zu. Wenn man nämlich davon ausgeht, daß ein beträchtlicher Teil des Rückgangs in der Bedeutung, die der Sphäre des Politischen zugeschrieben wurde, darauf zurückzuführen ist, daß früher erheblich häufiger Lippenbekenntnisse zu den Zielen des Sozialismus abgegeben wurden, dann zeigen die Ergebnisse lediglich, daß den Möglichkeiten des Staates, die persönlichen Lebensziele der Bürger zu beeinflussen, Grenzen gesetzt sind. Damit war der konstatierte Rückzug der DDR-Jugendlichen auf private Orientierungen u.E. eher ein scheinbarer als ein tatsächlicher. Insofern scheint es uns problematisch, von einem Verfall des "sozialistischen Wertebewußtseins" zu sprechen, wie dies Friedrich/Förster tun (1991: 704).

Unsere Ergebnisse lassen sich daher dahingehend verstehen, daß die persönlichen Orientierungen der Menschen stärker durch gesellschaftliche Traditionen und Entwicklungen als durch politische Vorgaben bestimmt sind. Die deutlichen Unterschiede zwischen den Geschlechtern bestätigen dies sehr eindrucksvoll. Auch der Wertewandel, der sich in einer graduellen Veränderung der Lebensziele dokumentiert, ist primär auf gesellschaftliche Veränderungen und nicht auf politische zurückzuführen. Er hat beide deutsche Gesellschaften gleichermaßen erfaßt, wobei man hier durchaus davon ausgehen kann, daß die einheitliche Medienkultur in Ost- und Westdeutschland ein Gutteil zu dieser parallelen Entwicklung beigetragen hat.

Die große Bedeutung genuin gesellschaftlicher Faktoren für die Alltagskultur war u.E. auch die Ursache für die von der westdeutschen DDR-Forschung vielfach konstatierte politische "Doppelkultur" in der DDR. Demnach bestand in der DDR neben der offiziellen politischen Kultur noch eine politische Kultur von "unten", die sich aus historischen Quellen speiste und die soziale und kulturelle Vergesellschaftung prägte (Rytlewski, 1988: 213). Rytlewski rechnet zu den traditionellen Orientierungen u.a. eine hohe Akzeptanz des wohlfahrtsstaatlichen Paternalismus, wie wir sie im Demokratieverständnis der von uns befragten DDR-Schüler nachweisen konnten. Neben traditionellen Orientierungsmustern gehörten hierzu seines Erachtens aber auch Elemente einer alternativen Alltagskultur, die sich als Konsequenz der gesellschaftlichen Pluralisierung seit den siebziger Jahren ergab.

139

Friedrich/Förster betonen als herausragenden Unterschied zwischen den west- und den ostdeutschen Jugendlichen eine stärkere Arbeitsorientierung der DDR-Jugendlichen sowie deren stärkere Solidarität mit anderen Menschen (1991b: 707). Diese Schlußfolgerung wird durch unsere Ergebnisse jedoch nicht bestätigt. Eine interessante Arbeit steht nämlich nach unseren Ergebnissen in beiden Teilen Deutschlands gleichermaßen an der Spitze der Lebenswünsche Jugendlicher. Gleichzeitig wünschte über die Hälfte der von uns befragten Schüler aber auch, daß diese viel Freizeit lassen sollte. Die Unterschiede zwischen BRD- und DDR-Schülern im Hinblick auf diese beiden Ziele sind nur minimal. Solidarität mit anderen wiederum scheint nach unseren Ergebnissen weniger eine Domäne der DDR-Jugendlichen als vielmehr der weiblichen Jugendlichen zu sein. Jedenfalls sind im Hinblick auf dieses Lebensziel die Unterschiede zwischen Jungen und Mädchen größer als die zwischen den beiden Teilen Deutschlands.

Unsere Daten ergaben ferner nur geringe Unterschiede im Demokratieverständnis der Schüler in Ost und West. Auch dieses Ergebnis wird durch allgemeine Bevölkerungsumfragen bestätigt, auch wenn dort andere Indikatoren für das Demokratieverständnis verwendet wurden (vgl. Bauer, 1991b: 445). Von daher bestehen also gute Voraussetzungen für die Entwicklung einer einheitlichen politischen Kultur in beiden Teilen Deutschlands. Dennoch gibt es eine Hinterlassenschaft der DDR, die sich in den politischen Erwartungen der Bürger in den neuen Bundesländern niederschlägt. Soweit es erlaubt ist, dies aus unserer Schülerbefragung zu generalisieren, ist dies eine im Vergleich zum Westen stärkere Betonung sozialer Gleichheitsrechte, deren Realisierung einen nicht unbeträchtlichen Einfluß auf die Legitimität des politischen Systems ausübt. Dies bedeutet, daß zur Legitimierung der neuen liberal-demokratischen Ordnung nicht nur Wirtschaftswachstum, sondern auch die soziale Absicherung der Bürger gehören.

Die 1990 durchgeführten Umfragen haben durchweg eine überwältigende Unterstützung der Vereinigung Deutschlands durch die Bürger der ehemaligen DDR erbracht. Unsere Zahlen zeigen, daß dies bereits für die ganz Jungen galt. Dieser Vereinigungswunsch wurde durch eine Identifikation mit Gesamtdeutschland abgestützt, die nach unserer Umfrage bereits im Sommer 1990 erheblich stärker verbreitet war als die Identifikation mit der DDR. Zwar gab es durchaus noch Restbestände einer positiven Bewertung der sozialen Errungenschaften der DDR, diese waren jedoch insgesamt zu schwach, um dem Sog der Wiedervereinigung etwas entgegensetzen zu können.

Die höheren Ansprüche an soziale Gleichheit in den neuen Bundesländern verschärfen zweifellos die dort vorherrschende Unzufriedenheit mit den Lebensbedingungen, die bereits vor dem Zusammenbruch des SED-Regimes existierte. Eine solche Unzufriedenheit zeigte sich nicht nur in unserer Studie, sondern durchweg in allen seit 1989 im Osten Deutschlands durchgeführten Umfragen. Sie ist mit der deutschen Einigung keineswegs abgeklungen. Sofern sie nicht durch eine schnelle Verbesserung der Lebensverhältnisse im Osten vermindert werden kann, besteht die Gefahr, daß diese Unzufriedenheit die Legitimität der demokratischen Ordnung in den neuen Bundesländern beeinträchtigt.

Unsere Daten liefern aber andererseits keinen Hinweis darauf, daß diese Unzufriedenheit sich direkt in nationalistische oder gar rechtsextreme Tendenzen umsetzt. Zwar sind die Grenzen zwischen Nationalstolz und einem übersteigerten Nationalismus fließend, wobei beide in den neuen Bundesländern etwas verbreiteter sind als in den alten. Dies ist sicher auch durch die Betonung nationaler Symbolik im Zuge des deutschen Vereinigungsprozesses gefördert worden. Noch im Sommer 1990 waren jedoch politische Unzufriedenheit und Nationalismus zwei voneinander unabhängige Syndrome. Dies muß natürlich nicht so bleiben. Es ist durchaus denkbar, daß sich rechte Parteien und Organisationen die verbreitete Unzufriedenheit zunutze machen, indem sie die Anwesenheit und den Zuzug von Ausländern für die gegenwärtigen Übergangsprobleme verantwortlich machen. Insofern muß diesen Zusammenhängen von der Forschung auch weiterhin große Aufmerksamkeit gewidmet werden.

LITERATURVERZEICHNIS

Allerbeck, Klaus, Wendy Hoag, 1985:
Jugend ohne Zukunft. München: R. Piper.

Backhaus, Klaus u.a., 1990:
Multivariate Analysemethoden. Sechste, überarbeitete Auflage. Berlin u.a.:
Springer-Verlag.

Bauer, Petra, 1991a:
Freiheit und Demokratie in der Wahrnehmung der Bürger in der Bundesrepu-
blik und der ehemaligen DDR. In: Rudolf Wildenmann (Hrsg.), Nation und
Demokratie. Baden-Baden: Nomos, S. 99-124.

Bauer, Petra, 1991b:
Politische Orientierungen im Übergang. Kölner Zeitschrift für Soziologie und
Sozialpsychologie. Jg. 43 (Heft 3), S. 433-453.

Behnken, Imbke u.a., 1991:
Schülerstudie '90. Jugendliche im Prozeß der Vereinigung. Weinheim/Mün-
chen: Juventa.

Behnken, Imbke, Jürgen Zinnecker, 1991:
Vom Kind zum Jugendlichen. Statuspassagen von Schülern und Schülerinnen
in Ost und West. In: Peter Büchner, Heinz-Hermann Krüger (Hrsg.), Aufwachsen hüben und drüben. Opladen: Leske + Budrich, S. 33-556.

Bertram, Hans, 1991:
Einstellung zu Kindheit und Familie. In: Hans Bertram (Hrsg.), Die Familie
in Westdeutschland. Opladen: Leske + Budrich, S. 429-460.

Bertram, Hans, Martina Gille, 1990:
Datenhandbuch. In: Sachverständigenkommission 8. Jugendbericht (Hrsg.),
Materialien zum 8. Jugendbericht, Bd. 4. Weinheim und München: Deutsches
Jugendinstitut.

Best, Heinrich, 1990:
Nationale Verbundenheit und Entfremdung im zweistaatlichen Deutschland.
Kölner Zeitschrift für Soziologie und Sozialpsychologie. Jg. 42, S. 1-19.

Bleek, Wilhelm, 1989:
Die DDR als Teil unseres Selbstverständnisses? In: Werner Weidenfeld
(Hrsg.), Politische Kultur und deutsche Frage. Materialien zum Staats- und
Nationalbewußtsein in der Bundesrepublik Deutschland. Köln: Verlag Wis-
senschaft und Politik, S. 195-221.

Bonfadelli, Heinz, 1981:
Die Sozialisationsperspektive in der Massenkommunikationsforschung. Berlin:
Spiess.

Bonfadelli, Heinz, 1990:
Freizeitverhalten von Kindern und Jugendlichen und Medienkonsum. In: Sachverständigenkommission 8.Jugendbericht (Hrsg.), Lebensverhältnisse Jugendlicher. Materialien zum 8.Jugendbericht, Bd. 2, S.81-147. Weinheim und
München: Deutsches Jugendinstitut.

Bonfadelli, Heinz, Michael Darkow, Josef Eckhardt u.a., 1986:
Jugend und Medien. Frankfurt am Main: Alfred Metzner Verlag.

Borrmann-Müller, Renate, Martina Gille, 1989:
Leistungsbereitschaft, Arbeitsmotivation, Bildungs- und Berufsorientierungen
von Jugendlichen. In: Hans Bertram u.a., Lebensentwürfe von Jugendlichen:
Motivation und Berufsorientierung, Pläne und ihre Realisierung. Gutachten für
die Enquete-Kommission "Zukünftige Bildungspolitik - Bildung 2000" des
Deutschen Bundestages, 11. Wahlperiode. München.

Brämer, Rainer, Ulrich Heublein, 1990:
Studenten in der Wende? Aus Politik und Zeitgeschichte, B 44/90, S. 3-16.

Bücher, Peter, Heinz-Hermann Krüger (Hrsg.), 1991:
Aufwachsen hüben und drüben. Deutsch-deutsche Kindheit und Jugend vor und nach der Vereinigung. Opladen: Leske + Budrich.

Dahrendorf, Ralf, 1965:
Gesellschaft und Demokratie in Deutschland. München: Piper.

Dahrendorf, Ralf, 1979:
Lebenschancen. Frankfurt: Suhrkamp.

Dalton, Russell J., 1988:
Citizen Politics in Western Democracies. Chatham (N.J.): Chatham House Publishers.

Döring, Herbert, 1990:
Aspekte des Vertrauens in Institutionen. Westeuropa im Querschnitt der internationalen Wertestudie 1981. Zeitschrift für Soziologie, 19. Jg., S. 73-89.

Feist, Ursula, 1991:
Zur politischen Akkulturation der vereinten Deutschen. Eine Analyse aus Anlaß der ersten gesamtdeutschen Bundestagswahl. Aus Politik und Zeitgeschichte, B 11-12/91, S. 21-32.

Förster, Peter, 1991:
Weltanschaulich-politisches Bewußtsein. In: Walter Friedrich, Hartmut Griese (Hrsg.), Jugend und Jugendforschung in der DDR. Opladen: Leske + Budrich, S. 135-150.

Förster, Peter, Wilfried Schubarth, 1991:
Jugend im gesellschaftlichen Umbruch - Lebensbedingungen und Einstellungen im Wandel. In: Helga Gottschlich u.a. (Hrsg.), Kinder und Jugendliche aus der DDR. Jugendhilfe in den neuen Bundesländern. Berlin: Tribüne Druck GmbH, S. 59-66.

Friedrich, Walter, 1987:
Aktuelle Ergebnisse zum ideologischen Entwicklungsstand unserer Jugend. Leipzig: Unveröffentlichter Forschungsbericht des Zentralinstituts für Jugendforschung.

Friedrich, Walter, 1990:
Mentalitätswandlungen der Jugend in der DDR. Aus Politik und Zeitgeschichte, B 16-17/90, S. 25-37.

Friedrich, Walter, Peter Förster, 1991a:
Ostdeutsche Jugend 1990 - I. Teil. Deutschland Archiv, 24. Jg. Heft 4, S. 349-360.

Friedrich Walter, Peter Förster, 1991b:
Ostdeutsche Jugend 1990 - II. Teil. Deutschland Archiv, 24. Jg. Heft 7, S. 701-714.

Friedrich, Walter, Hartmut Griese (Hrsg.), 1991:
Jugend und Jugendforschung in der DDR. Opladen: Leske + Budrich.

Friedrich, Walter, Wolfgang Netzker, Wilfried Schubarth, 1991:
Jugend in den neuen Bundesländern. Ihr Verhältnis zu Ausländern und zu einigen aktuellen politischen Problemen. Freudenberg-Stiftung, 4/91.

Friedrich, Walter, Wilfried Schubarth, 1991:
Ausländerfeindliche und rechtsextre Orientierungen bei ostdeutschen Jugendlichen. Deutschland Archiv, 24. Jg. Heft 10, S. 1052-1065.

Fuchs, Dieter, 1988:
Die Unterstützung des politischen Systems in der Bundesrepublik Deutschland. Opladen: Westdeutscher Verlag.

Fuchs, Dieter, Hans-Dieter Klingemann, Carolin Schöbel, 1991:
Perspektiven der politischen Kultur im vereinigten Deutschland. Eine empirische Studie. Aus Politik und Zeitgeschichte, B 32/91, S. 32-46.

Gensicke, Thomas, 1991:
Sind die Ostdeutschen konservativer als die Westdeutschen? In: Rolf Reißig, Gert-Joachim Glaeßner (Hrsg.), Das Ende eines Experiments: Umbruch in der DDR und deutsche Einheit. Berlin: Dietz Verlag GmbH, S. 268-295.

Gerbner, George, L. Gross, 1976:
Living with television: the violence profile. Journal of Communication, Vol. 26, S. 173-199.

Habich, Roland, Detlef Landua, Wolfgang Seifert, Annette Spellerberg, 1991:
"Ein unbekanntes Land" - Objektive Lebensbedingungen und subjektives Wohlbefinden in Ostdeutschland. Aus Politik und Zeitgeschichte, Heft 32, S. 13-33.

Habich, Roland, Detlef Landua, Eckhard Priller, 1991:
Geringere Lebenszufriedenheit in der ehemaligen DDR. Informationsdienst Soziale Indikatoren, Nr. 5 (Januar), S. 1-4.

Hagemann-White, Carol, 1984:
Sozialisation: weiblich - männlich? Opladen: Leske + Budrich.

Heitmeyer, Wilhelm, 1987:
Rechtsextremistische Orientierungen bei Jugendlichen. München: Juventa.

Heitmeyer, Wilhelm, 1991:
Politische Orientierungen bei westdeutschen Jugendlichen und die Risiken von deutsch-deutschen Vergleichsuntersuchungen. In: Peter Büchner, Heinz-Hermann Krüger (Hrsg.), Aufwachsen hüben und drüben. Opladen: Leske + Budrich, S. 243-253.

Herbert, Willi, 1988:
Wertwandel in den 80er Jahren. In: Heinz O. Luthe, Heiner Meulemann (Hrsg.), Wertwandel - Faktum oder Fiktion? Frankfurt a. M.: Campus Verlag, S. 140-160.

Herdegen, Gerhard, 1987:
Demoskopische Anmerkungen zum Geschichtsbewußtsein der Deutschen (West) im Kontext der deutschen Frage. In: Werner Weidenfeld (Hrsg.), Geschichtsbewußtsein der Deutschen. Köln: Verlag Wissenschaft und Politik, S. 187-202.

Hille, Barbara, 1990:
Zum Stellenwert von Ehe und Familie für Jugendliche in beiden deutschen Staaten. In: Barbara Hille, Walter Jaide (Hrsg.), DDR-Jugend. Opladen: Leske + Budrich, S. 17-36.

Hille, Barbara, Walter Jaide, 1985:
Einstellungen Jugendlicher zur deutschen Frage. In: Bundeszentrale für politische Bildung (Hrsg.), Die Frage nach der deutschen Identität. Schriftenreihe der Bundeszentrale für politische Bildung, Bd. 221, Bonn 1985, S. 23-44.

Hoffmann, Achim, 1991:
Jugend und Schule. In: Friedrich, Walter, Griese, Hartmut (Hrsg.): Jugend und Jugendforschung in der DDR. Gesellschaftliche Situation, Sozialisation und Mentalitätsentwicklung in den achtziger Jahren. Opladen: Leske + Budrich, S. 46-58.

Holtz-Bacha, Christina, 1989:
Verleidet uns das Fernsehen die Politik? Auf den Spuren der 'Videomalaise'.
In: Max Kaase, Winfried Schulz (Hrsg.), Massenkommunikation. <u>Kölner Zeit-schrift für Soziologie und Sozialpsychologie</u>, Sonderheft 30/1989, S. 239-252.

Holzkamp, Christine, Birgit Rommelspacher, 1991:
Frauen und Rechtsextremismus. Wie sind Mädchen und Frauen verstrickt?
<u>Sozial Extra</u>, 6/91, S. 17-19.

Inglehart, Ronald, 1971:
The Silent Revolution in Europe - Intergenerational Change in Post-Industrial
Societies. <u>American Political Science Review</u>, Vol. 65, S. 991-1017.

Inglehart, Ronald, 1977:
<u>The Silent Revolution</u>. Princeton, New Jersey: Princeton University Press.

Inglehart, Ronald, 1989:
<u>Kultureller Umbruch. Wertwandel in der westlichen Welt.</u> Frankfurt/New
York: Campus Verlag.

Inglehart, Ronald, Hans D. Klingemann, 1976:
Party Identification, Ideological Preference and the Left-Right Dimension
among Western Mass Publics. In: Ian Budge, Ivor Crewe, Dennis Farlie
(Hrsg.), <u>Party Identification and Beyond</u>. London: John Wiley & Sons, S.
243-273.

IPOS, 1990:
<u>Einstellungen zu aktuellen Fragen der Innenpolitik 1990 in der Bundesrepublik
Deutschland und in der DDR.</u> Mannheim.

IPOS, 1991:
<u>Einstellungen zu aktuellen Fragen der Innenpolitik 1991 in Deutschland.</u>
Mannheim.

Jacobi, Juliane, 1991:
Sind Mädchen unpolitischer als Jungen? In: Wilhelm Heitmeyer, Juliane Jacobi (Hrsg.), Politische Sozialisation und Individualisierung. Weinheim und München: Juventa Verlag, S. 99-116.

Jaide, Walter, Hans-Joachim Veen, 1989:
Bilanz der Jugendforschung. Paderborn: Ferdinand Schöningh.

Jennings, M. Kent, Jan W. van Deth, u.a., 1990:
Continuities in Political Action. Berlin: Walter de Gruyter.

Jugendwerk der Deutschen Shell (Hrsg.), 1985:
Jugendliche und Erwachsene '85, 5 Bde. Hamburg: Leske + Budrich.

Kaase, Max, 1971:
Demokratische Einstellungen in der Bundesrepublik. In: Rudolf Wildenmann (Hrsg.), Sozialwissenschaftliches Jahrbuch für Politik, Band 2. München: Olzog, S. 119-316.

Kaase, Max, 1989:
Politische Einstellungen der Jugend. In: Manfred Markewka, Rosemarie Nave-Herz (Hrsg.), Handbuch der Familien- und Jugendforschung, Band 2. Neuwied: Luchterhand, S. 607-624.

Kaase, Max, Winfried Schulz (Hrsg.), 1989:
Massenkommunikation. Kölner Zeitschrift für Soziologie und Sozialpsychologie, Sonderheft 30/1989.

Klages, Helmut, Willi Herbert, 1983:
Wertorientierung und Staatsbezug. Frankfurt: Campus Verlag.

Koch, Achim, 1991:
Staatliche Eingriffe in die Wirtschaft im Osten hoch im Kurs. Informationsdienst Soziale Indikatoren (ISI), Nr. 7 (Juli 1991), S. 1-5.

Krause, Christina, 1991:
Familiale Sozialisation von Jungen und Mädchen in Ostdeutschland. In: Peter
Büchner, Heinz-Hermann Krüger (Hrsg.), Aufwachsen hüben und drüben.
Opladen: Leske + Budrich, S. 89-95.

Krombholz, Heinz, 1991:
Arbeit und Familie: Geschlechtsspezifische Unterschiede in der Erwerbstätig-
keit und die Aufteilung der Erwerbstätigkeit in der Partnerschaft. In: Hans
Bertram (Hrsg.), Die Familie in Westdeutschland. Opladen: Leske + Budrich,
S. 193-231.

Lange, Günter, 1989:
Das staatsbürgerliche Bewußtsein der Jugendlichen. Unveröffentlichter Forschungsbericht. Zentralinstitut für Jugendforschung, Leipzig.

Lange, Günter, 1990a:
DDR-Jugendliche. Bedingungen des Aufwachsens in den 80er Jahren. deutsche Jugend, Heft 10/1990, S. 430-436.

Lange, Günter, 1990b:
Religiöses und atheistisches Denken Jugendlicher in der damaligen DDR.
Geschichte, Erziehung, Politik, 6/90, S. 543-551.

Lange, Günter, 1991:
DDR-Jugend im politischen Wandel der 80er Jahre. In: Wolfgang Melzer u.a.
(Hrsg.), Osteuropäische Jugend im Wandel. Ergebnisse vergleichender Jugend-
forschung in der Sowjetunion, Polen, Ungarn und der ehemaligen DDR.
Weinheim/München: Juventa, S. 184-193.

Lederer, Gerda, u.a., 1991:
Autoritarismus unter Jugendlichen der ehemaligen DDR. Deutschland Archiv,
24. Jg. (Heft 6), S. 587-596.

Lemke, Christiane, 1991:
Die Ursachen des Umbruchs 1989. Politische Sozialisation in der ehemaligen
DDR. Opladen: Westdeutscher Verlag.

Lindner, Bernd, 1990:
Erst die neuen Medien, dann die neuen Verhältnisse... JuLit Informationen
2/90, S. 36-51.

Ludes, Peter, 1991:
Die Rolle des Fernsehens bei der revolutionären Wende in der DDR. Publizistik, Jg. 36, Heft 2, S. 201-216.

Lutz, Felix Ph., 1989:
Empirisches Datenmaterial zum historisch-politischen Bewußtsein. In: Bundeszentrale für politische Bildung (Hrsg.), Bundesrepublik Deutschland. Geschichte, Bewußtsein. Schriftenreihe der Bundeszentrale für politische Bildung, Bd. 273. Bonn, S. 150-169.

Maag, Gisela, 1991:
Gesellschaftliche Werte. Opladen: Westdeutscher Verlag.

Maslow, Abraham K., 1954:
Motivation and Personality. New York: Harper and Row.

Mayer, Hans-Ludwig, 1991:
Wählerverhalten bei der Bundestagswahl 1990 nach Geschlecht und Alter.
Wirtschaft und Statistik, Heft 4, S. 248-260 und S. 138*-141*.

Mayer, Karl Ulrich, 1991:
Soziale Ungleichheit und Lebensverläufe. In: Bernd Giesen, Claus Leggewie
(Hrsg.), Experiment Vereinigung. Berlin: Rotbuch Verlag, S. 87-99.

McCombs, Maxwell E., Donald L. Shaw, 1972:
The agenda-setting function of mass media. Public Opinion Quarterly, Vol.
34, S. 176-187.

Melzer, Wolfgang, Wojtek Lukowski, Lutz Schmidt, 1991:
Deutsch-polnischer Jugendreport. Lebenswelten im Kulturvergleich. Weinheim
und München: Juventa.

Möller, Kurt, 1991:
Geschlechtsspezifische Aspekte der Anfälligkeit für Rechtsextremismus in der
Bundesrepublik Deutschland. Frauenforschung, 3/91, S. 27-49.

Müller, Harry, 1988:
Einstellungen und Interessen von Schülern achter Klassen 1980 und 1988.
Leipzig: Unveröffentlichter Forschungsbericht des Zentralinstituts für Jugend-
forschung.

Nickel, Hildegard Maria, 1990:
Frauen in der DDR. Aus Politik und Zeitgeschichte, B 16-17, S. 39-45.

Nimmo, D. Dan, Keith R. Sanders (Hrsg.), 1981:
Handbook of political communication. Beverly Hills/London: Sage.

Noelle-Neumann, Elisabeth, Edgar Piel (Hrsg.), 1983:
Allensbacher Jahrbuch der Demoskopie 1978-1983, Band VIII. München:
K.G. Saur.

Noelle-Neumann, Elisabeth, Burkhard Strümpel, 1984:
Macht Arbeit krank? Macht Arbeit glücklich? Eine aktuelle Kontroverse.
München, Zürich: Piper.

Noll, Heinz-Herbert, Friedrich Schuster, 1992:
Soziale Schichtung: Niedrigere Einstufung der Ostdeutschen. Informationsdienst Soziale Indikatoren (ISI), Nr. 7 (Januar 1992), S. 1-6.

Oberreuter, Heinrich, 1987:
Wirklichkeitskonstruktion und Wertwandel. Zum Einfluß der Massenmedien auf die politische Kultur. Aus Politik und Zeitgeschichte, B 27/87, S. 17-27.

Pappi, Franz Urban, 1985:
Die konfessionell-religiöse Konfliktlinie in der deutschen Wählerschaft: Entstehung, Stabilität und Wandel. In: Dieter Oberndörfer, Hans Rattinger, Karl Schmitt (Hrsg.), Wirtschaftlicher Wandel, religiöser Wandel und Wertewandel. Folgen für das politische Verhalten in der Bundesrepublik Deutschland. Berlin: Duncker & Humblot, S. 263-290.

Patzelt, Werner, 1988:
Wie man von Politik erfährt. Jugendliche und ihre Nutzung politischer Informationsquellen. Publizistik, Jg. 33, Heft 2-3, S. 521-534.

Pettinger, Rudolf, 1991:
Wohin mit den Kindern? Diskurs, Heft 1/91, S. 28-33.

Pfetsch, Barbara, Albrecht Kutteroff, 1988:
Feldbericht der Studie "Kommunikationskanäle und Freizeitverhalten im lokalen Raum: Einflüsse des Kabelfernsehens". Mannheim: Unveröffentlichter Forschungsbericht.

Robinson, Michael J., 1976:
Public affairs television and the growth of political malaise: The case of the 'selling of the Pentagon'. American Political Science Review, Vol. 70, S. 409-432.

Roller, Edeltraud, 1990:
Einstellungen zum Wohlfahrtsstaat der Bundesrepublik Deutschland. Dissertation, Universität Mannheim.

Rytlewski, Ralf, 1988:
Politische Kultur und Generationswechsel in der DDR: Tendenzen zu einer alternativen politischen Kultur. In: Bernhard Claußen (Hrsg.), Politische Sozialisation Jugendlicher in Ost und West. Bonn: Bundeszentrale für politische Bildung, S. 209-224.

Schmidt, Hartwig, 1991:
Wertwandel in einheimischen und westlichen Lebenswelten. In: Rolf Reißig, Gert-Joachim Glaeßner (Hrsg.), Das Ende eines Experiments: Umbruch in der DDR und deutsche Einheit. Berlin: Dietz Verlag GmbH, S. 243-267.

Schmidtchen, Gerhard, 1983:
Jugend und Staat. In: Ulrich Matz, Gerhard Schmidtchen, Gewalt und Legitimität. Opladen: Westdeutscher Verlag, S. 105-437.

Schmitt, Karl, 1980:
Politische Erziehung in der DDR. Paderborn: Ferdinand Schönigh.

Schmitt, Karl, 1985:
Religiöse Bestimmungsfaktoren des Wahlverhaltens: Entkonfessionalisierung mit Verspätung? In: Dieter Oberndörfer, Hans Rattinger, Karl Schmitt (Hrsg.), Wirtschaftlicher Wandel, religiöser Wandel und Wertewandel. Folgen für das politische Verhalten in der Bundesrepublik Deutschland. Berlin: Duncker & Humblot, S. 291-329.

Schubarth, Wilfried, 1991:
Zu Wandlungen im Geschichtsbewußtsein ostdeutscher Jugendlicher. Ergebnisse empirischer Untersuchungen. In: Hans Süssmuth (Hrsg.), Geschichtsunterricht im vereinigten Deutschland. Auf der Suche nach Neuorientierung, Teil I. Baden-Baden: Nomos, S. 123-136.

Schubarth, Wilfried, Ronald Pschierer, Thomas Schmidt, 1991:
Verordneter Antifaschismus und die Folgen. Das Dilemma antifaschistischer
Erziehung am Ende der DDR. Aus Politik und Zeitgeschichte, B 9/91, S. 3-
16.

SINUS (Hrsg.), 1983:
Die verunsicherte Generation. Opladen: Leske + Budrich.

SINUS (Hrsg.), 1985a:
Jugend privat. Opladen: Leske + Budrich.

SINUS (Hrsg.), 1985b:
Die verunsicherte Generation. Materialienbände 200/1 und 200/2. Stuttgart:
Kohlhammer Verlag.

Stiehler, Hans-Jörg, 1985:
Ausgewählte Ergebnisse zum Medienverhalten Jugendlicher. Leipzig: Unveröffentlichter Forschungsbericht des Zentralinstituts für Jugendforschung.

Stiehler, Hans-Jörg, 1990:
Medien im Alltag von DDR-Jugendlichen - vor und nach dem November
1989. Leipzig: Unveröffentlichtes Manuskript.

Sturm, Hertha, 1991:
Fernsehdiktate: Die Veränderung von Gedanken und Gefühlen. Gütersloh:
Verlag Bertelsmann Stiftung.

Überla, Karl, 1971:
Faktorenanalyse. 2. Auflage. Berlin/Heidelberg/New York: Springer.

Veen, Hans-Joachim, 1986:
Die neue Spontaneität - empirische Ergebnisse zur Erosion des institutionellen
Bewußtseins bei Jüngeren. In: Heinrich Oberreuther (Hrsg.), Wahrheit statt
Mehrheit? München, Olzog, S. 105-123.

Wehling, Hans-Georg (Hrsg.), 1984:
Konfession - eine Nebensache? Stuttgart: Kohlhammer.

Weiß, Hans J., 1989:
Öffentliche Streitfragen und massenmediale Argumentationsstrukturen. Ein Ansatz zur Analyse der inhaltlichen Dimension im Agenda-Setting-Prozeß. In: Max Kaase, Winfried Schulz (Hrsg.), Massenkommunikation. Kölner Zeitschrift für Soziologie und Sozialpsychologie, Sonderheft 30/1989, S. 473-489.

Wiedemann, Dieter, Cordula Günther, Margit Müller, Holm Felber, 1989:
Jugend mit dem Blick auf das Jahr 2000. Leipzig: Unveröffentlichter Forschungsbericht des Zentralinstituts für Jugendforschung.

Wiedemann, Dieter, Hans-Jörg Stiehler, u.a., 1984:
Die Funktion der Massenmedien bei der kommunistischen Erziehung der Jugend. Leipzig: Unveröffentlichter Forschungsbericht des Zentralinstituts für Jugendforschung.

Wiegand, Erich, 1991:
Aussiedler aus Osteuropa weniger gern gesehen. Informationsdienst Soziale Indikatoren (ISI), Nr. 5 (Januar 1991), S. 10-14.

Wilke, Jürgen, 1989:
Geschichte als Kommunikationsereignis. Der Beitrag der Massenkommunikation beim Zustandekommen historischer Ereignisse. In: Max Kaase, Winfried Schulz (Hrsg.), Massenkommunikation. Kölner Zeitschrift für Soziologie und Sozialpsychologie, Sonderheft 30/1989, S.57-71.

Winkler, Gunnar (Hrsg.), 1990a:
Sozialreport '90. Berlin (DDR): Verlag Die Wirtschaft.

Winkler, Gunnar (Hrsg.), 1990b:
Frauenreport '90. Berlin (DDR): Verlag Die Wirtschaft.

Zentralinstitut für Jugendforschung (Hrsg.), 1987:
Zur politisch-ideologischen Bewußtseinsentwicklung bei älteren Schülern und Lehrlingen. Expertise der Forschungsgruppe Jugend und Ideologie. Unveröffentlichtes Manuskript, Leipzig.

ANHANG

1. Stichprobenbeschreibung
Christiane Eilders

Die Auswahl der in die Untersuchung einbezogenen Schulen erfolgte nach dem Zufallsprinzip. Dabei wurde in der alten Bundesrepublik jeweils die gleiche Anzahl von Haupt- und Realschulen sowie Gymnasien berücksichtigt. Zielgröße waren 350 bis 400 Schüler pro Stadt. Legt man eine durchschnittliche Klassenstärke von etwa 25 Schülern zugrunde, ergab dies eine Sollzahl von etwa 15 Klassen pro Stadt, d. h. fünf bis sechs Klassen pro Schultyp. Da die meisten Schulen mehrere Parallelklassen haben, wurden pro Schultyp und Stadt je drei Auswahlschulen und vier Ersatzschulen ausgewählt. Dabei wurden die Schulen aus alphabetisch geordneten Listen mit einer zufällig ausgewählten Startzahl und festgelegter Schrittlänge gezogen.

Da Befragungen im Klassenverband der Genehmigung durch die zuständigen Kultusministerien bedürfen, wurden diese zunächst schriftlich um ihre Einwilligung gebeten. Nach Eingang der Bewilligungen wurden dann die Auswahlschulen angeschrieben. Dabei war die Kooperationsbereitschaft durchweg groß. Dennoch fielen einige Schulen wegen Terminschwierigkeiten aus, da sie für den vorgesehenen Befragungszeitraum Projektwochen, Sportveranstaltungen, Wandertage o.ä. geplant hatten. In Köln mußten zudem zwei Hauptschulen ausgeschlossen werden, die einen Ausländeranteil von über 80 Prozent aufwiesen, so daß mit erheblichen Sprachschwierigkeiten beim Ausfüllen der Fragebogen zu rechnen war. In all diesen Fällen wurde auf die Ersatzschulen ausgewichen.

In der ehemaligen DDR war nur ein Schultyp zu berücksichtigen, da dort alle Schüler der neunten Klassen die Polytechnische Oberschule besuchten. In Leipzig wurden 15, in Magdeburg elf und in Ost-Berlin zwölf Schulen ausgewählt. Alle 38 nach dem Zufallsprinzip ausgewählten Schulen erklärten sich bereit, an der Befragung teilzunehmen. Eine Genehmigung durch die zuständigen Ministerien war hier nicht erforderlich.

Die Durchführung der Befragung erfolgte durch einen kleinen Mitarbeiterstab, zu dem neben sechs Projektmitarbeitern noch sieben Mitarbeiter des ZIJ

Ausschöpfungsquote nach Stadt und Schultyp

	insgesamt	Hauptschule	Realschule	Gymnasium
BRD insge-samt:	60% (1231)	54% (301)	57% (420)	65% (510)
Berlin West:	72% (531)	49% (107)	80% (172)	81% (252)
Köln:	72% (399)	67% (148)	69% (128)	82% (123)
München:	40% (301)	24% (46)	48% (120)	43% (135)
DDR insge-samt:	94% (1049)			
Berlin Ost:	97% (318)			
Magdeburg:	91% (332)			
Leipzig:	95% (399)			

sowie - in Köln und West-Berlin - zehn Studenten gehörten. Diese Mitarbeiter verteilten die Fragebögen in den Klassen, gaben allgemeine Hinweise zum Ausfüllen der Bögen und sammelten diese nach Durchführung der Befragung wieder ein. Dabei wurden entsprechend der Gepflogenheiten des ZIJ in den DDR-Klassen die Lehrer gebeten, während der Befragung den Raum zu verlassen.

Der Fragebogen war von der Länge her so angelegt, daß er bequem während einer Schulstunde ausgefüllt werden konnte. Die Teilnahme an der Befragung war für die Schüler freiwillig. In der alten Bundesrepublik war darüber hinaus eine schriftliche Einwilligung ihrer Eltern erforderlich.

Verteilung der Befragten über die Schultypen			
	Haupt-schule	Realschule	Gymnasi-um
Berlin West Stichprobe Grundgesamtheit	20% 22%	32% 30%	48% 48%
München Stichprobe Grundgesamtheit	15% 26%	40% 30%	45% 44%
Köln Stichprobe Grundgesamtheit	37% 39%	32% 27%	31% 34%

Für die Befragung in München hatte das zuständige Ministerium die Genehmigung nur unter der Bedingung erteilt, daß die Befragung nicht während des Unterrichts erfolgte. Dort wurden die Fragebögen durch die Lehrer in den Klassen verteilt und von den Schülern zu Hause ausgefüllt. Dieses Verfahren wirkte sich nachteilig auf die Ausschöpfungsquote aus. Während in Köln und West-Berlin eine Ausschöpfungsrate von über 70 Prozent erreicht wurde, gaben in München nur 40 Prozent der Schüler einen ausgefüllten Fragebogen zurück.

Ausfallgründe waren in der (alten) Bundesrepublik neben wenigen Fällen mit stichprobenneutralen Gründen wie Krankheit oder vorzeitige Entlassung (aus der Hauptschule) vor allem fehlende Einverständniserklärungen der Eltern oder Verweigerungen durch die Schüler selbst. Wie die Werte in Tabelle 23 zeigen, waren die Ausfälle bei den Hauptschülern am höchsten. In der ehemaligen DDR wurden dagegen durchweg Ausschöpfungsquoten von über 90 Prozent erreicht.

Vergleicht man die Verteilungen über die Schultypen in der Stichprobe mit den amtlichen Statistiken der betreffenden Städte, so fällt auf, daß diese verhältnismäßig gut übereinstimmen. Der für Großstädte typische hohe Anteil an Gymnasiasten findet sich auch in unserer Stichprobe. Auch die Verteilung von

Haupt- und Realschülern der Stichprobe stimmt in etwa mit der amtlichen Statistik überein. Lediglich für München ergeben sich aus den genannten Gründen abweichende Werte (vgl. Tabelle 24).

2. Zur Aussagekraft der Ergebnisse
Ursula Hoffmann-Lange

Während die Ausschöpfungsquote in den drei DDR-Städten als außerordentlich hoch bezeichnet werden kann, lag sie in Köln und West-Berlin im Rahmen der in den westlichen Demokratien üblichen Prozentsätze. Lediglich in München fiel sie extrem niedrig aus, was durch die restriktive Genehmigungspolitik des dortigen Kultusministeriums bedingt war.

Die Auswirkungen der v.a. bei Hauptschülern geringen Ausschöpfungsquote auf die Ergebnisse lassen sich anhand der erhobenen Daten leider nicht bestimmen. Die Kultusministerien legen großen Wert darauf, daß in derartigen Schülerbefragungen möglichst keine persönlichen Daten über den familiären Hintergrund der Schüler erhoben werden, während eben solche Daten benötigt würden, um anhand eines Vergleiches mit Zensusdaten die eingetretenen Verzerrungen bei der realisierten Stichprobe bestimmen zu können. Es gibt jedoch aufgrund der Erfahrungsberichte der Interviewer keinen Grund zu der Annahme, daß die Ausfälle in irgendeinem systematischen Bezug zu den inhaltlichen Ergebnissen stehen könnten. Da zudem in der alten Bundesrepublik die Verteilungen auf die verschiedenen Schultypen in etwa der tatsächlichen Verteilung entspricht, spricht nichts gegen das von uns gewählte Vorgehen, die westdeutschen Schüler in der Regel als Gesamtgruppe zu betrachten und sie insgesamt mit den ostdeutschen Schülern zu vergleichen.

Bei den Analysen ging es uns zunächst immer um Unterschiede zwischen Schülern in den beiden Teilen Deutschlands. Daneben wurde auch fast durchgängig geprüft, ob sich systematische Unterschiede nach dem Geschlecht ergaben. Bei Variablen, bei denen aufgrund früherer Umfrageergebnisse ein Einfluß des Bildungsniveaus vermutet werden konnte, wurde geprüft, ob sich im Westen die erwarteten Unterschiede zwischen den Schülern der verschiedenen Schultypen ergaben. Dies war auch durchweg der Fall, z.B. beim politischen Interesse, beim Demokratieverständnis, bei Nationalismus, politischer Toleranz usw. Aus der Tatsache, daß Analysen nach dem (angestrebten) Bildungsniveau nur für die BRD-Schüler durchgeführt wurden, darf jedoch keinesfalls geschlossen werden, daß es entsprechende Differenzierungen in der DDR nicht gab. Wir gehen vielmehr davon aus, daß sich solche Unterschiede auch bei den DDR-Schülern ergeben hätten, sofern wir bei diesen nach den von ihnen angestrebten Bildungsabschlüssen hätten differenzieren können.

Für die Aussagekraft der Ergebnisse ist ferner die Anzahl der fehlenden Werte bedeutsam. Diese gibt jeweils Auskunft darüber, wie groß die Anzahl der Befragten war, die einzelne Fragen nicht beantworten konnten oder wollten. Eine hohe Anzahl von fehlenden Werten kann einmal bedeuten, daß die befragten Schüler die Frage nicht richtig verstanden oder nicht über die erfragten Informationen verfügten. Zum anderen kann diese jedoch auch darauf hindeuten, daß Antwortunsicherheiten im Hinblick auf das zu beurteilende Einstellungsobjekt bestanden. Zu dieser zweiten Kategorie muß beispielsweise die Tatsache gezählt werden, daß der Anteil der fehlenden Werte bei der Frage nach der Realisierung verschiedener Grundrechte bzw. Staatsziele in der DDR ebenso wie bei der Frage nach dem Vertrauen in politische und gesellschaftliche Institutionen der DDR teilweise sehr hoch war. Tatsächlich war ja die DDR-Gesellschaft im Sommer 1990 eine Gesellschaft im Übergang, so daß die Schwierigkeiten, hier Einschätzungen vorzunehmen, die reale Unbestimmtheit der Situation widerspiegeln und nur in zweiter Linie darauf zurückzuführen sind, daß die Schüler mit den entsprechenden Fragen nichts anzufangen wußten.

Daneben gab es jedoch auch eine Reihe von Fragen mit einer hohen Anzahl fehlender Werte, deren Nicht-Beantwortung darauf hindeutet, daß viele Befragte in diesem Alter offensichtlich noch kein hinreichend differenziertes politisches Weltbild haben, um diese beantworten zu können. Dies war beispielsweise bei der Selbsteinstufung auf der Links-Rechts-Skala der Fall, bei der in der Bundesrepublik über zwei Fünftel und in der DDR etwa ein Drittel der Befragten angaben, dies könnten sie nicht beurteilen. Ein beträchtlichen Anteil der Befragten konnte auch keine Einschätzung der Position der eigenen Familie im Hinblick auf Einkommen und Ansehen in der Gesellschaft abgeben. Während jedoch die Beziehungen der tatsächlich vorgenommenen Selbsteinstufungen auf der Links-Rechts-Skala mit anderen Variablen durchweg in der erwarteten Richtung und Stärke lagen, war dies bei den Einstufungen des Familieneinkommens und des Ansehens der eigenen Familie nicht der Fall. Wir beschlossen daher, diese beiden Variablen aus der weiteren Analyse auszuschließen, während die Selbsteinstufung auf der Links-Rechts-Skala in den Analysen berücksichtigt wurde. Auch bei der Frage nach dem Bildungsabschluß der Eltern lag die Anzahl der fehlenden Werte mit etwa einem Viertel der Befragten relativ hoch. Bei den meisten Fragen hielt sich jedoch die Zahl der fehlenden Werte in dem bei Umfragen üblichen Rahmen von maximal zehn Prozent.

An dieser Stelle soll ferner noch vermerkt werden, unter welchen inhaltlichen Vorbehalten die Ergebnisse dieser Studie stehen. Solche Vorbehalte ergeben sich aus dreierlei Problemen: Einmal aus der mangelnden Verfügbarkeit demographischer Informationen über die Befragungspersonen, zum zweiten aus möglichen Verständnisproblemen der Befragten, und zum dritten aus mangelnden Vergleichsdaten für die Jugendlichen in den neuen Bundesländern.

Die in unserer Umfrage erhobenen demographischen Informationen über die sozialstrukturelle Position der befragten Jugendlichen sind auf einige wenige Variablen beschränkt. Dies hat einmal damit zu tun, daß die Bewilligungsrichtlinien der Kultusministerien für Befragungen in Schulen die Erhebung solcher Informationen weitgehend untersagen. Fragen nach dem Elternhaus sind daher nur eingeschränkt möglich. In unserem Fall haben wir versucht, mit einer Frage nach dem Bildungsniveau der Eltern und einer Frage nach der Selbsteinstufung des Familieneinkommens als hoch oder niedrig, wenigstens einige wenige Anhaltspunkte hierzu zu erhalten (vgl. Tabelle 2). Schon die Frage nach dem Bildungsniveau der Eltern zeigt jedoch eine zweite Ursache für den Mangel an demographischen Informationen, die darin zu suchen ist, daß Jugendliche dieses Alters die entsprechenden Fragen vielfach nicht beantworten können. Eine dritte Ursache ergibt sich schließlich daraus, daß die Untersuchungsgruppe im Hinblick auf Alter (Neuntklässler) und Urbanisierungsgrad (Großstadtschüler) homogen ist.

Damit waren unseren Möglichkeiten, das Ausmaß der sozialstrukturellen Determination der erhobenen politischen Einstellungen zu bestimmen, enge

Grenzen gesetzt. Als demographische Variablen standen lediglich Land (BRD bzw. DDR), Geschlecht sowie für die westdeutschen Schüler der Schultyp zur Verfügung. Letzterer kann als ein Indikator für das (angestrebte) Bildungsniveau dienen, da die drei in die Untersuchung einbezogenen Schultypen (Hauptschule, Realschule, Gymnasium) zu unterschiedlichen Bildungsabschlüssen führen. Eine entsprechende Differenzierung ist jedoch für die ostdeutschen Schüler nicht möglich, da in der Polytechnischen Oberschule der DDR, die ja eine Gesamtschule war, die Schüler nicht nach angestrebten Bildungsabschlüssen differenziert werden können.

Die Validität der Ergebnisse dieser und ähnlicher Vergleichsumfragen zwischen den Bürgern der alten und neuen Bundesländer wurde schon mehrfach in Frage gestellt (u.a. von Heitmeyer, 1991). Von daher soll hier auch auf solche Befürchtungen eingegangen werden. Einmal waren die Befragten sehr jung, und einige unter ihnen waren mit den teilweise schwierigen Fragen sicherlich überfordert. Zum zweiten läßt sich nicht ausschließen, daß die Übertragung westlicher Fragestellungen auf den Kontext der DDR aufgrund systematischer semantischer Unterschiede im Verständnis mancher Begriffe die Vergleichbarkeit der Ergebnisse zwischen den DDR-Schülern und den Schülern der alten Bundesrepublik beeinträchtigt. Beides, sowohl die Überforderung der Befragten mit den Inhalten der Fragen wie auch Unterschiede im semantischen Gehalt der Fragen zwischen verschiedenen Gruppen von Befragten, sind jedoch wohlbekannte Probleme der quantitativen empirischen Sozialforschung, deren Auswirkungen auf die Ergebnisse sich in statistischen Analysen durchaus bestimmen lassen. Man kann einmal prüfen, ob die statistischen Zusammenhänge zwischen den Variablen hinreichend hoch sind und darüber hinaus auch den theoretischen Erwartungen entsprechen. Ist dies der Fall, so kann man davon ausgehen, daß die Antworten der Befragten sinnvolle Muster aufweisen und damit die Annahme nicht stützen, die Befragten hätten hier zufällig geantwortet, weil sie die Fragen nicht verstanden. Weiterhin kann man getrennte Analysen für verschiedene Befragtengruppen durchführen, um festzustellen, ob die Beziehungen zwischen den Variablen sich in ihnen unterschiedlich darstellen und dafür sprechen, daß wortgleiche Fragen möglicherweise unterschiedlich aufgefaßt wurden.

Diesbezügliche Analysen ergaben, daß die Größenordnungen der Beziehungen zwischen den Variablen in unserer Studie den in allgemeinen Bevölkerungsumfragen üblichen in keiner Weise nachstehen. Dies spricht dafür, daß das Gros der Schüler mit dem Fragebogen durchaus nicht überfordert war. Zum anderen zeigen die Beziehungen zwischen den Variablen eine Gleichförmigkeit in beiden Schülergruppen, die die Annahme nicht stützt, die ostdeutschen Schüler hätten die aus dem "westlichen" Kontext übernommenen Fragen grundlegend anders verstanden. Unterschiedliche Beziehungen ergaben sich lediglich dort, wo sie auch theoretisch überaus plausibel sind, nämlich bei der Verbundenheit mit dem eigenen Teil Deutschlands.

Ein dritter möglicher Einwand gegen die Gültigkeit der erhobenen Daten wiegt demgegenüber sehr viel schwerer. Dieser besteht darin, daß Antwortverteilungen in Umfragen sehr stark vom Zeitpunkt der Befragung, dem Alter und sozialen Status der Befragten, den konkreten Frageformulierungen und dem Gesamtkontext eines Fragebogens abhängen. Um sichergehen zu können, daß bestimmte Verteilungen kein Zufallsprodukt einer bestimmten Umfrage sind, müssen diese daher mit den Ergebnissen anderer Studien übereinstimmen. Angesichts des noch nicht sehr reichhaltigen Datenmaterials über die Bürger in den neuen Bundesländern sind die Ergebnisse unserer Schülerstudie immer unter dem Vorbehalt zu sehen, daß sie bislang nur teilweise durch die Ergebnisse anderer Umfragen gestützt sind. Soweit möglich, haben wir jedoch auf andere Umfrageergebnisse zurückgegriffen, die zur Validierung unserer eigenen Daten geeignet waren.

3. Tabellenanhang

Der Tabellenanhang enthält zusätzliche Tabellen, die in erster Linie der Dokumentation von Ergebnissen dienen, auf die im Text zwar eingegangen wird, deren Aufnahme in den Textteil uns jedoch nicht zwingend erschien und diesen nur unnötig aufgebläht hätte. Ferner sind hier die genauen Zahlenwerte zu den Graphiken enthalten, die möglicherweise für Leser von Interesse sind, die mit dem hier präsentierten Material weiterarbeiten möchten.

Tabelle A1:

Lebensziele, geordnet nach der ihnen zugeschriebenen Bedeutung
(Frage 4, Zeilenprozente)

	BRD			DDR		
	sehr stark/ stark	mittel	weniger stark/ überhaupt nicht	sehr stark/ stark	mittel	weniger stark/ überhaupt nicht
	%			%		
interessante Arbeit	95.8	3.5	0.7	97.4	2.4	0.2
sichere Berufsstellung	91.8	6.8	1.5	96.0	3.3	0.7
angenehmes Leben	84.9	12.5	2.6	85.8	12.2	1.9
Arbeit nicht auf Kosten der Familie	82.1	12.9	4.9	82.9	13.5	3.6
hohes Einkommen	76.7	21.0	2.3	83.8	14.1	2.1
Entfaltung persönlicher Fähigkeiten	76.7	21.4	1.8	79.1	19.5	1.3
stets Anforderungen erfüllen	71.4	25.3	3.3	83.3	15.0	1.7
Entscheidungen eigenständig treffen	70.4	25.4	4.2	72.4	23.4	4.1
Arbeit, die viel Freizeit läßt	60.4	33.3	6.4	56.2	35.6	8.2
für andere Menschen da sein	42.2	44.3	13.5	46.3	44.0	9.6
möglichst nicht aus der Reihe tanzen	32.0	36.2	31.8	29.4	38.3	32.3
politisch betätigen	10.7	26.8	62.4	13.9	34.2	51.9

166

Tabelle A2:

Lebensziele nach Geschlecht, geordnet nach der ihnen zugeschriebenen Bedeutung

(Frage 4, Zeilenprozente)

	BRD		DDR	
	weiblich	männ-lich	weib-lich	männ-lich
	% sehr stark und stark		% sehr stark und stark	
interessante Arbeit	96.6	95.0	98.3	96.6
sichere Berufsstellung	91.4	92.1	96.2	95.8
angenehmes Leben	85.2	84.6	83.7	88.0
Arbeit nicht auf Kosten der Familie	81.4	83.0	83.5	82.3
hohes Einkommen	71.3	82.7	75.3	92.2
Entfaltung persönlicher Fähigkeiten	73.7	80.1	77.0	81.2
stets Anforderungen erfüllen	71.2	71.7	86.2	80.3
Entscheidungen eigenständig treffen	69.3	71.6	68.9	76.0
Arbeit, die viel Freizeit läßt	57.8	63.2	49.0	63.4
für andere Menschen da sein	50.2	33.4	56.3	36.3
möglichst nicht aus der Reihe tanzen	32.3	31.7	28.2	30.7
politisch betätigen	8.2	13.5	10.5	17.3

Tabelle A3:

Zuversichten, geordnet nach dem Ausmaß der Zuversicht
(Frage 2, Zeilenprozente)

	B R D			D D R		
	sehr zuversicht- lich/ zu- versicht- lich	teils/ teils	düster/ sehr düster	sehr zuver- sichtlich/ zuver- sichtlich	teils/ teils	düster/ sehr düster
	%			%		
persönliche Entwick- lung: Freundschaften	88.4	10.4	1.2	87.3	11.5	1.2
persönliche Entwick- lung: Partnerschaft	73.1	23.4	3.5	74.0	22.3	3.7
Friede in Europa	68.6	24.5	6.8	79.6	16.7	3.7
schulisches und berufli- ches Vorwärtskommen	56.7	38.1	5.2	40.3	50.1	9.6
Entwicklung des eige- nen Teils Deutschlands	38.3	45.3	16.4	43.8	33.2	23.1
Entwicklung des ande- ren Teils Deutschlands	31.3	41.0	27.6	72.6	24.1	3.3
Bewältigung der Um- weltprobleme	11.5	23.3	65.2	20.7	24.8	54.5

Tabelle A4:

Zuversichten nach Geschlecht, geordnet nach dem Ausmaß der Zuversicht

(Frage 2, Zeilenprozente)

	B R D		D D R	
	weiblich	männlich	weiblich	männlich
	% sehr zuversichtlich und zuversichtlich		% sehr zuversichtlich und zuversichtlich	
persönliche Entwicklung: Freundschaften	88.7	88.1	88.5	86.1
persönliche Entwicklung: Partnerschaft	71.8	74.4	75.4	72.7
Friede in Europa	58.9	78.7	76.1	82.9
Schulisches und berufliches Vorwärtskommen	53.6	60.1	34.1	46.4
Entwicklung des eigenen Teils Deutschlands	30.0	46.7	40.3	47.1
Entwicklung des anderen Teils Deutschlands	29.5	33.1	68.6	76.2
Bewältigung der Umweltprobleme	10.8	12.2	17.7	23.7

Tabelle A5:

Beunruhigung über gesellschaftspolitische Problemfelder
(Frage 14, Zeilenprozente)

	BRD			DDR		
	sehr stark/ stark	mittel	weniger stark/ überhaupt nicht	sehr stark/ stark	mittel	weniger stark/ überhaupt nicht
	%			%		
Wohnungsnot	82.1	13.6	4.3	71.3	20.3	8.4
Aggressivität und Gewalt	74.6	16.7	8.7	77.2	14.1	8.7
Arbeitslosigkeit	68.6	22.8	8.6	81.3	13.3	5.4
Drogenmißbrauch	67.8	17.5	14.7	78.3	13.3	8.3
Ausländerfeindlichkeit	1) 58.8	23.5	17.7	52.3	25.1	22.7
	2) 81.6	12.6	5.7	-	-	-
Rechtsextremismus	60.3	25.5	14.2	67.9	20.2	12.0
AIDS	58.3	23.4	18.4	64.7	21.2	14.2
Ellenbogengesellschaft	42.3	36.8	20.9	47.7	36.0	16.3

1) nur Deutsche (n = 2.010)
2) nur Ausländer in der BRD (n = 262)

Tabelle A6:

Beunruhigung über gesellschaftspolitische Problemfelder nach Geschlecht

(Frage 14, Zeilenprozente)

	B R D		D D R	
	weiblich	männlich	weiblich	männlich
	% sehr stark und stark		% sehr stark und stark	
Wohnungsnot	86.9	76.8	75.2	67.4
Aggressivität und Gewalt	80.8	67.9	85.9	68.5
Arbeitslosigkeit	73.1	63.7	84.9	77.7
Drogenmißbrauch	74.7	60.3	83.7	72.9
Ausländerfeindlichkeit	1) 62.6 2) 87.3	54.7 74.8	54.7 -	49.8 -
Rechtsextremismus	62.3	58.3	68.3	67.4
AIDS	67.6	48.0	75.1	54.2
Ellenbogengesellschaft	45.6	38.8	50.4	45.0

1) nur Deutsche (n = 2.010)
2) nur Ausländer in BRD (n = 262)

Tabelle A7:
Wichtigstes Politikziel *) (1. Rang) nach Land und Geschlecht
(Frage 8, Spaltenprozente)

| | | BRD | DDR |
		%	%
A	Insgesamt	40.0	26.9
	weiblich	43.4	25.5
	männlich	36.2	28.2
B	Insgesamt	25.3	38.8
	weiblich	24.0	41.7
	männlich	26.7	35.8
C	Insgesamt	3.6	17.5
	weiblich	1.4	15.6
	männlich	6.1	19.5
D	Insgesamt	31.1	16.8
	weiblich	31.2	17.2
	männlich	31.0	16.5

*) A = Aufrechterhaltung von Ruhe und Ordnung in diesem Lande
   B = Mehr Einfluß der Bürger auf die Entscheidungen der Regierung
   C = Ein hoher Grad von wirtschaftlichem Wachstum
   D = Schutz des Rechts auf freie Meinungsäußerung

Tabelle A8:
Interessengebiete nach Höhe geordnet
(Frage 24, Zeilenprozente)

	BRD			DDR		
	sehr stark/ stark	mittel	weniger stark/ über- haupt nicht	sehr stark/ stark	mittel	weniger stark/ über- haupt nicht
	%			%		
Natur und Umwelt	70.2	21.7	8.1	70.6	21.3	8.1
Sport	70.8	21.1	8.0	67.0	23.2	9.9
Naturwissenschaft und Technik	38.6	31.5	29.9	35.3	31.7	33.0
Geschichte	32.0	33.5	34.5	34.1	35.2	30.7
Wirtschaft	24.8	35.4	39.8	38.9	34.5	26.6
Kunst und Literatur	25.9	32.2	42.0	26.0	37.0	36.9
Politik	20.3	31.6	48.1	27.6	36.0	36.5
Religion	22.6	26.2	51.1	17.2	18.8	64.0

Tabelle A9:

Interessengebiete nach Geschlecht, nach Höhe geordnet

(Frage 24, Spaltenprozente)

	B R D		D D R	
	weiblich	männ-lich	weiblich	männ-lich
	% sehr stark und stark		% sehr stark und stark	
Natur und Umwelt	74.7	65.2	73.8	67.4
Sport	63.1	79.3	56.5	77.4
Naturwissenschaft und Technik	23.4	55.3	14.0	56.4
Geschichte	27.5	36.9	26.4	41.8
Wirtschaft	17.9	32.5	28.4	49.3
Kunst und Literatur	30.4	20.9	38.8	13.2
Politik	14.6	26.6	20.5	34.6
Religion	24.6	20.4	22.2	12.1

Tabelle A10:

Mediennutzung zur Information über Politik
(Frage 25, Prozentwerte für die Antwortkategorie "täglich" und "mehrmals die Woche")

	BRD	DDR
Fernsehen	91.1	94.9
Radio	71.3	88.4
Tageszeitungen	59.5	74.4
Zeitschriften/Wochenzeitungen	36.3	42.4
persönliche Gespräche	45.2	55.6
Schulunterricht	47.5	38.0

Tabelle A11:

Quellen für die Information über den jeweils anderen Teil Deutschlands

(Frage 27)

a) Prozentwerte für die Antwortkategorie "oft"

	BRD	DDR
Fernsehen	77.8	85.6
Radio	43.7	64.0
Tageszeitungen	45.8	47.5
Zeitschriften/Wochenzeitungen	18.8	21.2
Bücher	3.7	4.9
Gespräche mit Personen aus dem anderen Teil Deutschlands	10.4	18.6
Gespräche mit Personen aus dem eigenen Teil Deutschlands	20.1	28.1
Reisen in den anderen Teil Deutschlands	10.7	27.3

Tabelle A11:

Quellen für die Information über den jeweils anderen Teil Deutschlands

(Frage 27)

b) Prozentwerte für die Antwortkategorie "nie"

	BRD	DDR
Fernsehen	1.0	0.3
Radio	15.6	3.0
Tageszeitungen	10.9	5.2
Zeitschriften/Wochenzeitungen	25.1	15.2
Bücher	70.8	60.4
Gespräche mit Personen aus dem anderen Teil Deutschlands	57.7	31.6
Gespräche mit Personen aus dem eigenen Teil Deutschlands	25.6	18.0
Reisen in den anderen Teil Deutschlands	65.3	18.3

Tabelle A12:

Subjektiver Informationsstand über die Lebensbedingungen von Jugendlichen im anderen Teil Deutschlands
(Frage 28, Spaltenprozente)

	BRD	DDR
gut/sehr gut	19.0	39.7
mittel	40.6	42.9
wenig/sehr schlecht	40.4	17.3

Tabelle A13:

Typologisierung "starker" und "schwacher" Nutzer von Medien für Informationen über das politische Tagesgeschehen bzw. über die aktuellen politischen Ereignisse in Deutschland

(Angaben in Prozent der jeweiligen Extremgruppen)

Frage	Mediennutzung	stark		schwach	
		BRD	DDR	BRD	DDR
2A	Zuversicht/Vorwärtskommen				
	(sehr) zuversichtlich	62.0	43.4	49.8	40.3
	teils/teils - düster	37.3	55.8	49.2	50.7
2B	Zuversicht/eigenes Land				
	(sehr) zuversichtlich	46.3	44.4	32.6	37.0
	teils/teils - düster	48.0	47.7	62.2	53.5
2C	Zuversicht/anderes Land				
	(sehr) zuversichtlich	33.5	73.7	26.9	64.6
	teils/teils - düster	57.6	25.4	65.1	31.8
2E	Zuversicht/Frieden Europa				
	(sehr) zuversichtlich	70.6	80.4	66.0	68.5
	teils/teils - düster	27.0	19.3	32.1	29.2
2F	Zuversicht/Partnerschaft				
	(sehr) zuversichtlich	76.3	78.7	71.0	73.3
	teils/teils - düster	23.0	20.7	28.3	25.9
2G	Zuversicht/Freundschaften				
	(sehr) zuversichtlich	90.5	84.1	85.9	82.3
	teils/teils - düster	8.9	9.9	13.8	17.7
6A	Anomie/Einfluß				
	trifft ganz zu - eher zu	18.1	15.2	16.5	20.5
	trifft eher - überhaupt nicht zu	53.0	57.4	44.9	43.8

Frage	Mediennutzung	stark		schwach	
		BRD	DDR	BRD	DDR
6B	Anomie/Vertrauen				
	trifft ganz zu - eher zu	39.0	44.2	41.8	39.5
	trifft eher - überhaupt nicht zu	26.4	15.9	19.2	21.1
6D	Anomie/Familie				
	trifft ganz zu - eher zu	64.5	77.6	64.4	66.7
	trifft eher - überhaupt nicht zu	11.4	5.5	12.0	12.3
10B	Demokr. Eigland/Meinungsfrei.				
	vollk. - mit gew. Einschränk.	79.5	64.2	78.3	53.6
	kaum - überhaupt nicht	3.8	8.1	2.8	16.7
10D	Demokr. Eigland/Reisefreiheit				
	vollk. - mit gew. Einschränk.	91.2	80.1	87.5	70.3
	kaum - überhaupt nicht	1.5	5.0	5.3	8.7
11A	Demokr. Andland/Gleichberech.				
	vollk. - mit gew. Einschränk.	28.7	45.7	21.7	37.0
	kaum - überhaupt nicht	20.2	12.3	21.4	17.3
11B	Demokr. Andland/Meinungsfrei.				
	vollk. - mit gew. Einschränk.	31.6	79.9	21.6	67.4
	kaum - überhaupt nicht	30.0	1.6	34.7	8.0
11D	Demokr. Andland/Reisefreiheit				
	vollk. - mit gew. Einschränk.	46.7	96.3	34.7	92.1
	kaum - überhaupt nicht	24.6	0.6	28.3	--.-
11H	Demokr. Andland/Freie Wahlen				
	vollk. - mit gew. Einschränk.	53.7	88.8	39.8	79.0
	kaum - überhaupt nicht	15.1	0.8	23.0	0.7
12A	Vertrauen/Schule				
	(sehr) großes Vertrauen	47.6	26.1	44.7	20.1
	wenig - überh. kein Vertrauen	10.9	16.7	8.7	20.6
12B	Vertrauen/Gericht				
	(sehr) großes Vertrauen	48.7	44.2	41.6	37.3
	wenig - überh. kein Vertrauen	14.6	11.0	15.9	23.7

Frage	Mediennutzung	stark		schwach	
		BRD	DDR	BRD	DDR
12D	Vertrauen/Polizei				
	(sehr) großes Vertrauen	44.5	31.1	42.7	25.8
	wenig - überh. kein Vertrauen	24.9	29.7	20.6	30.4
12L	Vertrauen/Fernsehen				
	(sehr) großes Vertrauen	30.3	25.1	25.5	21.5
	wenig - überh. kein Vertrauen	29.7	24.0	37.9	36.5
13A	Gruppen/Menschenrechtsgruppen				
	gehöre dazu - finde gut	82.7	76.3	72.1	71.9
	ist mir egal	12.2	19.2	23.7	22.3
13B	Gruppen/Atomkraftgegner				
	gehöre dazu - finde gut	77.0	77.1	72.1	63.7
	ist mir egal	11.0	8.7	12.6	17.7
13D	Gruppen/Skins				
	gehöre dazu - finde gut	9.0	5.6	6.1	8.9
	ist mir egal	9.3	12.2	17.9	16.3
13F	Gruppen/Reps, Faschos				
	gehöre dazu - finde gut	10.3	5.4	34.3	8.3
	ist mir egal	9.6	8.0	16.1	12.0
14D	Angst/Aids				
	(sehr) stark	59.0	70.9	57.2	55.8
	wenig - überhaupt nicht	18.0	12.6	19.5	20.3
14E	Angst/Drogen				
	(sehr) stark	69.4	81.3	62.5	67.9
	wenig - überhaupt nicht	13.1	7.3	17.5	14.6
14F	Angst/Rechtsextremismus				
	(sehr) stark	65.8	71.7	53.3	67.2
	wenig - überhaupt nicht	14.0	10.6	14.9	12.4

Frage	Mediennutzung	stark		schwach	
		BRD	DDR	BRD	DDR
14G	Angst/Ellbog.gesellschaft				
	(sehr) stark	43.8	51.0	41.1	42.3
	wenig - überhaupt nicht	16.8	14.4	25.1	16.1
14H	Angst/Gewalt				
	(sehr) stark	75.0	82.2	72.4	73.9
	wenig - überhaupt nicht	9.6	6.6	9.0	14.5
17A	Verbundenheit/Stadt				
	(sehr) stark	44.5	49.4	31.6	39.9
	wenig - überhaupt nicht	20.2	19.6	26.4	30.4
17B	Verbundenheit/Eigland				
	(sehr) stark	39.7	29.7	29.5	26.1
	wenig - überhaupt nicht	23.7	31.6	31.4	36.9
17C	Verbundenheit/Deutschland				
	(sehr) stark	40.4	61.4	32.2	51.4
	wenig - überhaupt nicht	25.9	14.9	32.5	19.6
17D	Verbundenheit/Europa				
	(sehr) stark	41.6	60.3	40.6	44.9
	wenig - überhaupt nicht	22.4	11.3	27.1	23.9
36	Konfession/Aktivität				
	oft - manchmal	38.5	21.5	26.8	25.3
	nie	34.8	70.3	46.3	70.1
38	Parteimitglied werden				
	ja	29.3	43.6	19.8	30.1
	nein	70.7	56.4	80.2	69.9

Tabelle A14:

Verbundenheit mit Deutschland, mit dem eigenen Teil Deutschlands und Zufriedenheit mit dem Leben im eigenen Teil Deutschlands (Frage 17 und 15, Zeilenprozente)

Verbundenheit mit:		sehr stark/ stark	mittel	weniger stark/ überhaupt nicht
Deutschland	BRD	43.5	34.1	22.4
	DDR	57.6	27.0	15.5
der DDR bzw. BRD (dem eigenen Teil Deutschlands)	BRD	39.9	39.0	21.1
	DDR	27.9	39.1	32.9
Zufriedenheit mit dem Leben im eigenen Teil Deutschlands		vollkommen/ mit geringen Ein-schränkungen	teils/ teils	kaum/ überhaupt nicht
	BRD	80.6	14.5	4.9
	DDR	49.3	37.2	13.4

Tabelle A15:
Haltung zur Vereinigung Deutschlands
(Frage 18, Zeilenprozente)

		sehr dafür	eher dafür als dagegen	eher dagegen als dafür	sehr dagegen
insgesamt	BRD	25.3	40.3	23.1	11.4
	DDR	47.3	35.9	12.0	4.8
männlich	BRD	30.0	40.3	17.9	11.8
	DDR	56.9	29.4	9.0	4.7
weiblich	BRD	20.4	40.2	28.6	10.8
	DDR	37.1	43.1	15.2	4.7

Tabelle A16:

Demokratieverständnis: Bewertung von Rechten und Zielen als unverzichtbar für eine demokratische Gesellschaft

(Frage 9)

	BRD	DDR	insgesamt
1. Freiheitsrechte			
Freiheit der Meinungsäußerung	93.7	95.8	94.7
Freie Wahlen	92.7	96.6	94.5
Reisefreiheit	77.5	68.5	73.4
Freiheitliche Wirtschaftsordnung	59.5	58.4	59.0
Minderheitenschutz	63.0	50.8	57.4
2. Gleichheitsrechte			
Gleichheit vor dem Gesetz	88.6	84.7	86.8
Gleichheit der Bildungschancen	76.8	87.0	81.5
Gleichberechtigung der Frau	82.1	84.9	83.4
Recht auf Arbeit(splatz)	74.4	86.7	80.1
Staatlich garantierte medizinische Grundversorgung	73.1	79.4	76.0
3. Schutz und Erhalt der Umwelt	71.2	77.7	74.2

Tabelle A17:

Bewertung der Verwirklichung demokratischer Rechte und politischer Ziele

(Zeilenprozente)

	BRD			DDR		
	vollkom-men/ mit geringen Einschrän-kungen	teils/ teils	kaum/ über-haupt nicht	vollkom-men/ mit geringen Einschrän-kungen	teils/ teils	kaum/ über-haupt nicht
1. Freiheitsrechte						
Freiheit der Meinungs-äußerung	82.1	14.1	3.8	63.0	24.7	12.3
Freie Wahlen	92.9	4.6	2.4	90.1	5.9	4.0
Reisefreiheit	92.2	6.5	1.3	77.9	15.2	6.9
Freiheitliche Wirt-schaftsordnung	82.1	15.0	2.8	50.5	31.6	17.8
Minderheitenschutz	42.2	32.6	25.2	36.9	34.3	28.8
2. Gleichheitsrechte						
Gleichheit vor dem Ge-setz	75.2	17.8	6.9	57.1	28.3	14.5
Gleichheit der Bil-dungschancen	69.8	23.0	7.2	68.6	23.5	7.9
Gleichberechtigung der Frau	64.9	28.5	6.6	61.5	27.9	10.6
Recht auf Arbeit	55.4	28.1	16.4	47.4	32.3	20.3
Staatlich garantierte medizinische Grundver-sorgung	86.3	10.6	3.1	79.1	15.6	5.3
3. Schutz und Erhalt der Umwelt						
Schutz und Erhalt der Umwelt	23.9	38.6	37.4	7.0	12.5	80.5

Anmerkung: Frage 10 beantworteten BRD- und DDR-Schüler jeweils für ihr eigenes Land

Tabelle A18:

Vergleich des eigenen Teils Deutschlands mit dem anderen Teil Deutschlands

(Prozentwerte pro Land)

	BRD-Schüler - eigenes Land				DDR-Schüler - eigenes Land			
	besser	gleich	schlech- ter	keine Anga- be	besser	gleich	schlech- ter	keine Anga- be
Gleichberechtigung der Frau	37.2	21.4	9.2	32.2	29.6	32.2	20.8	17.4
Freiheit der Meinungsäu- ßerung	59.4	17.9	5.8	16.9	10.1	36.2	43.6	10.1
Schutz und Erhalt der Umwelt	60.2	18.0	4.7	17.1	2.3	8.3	82.6	6.9
Reisefreiheit	59.5	23.0	3.2	14.2	1.3	37.8	56.5	4.4
Gleichheit der Bil- dungschancen	35.0	19.3	7.6	38.2	35.8	27.1	18.7	18.4
Recht auf Arbeit	21.0	23.1	19.4	36.5	47.6	27.4	8.1	17.0
Gleichheit vor dem Ge- setz	32.3	20.4	6.0	41.3	15.6	24.6	18.7	41.4
Freie Wahlen	41.9	33.4	4.1	20.6	6.4	63.2	17.7	12.7
Medizinische Grundver- sorgung	44.8	11.1	4.3	39.8	41.4	17.9	13.6	27.1
Freiheitliche Wirtschafts- ordnung	31.5	8.0	1.9	58.6	1.1	13.7	46.3	38.8
Minderheitenschutz	27.3	17.5	4.7	50.5	24.2	23.1	14.2	38.5

Anmerkung: Frage 10 und 11 im Vergleich

Tabelle A19:

Institutionenvertrauen

(Frage 12, Zeilenprozente)

	Sehr großes und großes Vertrauen			Wenig und überhaupt kein Vertrauen		
	insg.	BRD	DDR	insg.	BRD	DDR
Schulwesen	34.3	43.4	23.7	13.9	9.2	19.5
Gerichte	40.8	43.5	37.8	12.9	13.0	12.8
Gewerkschaften	19.6	21.9	17.0	20.0	14.3	26.8
Polizei	36.9	42.0	31.0	25.0	22.1	28.5
Bundestag/ Volkskammer	16.0	18.6	12.9	34.5	24.0	46.9
Großunternehmen	--	12.8	--	--	30.6	--
Kirchen	28.5	29.9	26.8	32.5	32.8	32.0
BVG	--	28.4	--	--	11.8	--
(Bundes-)Regierung	21.5	22.7	20.0	28.5	21.0	37.4
Fernsehen	25.5	26.1	24.8	29.5	33.4	25.0
Bundeswehr/ NVA	17.5	21.8	12.5	35.0	30.4	40.3

Tabelle A20:
Institutionenvertrauen nach Geschlecht
(Frage 12, Zeilenprozente)

	sehr großes und großes Vertrauen				wenig und überhaupt kein Vertrauen				mittleres Vertrauen			
	BRD		DDR		BRD		DDR		BRD		DDR	
	w	m	w	m	w	m	w	m	w	m	w	m
Schulwesen	43.9	42.8	24.8	22.7	6.4	12.3	16.6	22.5	46.2	43.3	56.9	52.4
Gerichte	38.0	49.5	35.7	39.8	13.0	13.0	8.8	16.8	36.4	32.4	35.5	32.6
Gewerkschaften	15.2	29.4	10.1	23.8	11.6	17.2	27.1	26.5	35.5	32.4	27.3	30.1
Polizei	43.6	40.3	28.4	33.5	17.4	27.3	24.2	32.8	35.2	30.5	42.7	30.7
Bundestag/Volkskammer	11.6	26.3	9.7	16.0	23.4	24.6	47.5	46.3	30.1	33.4	24.4	30.3

	sehr großes und großes Vertrauen				wenig und überhaupt kein Vertrauen				mittleres Vertrauen			
	BRD		DDR		BRD		DDR		BRD		DDR	
Großunternehmen	8.1	17.9	--	--	26.7	35.0	--	--	29.6	31.1	--	--
Kirchen	29.0	30.9	30.2	23.4	31.2	34.6	25.8	38.3	26.4	24.7	19.5	18.9
BVG	19.7	37.9	--	--	9.6	14.2	--	--	26.2	22.9	--	--
(Bundes-)Regierung	16.0	30.2	13.9	26.1	20.5	21.5	38.9	35.8	33.5	36.0	38.2	35.0
Fernsehen	21.7	31.0	22.5	27.0	38.2	28.1	23.3	26.7	33.7	36.4	50.4	41.0
Bundeswehr/NVA	16.6	27.4	11.3	13.7	25.7	35.6	31.9	48.8	26.6	25.1	26.0	23.4

Tabelle A21:

Institutionenvertrauen - Verteilung der Anteilswerte für die Vorgabe
"Kann ich nicht beurteilen", nach Land und Geschlecht
(Frage 12)

	insgesamt		BRD		DDR	
	W	M	W	M	W	M
Schulwesen	59.3	40.7	71.9	28.1	40.9	59.1
Gerichte	68.1	31.9	73.0	27.0	64.8	35.2
Gewerkschaften	65.5	34.5	66.4	33.6	64.4	35.6
Polizei	64.5	35.5	69.4	30.6	60.0	40.0
Bundestag/ Volkskammer	71.0	29.0	71.0	29.0	71.1	28.9
Großunternehmen	--	--	71.0	29.0	--	--
Kirchen	57.6	42.4	60.4	39.6	55.8	44.2
BVG	--	--	66.1	33.9	--	--
(Bundes-)Regierung	73.3	26.7	72.9	27.1	74.6	25.4
Fernsehen	53.0	47.0	61.2	38.8	41.7	58.3
Bundeswehr/ NVA	71.5	28.5	74.0	26.0	68.6	31.4

Tabelle A22:

Index "Religiöser Faktor" und Lebenszufriedenheit (Frage 1)

Lebenszu-friedenheit	Rel. Faktor	1	2	3	4	5	6	7	insge-samt
zufrieden	BRD	40.4	37.5	41.9	43.0	47.7	55.0	53.7	48.3
	DDR	14.9	13.6	20.2	26.9	7.1	20.0	27.9	16.2
wünsche manches anders	BRD	59.6	62.5	58.1	57.0	52.3	45.0	46.3	51.7
	DDR	85.1	86.4	79.8	73.1	92.9	80.0	72.1	83.8

1	2	3	4	5	6	7	8	9	10

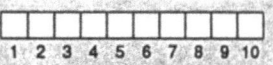

Deutsch - Deutsche Schülerbefragung

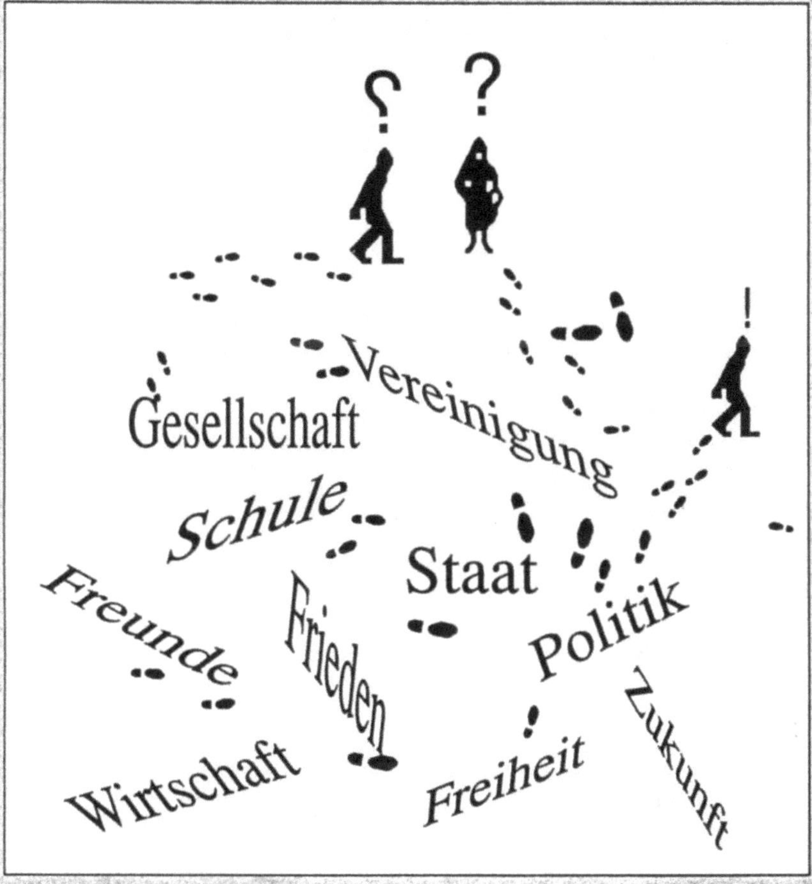

Gesellschaft
Vereinigung
Schule
Staat
Freunde
Frieden
Politik
Zukunft
Wirtschaft
Freiheit

DEUTSCHES JUGENDINSTITUT
Freibadstr. 30
8000 München 90
(Tel.: 089 / 62306-0)

ZENTRALINSTITUT FÜR JUGENDFORSCHUNG
Stallbaumstr. 9
7022 Leipzig
(Tel.: 03741 / 55226)

HINWEISE ZUM AUSFÜLLEN DES FRAGEBOGENS

Dieser Fragebogen richtet sich an Schüler und Schülerinnen in beiden Teilen Deutschlands. Die Fragen beziehen sich auf verschiedene Bereiche im Zusammenhang mit den aktuellen Ereignissen in der Bundesrepublik und in der DDR, auf Politik und Gesellschaft sowie auf die Zukunftsvorstellungen von Jugendlichen.

Wir möchten gerne wissen, wie Du persönlich über diese Themen denkst. Welche Meinung hast Du zur Vereinigung, inwieweit fühlst Du Dich davon betroffen, wie siehst Du insgesamt Politik und Gesellschaft in unserem Land? Wir wollen nicht Dein Wissen testen, sondern Deine Ansichten erfahren. Du kannst also gar keine falschen Antworten geben. Deshalb ist es völlig in Ordnung, wenn Du bei der einen oder anderen Frage mit "weiß nicht" oder "kann ich nicht beurteilen" antwortest. Wir haben uns bemüht, verständlich zu formulieren. Falls uns dies einmal nicht gelungen ist, kannst Du gerne Deinen Kommentar schriftlich vermerken.

Um das Ausfüllen des Fragebogens zu erleichtern, haben wir Antwortkategorien vorgegeben. Bitte setze Dein Kreuz **in** die Kästchen. Entscheide Dich für eine der Vorgaben, kreuze also immer nur ein Kästchen pro Zeile an. Laß Dich nicht verwirren von den kleinen Zahlen über den Kästchen und am rechten Seitenrand. Sie dienen der technischen Verarbeitung der Daten mit dem Computer.

Es ist uns sehr wichtig, Deine **persönliche** Ansicht zu erfahren. Fülle also bitte den Fragebogen **alleine** aus, ohne Dich mit Deinem Banknachbarn oder Deiner Banknachbarin zu unterhalten.

Wir versichern Dir, daß der Fragebogen keinesfalls von Unbefugten eingesehen werden kann. Auch Deine Lehrer/innen erfahren nicht, welche Meinung Du persönlich geäußert hast. Alle Angaben werden streng vertraulich behandelt - vermerke also nirgendwo Deinen Namen. Die Auswertung erfolgt in verschlüsselter Form, Rückschlüsse auf einzelne Befragte sind nicht möglich.

Wir danken Dir für Deine Mitarbeit

1. Bist Du im allgemeinen mit Deinem jetzigen Leben zufrieden, oder wünschst Du Dir manches anders?

Ich bin ......

zufrieden	wünsche mir manches anders	unentschieden
1	2	3
☐	☐	☐

13

2. Wenn Du einmal an die nächsten fünf Jahre denkst, bist Du da eher zuversichtlich oder siehst Du da eher schwarz?
Bitte kreuze an, wie zuversichtlich Du im Hinblick auf die folgenden Gebiete bist.

Das sehe ich ......

	sehr zuversichtlich	zuversichtlich	teils / teils	düster	sehr düster	weiß nicht	
	1	2	3	4	5	9	
A. mein schulisches und berufliches Vorwärtskommen	☐	☐	☐	☐	☐	☐	14
B. die Entwicklung in der Bundesrepublik bzw. auf dem Gebiet der Bundesrepublik	☐	☐	☐	☐	☐	☐	15
C. die Entwicklung in der DDR bzw. auf dem Gebiet der DDR	☐	☐	☐	☐	☐	☐	16
D. die Bewältigung der Umweltprobleme	☐	☐	☐	☐	☐	☐	17
E. die Erhaltung des Friedens in Europa	☐	☐	☐	☐	☐	☐	18
F. meine persönliche Entwicklung, was Partnerschaft angeht	☐	☐	☐	☐	☐	☐	19
G. meine persönliche Entwicklung, was Freundschaften angeht	☐	☐	☐	☐	☐	☐	20

3. Wie zufrieden bist Du mit dem politischen System der Bundesrepublik, d. h. mit der *Demokratie* hier in unserem Land?

Ich bin damit ......

sehr zufrieden	eher zufrieden	eher unzufrieden	sehr unzufrieden	weiß nicht
1	2	3	4	9
☐	☐	☐	☐	☐

21

4. In welchem Maße strebst Du für Dich persönlich folgendes an?

2

Ich strebe an ......

	sehr stark	stark	mittel	wenig	überhaupt nicht	
	1	2	3	4	5	
A . meine persönlichen Fähigkeiten zu entfalten	☐	☐	☐	☐	☐	13
B. möglichst nicht aus der Reihe zu tanzen	☐	☐	☐	☐	☐	14
C. stets die Anforderungen in der Schule und später am Arbeitsplatz zu erfüllen	☐	☐	☐	☐	☐	15
D. möglichst viel zu genießen und ein angenehmes Leben zu führen	☐	☐	☐	☐	☐	16
E. mich politisch zu betätigen	☐	☐	☐	☐	☐	17
F. für andere Menschen dazusein, auch wenn ich selbst auf vieles verzichten muß	☐	☐	☐	☐	☐	18
G. eine Arbeit, die mir möglichst viel Freizeit läßt	☐	☐	☐	☐	☐	19
H. eine sichere Berufsstellung	☐	☐	☐	☐	☐	20
I. eine Arbeit, bei der man Entscheidungen möglichst eigenständig treffen kann	☐	☐	☐	☐	☐	21
K. ein hohes Einkommen	☐	☐	☐	☐	☐	22
L. eine interessante Arbeit, die mir etwas bedeutet	☐	☐	☐	☐	☐	23
M. ein Leben, bei dem die Arbeit nicht auf Kosten der Familie geht	☐	☐	☐	☐	☐	24

5. Glaubst Du an Gott?

ja	nein	unentschieden	
1	2	3	
☐	☐	☐	25

6. Hier stehen verschiedene Aussagen.
Bitte kreuze zu jeder Aussage an, inwieweit sie für Dich selbst zutrifft.

3

	trifft ganz und gar zu 1	trifft eher zu 2	teils / teils 3	trifft eher nicht zu 4	trifft überhaupt nicht zu 5	
A. Ich habe das Gefühl, daß ich wenig Einfluß darauf habe, in welche Richtung mein Leben sich entwickelt	☐	☐	☐	☐	☐	13
B. Genau genommen, gibt es nur wenige Menschen auf der Welt, denen man trauen kann	☐	☐	☐	☐	☐	14
C. Die Zukunft ist zu ungewiß, als daß man weit im voraus planen könnte	☐	☐	☐	☐	☐	15
D. In Zeiten allgemeiner Unsicherheit ist die Familie für mich ein Ort der Geborgenheit	☐	☐	☐	☐	☐	16

7. Inwieweit stimmst Du den folgenden Aussagen zu, inwieweit lehnst Du sie ab?

	stimme voll zu 1	stimme eher zu 2	teils / teils 3	lehne eher ab 4	lehne voll ab 5	
A. Politik sollte Männersache sein	☐	☐	☐	☐	☐	17
B. Das Ansehen eines Menschen sollte vorwiegend davon abhängen, welchen Beitrag er für die Gesellschaft leistet	☐	☐	☐	☐	☐	18
C. Alle sollten möglichst gleichviel verdienen	☐	☐	☐	☐	☐	19
D. In Zeiten hoher Arbeitslosigkeit sollte man von verheirateten Frauen verlangen, auf ihre Berufstätigkeit zu verzichten	☐	☐	☐	☐	☐	20
E. Wie gut ein Mensch angesehen ist, sollte sich hauptsächlich danach richten, wie sinnvoll er sein persönliches Leben gestaltet	☐	☐	☐	☐	☐	21
F. Hausarbeit ist eigentlich Frauensache	☐	☐	☐	☐	☐	22
G. Das Einkommen sollte sich danach richten, was jemand leistet	☐	☐	☐	☐	☐	23

8. Auch in der Politik kann man nicht alles auf einmal haben. Hier sind einige Ziele, die man in der Politik verfolgen kann.
Wenn Du zwischen diesen verschiedenen Zielen *wählen* müßtest, welches erscheint Dir persönlich am wichtigsten?
Und welche Ziele kämen an zweiter, dritter und vierter Stelle?

4

Bitte lies zuerst alles durch und entscheide Dich dann

A. Aufrechterhaltung von Ruhe und
   Ordnung in diesem Lande

B. Mehr Einfluß der Bürger auf
   die Entscheidungen der Regierung

C. Ein hoher Grad von
   wirtschaftlichem Wachstum

D. Schutz des Rechtes auf
   freie Meinungsäußerung

(Hier sollst Du ausnahmsweise kein Kreuzchen machen, sondern Buchstaben hinschreiben)

Dieses Ziel ist mir am......

wichtigsten	zweit-wichtigsten	dritt-wichtigsten	un-wichtigsten
....	....	....	....

13-16

---

9. Was von der folgenden Liste gehört Deiner Meinung nach unbedingt zu einer Gesellschaft, damit man von ihr sagen kann: "Das ist eine Demokratie"?

Zu einer Demokratie	gehört unbedingt dazu	gehört nicht unbedingt dazu	unent-schieden	
	1	2	3	
A. Gleichberechtigung der Frau	☐	☐	☐	17
B. Freiheit der Meinungsäußerung	☐	☐	☐	18
C. Schutz und Erhalt der Umwelt	☐	☐	☐	19
D. Reisefreiheit	☐	☐	☐	20
E. Gleichheit der Bildungschancen	☐	☐	☐	21
F. Recht auf Arbeit (-splatz)	☐	☐	☐	22
G. Gleichheit vor dem Gesetz	☐	☐	☐	23
H. Freie Wahlen	☐	☐	☐	24
I. Staatlich garantierte medizinische Grundversorgung	☐	☐	☐	25
K. Freiheitliche Wirtschaftsordnung / freies Unternehmertum	☐	☐	☐	26
L. Minderheitenschutz, z. B. von Ausländern, religiösen oder politischen Minderheiten	☐	☐	☐	27

5

10. Wie stark sind diese Dinge Deiner Meinung nach in der Bundesrepublik verwirklicht?

	voll-kommen 1	mit geringen Einschrän-kungen 2	teils / teils 3	kaum 4	über-haupt nicht 5	kann ich nicht beurteilen 9	
A. Gleichberechtigung der Frau	☐	☐	☐	☐	☐	☐	13
B. Freiheit der Meinungsäußerung	☐	☐	☐	☐	☐	☐	14
C. Schutz und Erhalt der Umwelt	☐	☐	☐	☐	☐	☐	15
D. Reisefreiheit	☐	☐	☐	☐	☐	☐	16
E. Gleichheit der Bildungschancen	☐	☐	☐	☐	☐	☐	17
F. Recht auf Arbeit (splatz)	☐	☐	☐	☐	☐	☐	18
G. Gleichheit vor dem Gesetz	☐	☐	☐	☐	☐	☐	19
H. Freie Wahlen	☐	☐	☐	☐	☐	☐	20
I. Staatlich garantierte medizinische Grundversorgung	☐	☐	☐	☐	☐	☐	21
K. Freiheitliche Wirtschaftsordnung / freies Unternehmertum	☐	☐	☐	☐	☐	☐	22
L. Minderheitenschutz, z. B. von Ausländern, religiösen oder politischen Minderheiten	☐	☐	☐	☐	☐	☐	23

11. Und wie stark sind diese Dinge Deiner Meinung nach in der heutigen DDR verwirklicht?

voll-kommen 1	mit geringen Einschrän-kungen 2	teils / teils 3	kaum 4	über-haupt nicht 5	kann ich nicht beurteilen 9	
☐	☐	☐	☐	☐	☐	24
☐	☐	☐	☐	☐	☐	25
☐	☐	☐	☐	☐	☐	26
☐	☐	☐	☐	☐	☐	27
☐	☐	☐	☐	☐	☐	28
☐	☐	☐	☐	☐	☐	29
☐	☐	☐	☐	☐	☐	30
☐	☐	☐	☐	☐	☐	31
☐	☐	☐	☐	☐	☐	32
☐	☐	☐	☐	☐	☐	33
☐	☐	☐	☐	☐	☐	34

12. Wir haben hier eine Reihe von Einrichtungen des öffentlichen Lebens aufgeschrieben und möchten gerne wissen, inwieweit Du diesen Einrichtungen Vertrauen entgegenbringst? **6**

Ich bringe entgegen ......

	sehr großes Vertrauen	großes Vertrauen	mittleres Vertrauen	wenig Vertrauen	überhaupt kein Vertrauen	kann ich nicht beurteilen	
	1	2	3	4	5	9	
A. Schulwesen	☐	☐	☐	☐	☐	☐	13
B. Gerichte	☐	☐	☐	☐	☐	☐	14
C. Gewerkschaften	☐	☐	☐	☐	☐	☐	15
D. Polizei	☐	☐	☐	☐	☐	☐	16
E. Bundestag	☐	☐	☐	☐	☐	☐	17
F. Großunternehmen	☐	☐	☐	☐	☐	☐	18
G. Kirchen	☐	☐	☐	☐	☐	☐	19
H. Bundesverfassungsgericht	☐	☐	☐	☐	☐	☐	20
K. Bundesregierung	☐	☐	☐	☐	☐	☐	21
L. Fernsehen	☐	☐	☐	☐	☐	☐	22
M. Bundeswehr	☐	☐	☐	☐	☐	☐	23

13. Was hältst Du von den folgenden Gruppen / Bewegungen?
Bitte kreuze jeweils an:

	mache ich mit, gehöre ich dazu	gehöre ich nicht dazu, finde ich aber gut	ist mir egal	lehne ich ab, gefällt mir nicht	empfinde ich als Gegner	diese Gruppe / Bewegung kenne ich nicht	
	1	2	3	4	5	9	
A. Menschenrechtsgruppen	☐	☐	☐	☐	☐	☐	24
B. Atomkraftgegner	☐	☐	☐	☐	☐	☐	25
C. Friedensbewegung	☐	☐	☐	☐	☐	☐	26
D. Skins	☐	☐	☐	☐	☐	☐	27
E. Umweltschützer	☐	☐	☐	☐	☐	☐	28
F. Reps / Faschos	☐	☐	☐	☐	☐	☐	29

14. Wenn Du an die nähere Zukunft in unserem Teil Deutschlands denkst, beunruhigen Dich persönlich die folgenden Dinge?

7

Das beunruhigt mich ......

	sehr stark	stark	mittel	weniger stark	überhaupt nicht	
	1	2	3	4	5	
A. Arbeitslosigkeit	☐	☐	☐	☐	☐	13
B. Ausländerfeindlichkeit	☐	☐	☐	☐	☐	14
C. Wohnungsnot	☐	☐	☐	☐	☐	15
D. Aids	☐	☐	☐	☐	☐	16
E. Drogenmißbrauch	☐	☐	☐	☐	☐	17
F. Rechtsextremismus	☐	☐	☐	☐	☐	18
G. Ellenbogengesellschaft	☐	☐	☐	☐	☐	19
H. Aggressivität und Gewalt	☐	☐	☐	☐	☐	20

15. Wie stehst Du zu folgenden Aussagen?

Das entspricht meiner Meinung ......

	voll-kommen	mit geringen Einschränkungen	teils / teils	kaum	überhaupt nicht	
	1	2	3	4	5	
A. Ich lebe gerne in der Bundesrepublik	☐	☐	☐	☐	☐	21
B. Ich bin stolz, Deutscher zu sein	☐	☐	☐	☐	☐	22
C. Die Deutschen waren schon immer die Größten in der Geschichte	☐	☐	☐	☐	☐	23
D. Mich stören die vielen Ausländer bei uns in der Bundesrepublik	☐	☐	☐	☐	☐	24

16. Wenn Du einem Jugendlichen aus der DDR begegnest, siehst Du in ihm in erster Linie einen Deutschen, oder siehst Du in ihm in erster Linie einen Bürger der DDR?

einen Deutscher ☐ (1)   einen Bürger der DDR ☐ (2)

25

17. Wie stark fühlst Du Dich verbunden mit:

Ich fühle mich verbunden ......

	sehr stark	stark	mittel	weniger stark	überhaupt nicht	
	1	2	3	4	9	
A. der Stadt/Gemeinde, in der ich jetzt lebe	☐	☐	☐	☐	☐	13
B. der Bundesrepublik	☐	☐	☐	☐	☐	14
C. Deutschland	☐	☐	☐	☐	☐	15
D. Europa	☐	☐	☐	☐	☐	16

18. Wie stehst Du zu der Vereinigung von DDR und Bundesrepublik?

Ich bin	sehr dafür	eher dafür als dagegen	eher dagegen als dafür	sehr dagegen	unentschieden	
	1	2	3	4	9	
	☐	☐	☐	☐	☐	17

19. Wie verläuft Deiner Meinung nach der Prozeß der deutschen Vereinigung?

Er verläuft	viel zu schnell	eher zu schnell	genau richtig	eher zu langsam	viel zu langsam	unentschieden	
	1	2	3	4	5	9	
	☐	☐	☐	☐	☐	☐	18

20. Was meinst Du, welche Auswirkungen die Vereinigung Deutschlands auf Dein persönliches Leben in den nächsten fünf Jahren haben wird?

Ich erwarte ...... Auswirkungen

	nur positive	eher positive	teils / teils	eher negative	nur negative	unentschieden	
	1	2	3	4	5	9	
	☐	☐	☐	☐	☐	☐	19

8

21. Wie stark interessierst Du Dich für folgende Bereiche der deutschen Geschichte?

9

Ich interessiere mich für ......

	sehr stark 1	stark 2	mittel 3	wenig 4	überhaupt nicht 5	
A. die Geschichte der Bundesrepublik	☐	☐	☐	☐	☐	13
B. die Geschichte der DDR	☐	☐	☐	☐	☐	14
C. die Geschichte der Teilung Deutschlands	☐	☐	☐	☐	☐	15
D. die Geschichte des Nationalsozialismus	☐	☐	☐	☐	☐	16
E. die Geschichte des Zweiten Weltkrieges	☐	☐	☐	☐	☐	17
F. die Geschichte der Weimarer Republik	☐	☐	☐	☐	☐	18
G. die Geschichte der deutschen Arbeiterbewegung	☐	☐	☐	☐	☐	19

22. Was empfindest Du, wenn Du an die folgenden Personen aus der deutschen Geschichte denkst?

Ich empfinde ......

	große Bewunderung 1	Bewunderung 2	weder / noch 3	Ablehnung 4	große Ablehnung 5	diese Person kenne ich nicht 9	
A. Friedrich II von Preußen	☐	☐	☐	☐	☐	☐	20
B. Karl Marx	☐	☐	☐	☐	☐	☐	21
C. Adolf Hitler	☐	☐	☐	☐	☐	☐	22
D. Otto v. Bismarck	☐	☐	☐	☐	☐	☐	23
E. Wilhelm Pieck	☐	☐	☐	☐	☐	☐	24
F. Konrad Adenauer	☐	☐	☐	☐	☐	☐	25

23. Inwieweit entsprechen die folgenden Aussagen Deiner persönlichen Meinung?

Das entspricht meiner Meinung ......

	voll-kommen	mit geringen Einschrän-kungen	teils / teils	kaum	überhaupt nicht	kann ich nicht beurteilen	
	1	2	3	4	5	9	
A. Ich habe Angst, daß sich der Nationalsozialismus wiederholen könnte.	☐	☐	☐	☐	☐	☐	13
B. Der Nationalsozialismus war im Grunde eine gute Idee, die nur schlecht ausgeführt wurde.	☐	☐	☐	☐	☐	☐	14
C. Wir sollten wieder einen Führer haben, der Deutschland zum Wohle aller mit starker Hand regiert.	☐	☐	☐	☐	☐	☐	15
D. Leute meines Alters brauchen sich für den Nationalsozialismus nicht mehr zu schämen.	☐	☐	☐	☐	☐	☐	16

24. Wie stark interessierst Du Dich für die folgenden Bereiche?

	sehr stark	stark	mittel	weniger stark	überhaupt nicht	
	1	2	3	4	5	
A. Sport	☐	☐	☐	☐	☐	17
B. Kunst und Literatur	☐	☐	☐	☐	☐	18
C. Naturwissenschaft und Technik	☐	☐	☐	☐	☐	19
D. Politik	☐	☐	☐	☐	☐	20
E. Natur und Umwelt	☐	☐	☐	☐	☐	21
F. Geschichte	☐	☐	☐	☐	☐	22
G. Religion	☐	☐	☐	☐	☐	23
H. Wirtschaft	☐	☐	☐	☐	☐	24

25. Woher beziehst Du Deine Informationen über das politische Tagesgeschehen?
Gib bitte an, wie oft Du die unten genannten Informationsquellen nutzt.

Diese Quellen nutze ich ......

	täglich	mehrmals die Woche	einmal die Woche	seltener	nie	
	1	2	3	4	5	
A. Fernsehen	☐	☐	☐	☐	☐	25
B. Radio	☐	☐	☐	☐	☐	26
C. Tageszeitungen	☐	☐	☐	☐	☐	27
D. Zeitschriften und Wochenzeitungen	☐	☐	☐	☐	☐	28
E. Persönliche Gespräche	☐	☐	☐	☐	☐	29
F. Schulunterricht	☐	☐	☐	☐	☐	30

26. Wie oft hast Du in den letzten vier Wochen mit den untengenannten Personen über politische Fragen diskutiert?

Ich habe diskutiert ......

mit	täglich	mehrmals die Woche	einmal die Woche	seltener	nie	
	1	2	3	4	5	
A. Eltern	☐	☐	☐	☐	☐	13
B. anderen Erwachsenen (z. B. Lehrern, Pfarrern, Verwandten)	☐	☐	☐	☐	☐	14
C. Schulkameraden, Freunden, Geschwistern	☐	☐	☐	☐	☐	15
D. Vertretern von Jugendgruppen und Verbänden	☐	☐	☐	☐	☐	16

27. Seit November letzten Jahres hat sich in der DDR politisch viel ereignet. Woher erfährst Du etwas darüber? Wie häufig nutzest Du die folgenden Informationsquellen dafür?

Diese Quelle habe ich seit November dafür genutzt ......

	oft	manchmal	nie	
	1	2	3	
A. Fernsehen	☐	☐	☐	17
B. Radio	☐	☐	☐	18
C. Tageszeitungen	☐	☐	☐	19
D. Zeitschriften und Wochenzeitungen	☐	☐	☐	20
E. Bücher	☐	☐	☐	21
F. Gespräche mit Personen aus der DDR	☐	☐	☐	22
G. Gespräche mit Personen aus der Bundesrepublik	☐	☐	☐	23
H. eigene Reisen in die DDR	☐	☐	☐	24

28. Und wie gut fühlst Du Dich speziell über die Lebensbedingungen von Jugendlichen in der DDR informiert?

sehr gut	gut	mittel	wenig	sehr schlecht	
1	2	3	4	5	
☐	☐	☐	☐	☐	25

29. Inwieweit treffen Deiner Meinung nach die folgenden Aussagen auf die Bundesrepublik zu?

Dies stimmt ......

	voll-kommen 1	mit geringen Einschrän-kungen 2	teils / teils 3	kaum 4	überhaupt nicht 5	
A. Politik ist ein "schmutziges Geschäft"	☐	☐	☐	☐	☐	13
B. Die eigentliche Politik machen wenige mächtige Personen eher im Hintergrund	☐	☐	☐	☐	☐	14
C. Die Politiker kümmern sich nicht viel darum, was Leute wie ich denken	☐	☐	☐	☐	☐	15

30. Viele Leute verwenden die Begriffe LINKS und RECHTS, wenn es darum geht, unterschiedliche politische Einstellungen zu kennzeichnen. Wir haben hier einen Maßstab, der von links nach rechts verläuft.
Wenn Du an Deine eigenen politischen Ansichten denkst, wo würdest Du Dich einstufen?

Bitte mache ein Kreuz in eines der Kästchen

kann ich nicht beurteilen

99

	01	02	03	04	05	06	07	08	09	10		

links | | | | | | | | | | | rechts ☐ 16-17

31. Versuche Dir einmal den Aufbau der Gesellschaft auf einer Skala von 0 bis 10 vorzustellen. Auf dieser Skala bedeutet 1, daß man sich ganz unten befindet, und 10 bedeutet, daß man sich ganz oben befindet. Wo würdest Du Deine Familie auf dieser Skala anordnen?

Bitte mache ein Kreuz in dem Kästchen, wo Deine Familie einzuordnen ist im Hinblick auf...

A. Einkommen / Vermögen

oben
10
09
08
07
06
05
04
03
02
01
unten

kann ich nicht beurteilen
99
☐

B. Ansehen in der Gesellschaft

oben
10
09
08
07
06
05
04
03
02
01
unten

kann ich nicht beurteilen
99
☐

18-21

Zum Schluß bitten wir Dich noch um ein paar statistische Angaben.

13

32. Wie alt bist Du?

Ich bin .... Jahre alt

`13-14`

33. Dein Geschlecht

weiblich 1 ☐   männlich 2 ☐

`15`

34. Deine Nationalität

deutsch 1 ☐   andere 2 ☐

`16`

35. Gehörst Du einer Religionsgemeinschaft an?

evangelisch 1 ☐   katholisch 2 ☐   andere 3 ☐   keiner 4 ☐

`17`

36. Wenn Du einer Religionsgemeinschaft angehörst: Beteiligst Du Dich am Geschehen in dieser Gemeinde (z. B. Jugendgruppe, Gottesdienstbesuch)?

oft 1 ☐   manchmal 2 ☐   selten 3 ☐   nie 4 ☐

`18`

37. Bist Du Mitglied in einer (partei-) politischen Jugendorganisation?

ja 1 ☐   nein 2 ☐

`19`

38. Könntest Du Dir vorstellen, Mitglied einer politischen Partei zu werden?

ja 1 ☐   nein 2 ☐

`20`

39. Welchen Bildungsabschluß haben Deine Eltern erworben? (Bitte nur den höchsten Abschluß ankreuzen)

	Hauptschule	Mittlere Reife oder gleichwertiger Abschluß	(Fach-) Hochschulreife, Abitur	Studienabschluß / Hochschulexamen	Sonstiges	weiß ich nicht	
	1	2	3	4	5	9	
A. Vater	☐	☐	☐	☐	☐	☐	21
B. Mutter	☐	☐	☐	☐	☐	☐	22

Kommentare - Fragen - Kritik

Hast Du noch Zeit und Lust, uns einige Kommentare zum Fragebogen zu geben?
Bist Du mit den Fragen und den Antwortvorgaben zurechtgekommen?
Möchtest Du noch etwas zu den angesprochenen Themen sagen?
Was hat Dir nicht so gut gefallen?